小学数学文化
教学实录与评析

主　编●康世刚　张辉蓉
副主编●陈　婷

西南师范大学出版社
国家一级出版社　全国百佳图书出版单位

图书在版编目（CIP）数据

小学数学文化教学实录与评析 / 康世刚, 张辉蓉主编. —重庆：西南师范大学出版社, 2018.4
ISBN 978-7-5621-9287-9

Ⅰ.①小… Ⅱ.①康… ②张… Ⅲ.①小学数学课-教案(教育) Ⅳ.①G623.502

中国版本图书馆CIP数据核字(2018)第071433号

小学数学文化
教学实录与评析

主　编◎康世刚　张辉蓉
副主编◎陈　婷

责任编辑：	胡君梅　刘　玉
责任校对：	赵　洁
装帧设计：	汤　立
出版发行：	西南师范大学出版社
地　　址：	重庆市北碚区天生路2号
邮　　编：	400715
印　　刷：	重庆荟文印务有限公司
幅面尺寸：	185mm×260mm
印　　张：	17.75
字　　数：	389千字
版　　次：	2018年4月　第1版
印　　次：	2021年6月　第3次印刷
书　　号：	ISBN 978-7-5621-9287-9
定　　价：	58.00元

前言

《义务教育数学课程标准(2011年版)》(以下简称《数学课程标准》)指出"数学是人类文化的重要组成部分,数学素养是现代社会每个公民应该具备的基本素养"。《数学课程标准》在"教材编写建议"中明确提出"数学文化作为教材的组成部分,应渗透在整套教材中。为此,教材可以适时地介绍有关背景知识,包括数学在自然与社会中的应用,以及数学发展史的有关材料,帮助学生了解数学在人类文明发展中的作用,激发学习数学的兴趣,感受数学家治学的严谨,欣赏数学的优美"。《数学课程标准》在"课程资源开发与利用建议"中更进一步指出"应当开发多品种、多形式的数学普及类读物,使得学生在义务教育阶段能够有足够的机会阅读数学、了解数学、欣赏数学"。为此,在西南大学宋乃庆教授的带领下,我们开发了系列丛书《小学数学文化丛书》和《数学文化》丛书,两套丛书受到学生和一线教师的喜欢,特别是得到了国内一批著名数学家和数学教育家的高度肯定。同时,我们在全国数学教育研究会的大力支持下,连续成功举办了3届小学数学文化优质课大赛活动,该活动受到一线教师的好评和学生的喜欢,很多教师希望将大赛的教学实录和评析收集起来,供他们使用和学习。基于这样的要求,我们将参加第一至第三届小学数学文化优质课大赛的教学实录和评析进行了精选和汇总,另外我们还收集了一些教研员推荐的优秀教学实录和评析,供大家学习参考。

本书由西南大学宋乃庆教授牵头策划,康世刚和张辉蓉担任主编,陈婷担任副主编,中国教育科学研究院李铁安副研究员、山东省基础教育研究中心李红婷教授、重庆市教育科学研究院陈祥彬老师、海南省教育研究培训院陈凤云老师、贵阳市教育科学研究所宋雪梅老师以及部分省市教研员给了了大力支持。

本书大部分内容原汁原味地保留了教师的教学设计和评析,以便教师学习,当然也存在很多疏漏,敬请专家不吝赐教!

编者
2018年2月28日

目录
CONTENTS

1. "一抓准"教学实录与评析 ··· 1
2. "从测影计时到铜壶滴漏"教学实录与评析 ···································· 8
3. "假如在野外迷了路"教学实录与评析 ·· 15
4. "年号纪年法与公元纪年法"教学实录与评析 ······························ 21
5. "一共订了几种杂志"教学实录与评析 ·· 29
6. "一共订了几种杂志"教学实录与评析 ·· 39
7. "魔法幻方"教学实录与评析 ·· 44
8. "小小鞋码大学问"教学实践与思考 ·· 50
9. "玩玩一笔画"教学实录及评析 ·· 56
10. "有趣的进制"教学实录与评析 ·· 63
11. "神奇的莫比乌斯带"教学实录与评析 ······································ 71
12. "格子乘法"教学实录与评析 ·· 76
13. "挖宝藏"教学实录与评析 ·· 82
14. "挖宝藏"教学实录与评析 ·· 88
15. "扑克与魔术"教学实录与评析 ·· 95
16. "扑克与魔术"教学实录与评析 ·· 105
17. "科克雪花"教学实录与评析 ·· 115
18. "科克雪花"教学实录与评析 ·· 121
19. "神奇的小不点"教学实录与评析 ·· 127
20. "标志设计的奥妙"教学实录与评析 ·· 133

CONTENTS 目录

21. "田忌赛马的对策"教学实录与评析 ·········· 139
22. "田忌赛马的对策"教学实录与评析 ·········· 147
23. "温度的奥秘"教学实录与评析 ·········· 155
24. "我的游戏我做主"教学实录与评析 ·········· 161
25. "毕达哥拉斯的故事"教学实录与评析 ·········· 166
26. "巧破数阵图"教学实录与评析 ·········· 174
27. "标签大反转"教学实录与评析 ·········· 180
28. "一封读不懂的信"教学实录与评析 ·········· 185
29. "一封读不懂的信"教学实录与评析 ·········· 192
30. "拯救野生东北虎"教学实录与评析 ·········· 201
31. "破译美的密码"教学实录与评析 ·········· 208
32. "货比三家不吃亏"教学实录与评析 ·········· 216
33. "草原上的蒙古包"教学实录与评析 ·········· 224
34. "昆虫界的'几何高手'——蜜蜂"教学实录与评析 ·········· 231
35. "香烟危害知多少"教学实录与评析 ·········· 237
36. "有趣的平衡"教学实录与评析 ·········· 242
37. "别有洞天"教学实录与评析 ·········· 250
38. "向日葵的秘密"教学实录与评析 ·········· 257
39. "揭穿算命先生的把戏"教学实录与评析 ·········· 265
40. "一笔画"教学设计及思考 ·········· 272

1 "一抓准"教学实录与评析

- 执教：段永群（重庆市南川区隆化第七小学校）
- 评析：鲜文玉（重庆市南川区教育科学研究所）

教学内容

西南师大版《数学文化》三年级上册第2课。

内容分析

认识质量单位克、千克是义务教育数学课程第一学段的内容。在实际生活中，学生对轻重的概念有了一定的认识，也会直观比较一些物体的轻重，但通过量化比较质量对学生来说还有一定的难度。因为克和千克的质量单位概念的建立非常困难，看不清、摸不着，全凭肌肉感知，难以言表，所以教师在教学上也有一定的难度。

本课"一抓准"围绕"克"这个质量单位的基础知识，让学生学会用对比的方法进行质量估量的操作，用类比推理的数学思想方法，在游戏活动中体验质量单位，积累活动经验，建立克和千克的质量概念，培养学生的数感，让学生体会学习质量单位的必要性，丰富学生解决问题的策略。

教学目标

1.通过抓一抓、掂一掂、估一估、称一称等活动，加强学生对质量单位克的认识，积累估计物品质量的经验。

2.在初步建立10克、20克、50克等质量概念的基础上，会以此为标准估量物体的质量，初步建立质量大小的参照系统，并能解决一些简单的实际问题。

3.体会学习质量单位的必要性，进一步发展数感，增强应用意识。

教学重点

通过系列活动，积累活动经验，建立10克、20克、50克的质量概念，发展学生的数感。

教学难点

建立质量大小的参照系;如何应用系统进行估量;增强学生的应用意识。

课前游戏

师:同学们,我们来互相了解一下吧。猜猜段老师有多少岁?

生:30多岁。

师:为什么不猜80岁呢?

生:因为老师的外貌看起来没有那么老。

师:说得很有道理,原来你心中已经有了30多岁的成年人的外貌标准。认识一下,你叫什么名字?今年几岁了?

生:我叫小意,今年9岁了。

师:我儿子比你大,你知道他多少岁吗?

生:10岁。

师:为什么不猜2岁或者40岁呢?

生:您的儿子比我大,所以不可能是2岁;因为是您的儿子,不可能比您大,所以也不可能是40岁。

师:说得有理有据,理由很充分,所以,标准就是9岁到老师的年龄之间。看来标准很重要,不然结果就会很离谱。(板书"标准")今天,老师给每个小组都准备了1桶米、1桶豌豆、1桶芝麻、1台天平,每人还有1袋10克的米。这节课和平常的数学课不一样,我们就抓东西玩。想玩吗?

生:想!

【评析】从猜老师的年龄,引出生活中比较直观的外貌标准,再从猜老师孩子的年龄,引出数字区间标准,唤起学生对"标准"的有意注意,为新知探究做铺垫。

教学过程

一、创设情境,激发兴趣

1.板书课题,感知概念。

教师板书"一",问:读什么?

生:一。

师:你是第一个回答问题的学生,声音洪亮,所以老师把这个"一"(大拇指)送给你。

教师板书"抓",问:读什么?

生:抓。

师:能做个抓的动作吗?

学生做抓的动作。

师:谢谢你的表演。

教师板书"准",问:读什么?能组词吗?

生:准,准确。

2.播放新闻,揭示概念。

师:全国劳模张秉贵同志练就了令人称奇的"一抓准"技艺,成为新中国商业战线上的一面旗帜,请看——

课件出示张秉贵的新闻报道:

3.师生交流,理解概念。

师:"燕京八景"名扬天下,而张秉贵的售货艺术被人们誉为"燕京第九景"。什么是"一抓准"?"一抓准"有哪些好处?

生:"一抓准"就是要多少就一把抓出多少,好处就是当买东西的人很多时,可以节省顾客等候的时间。

师:你们想学这个"一抓准"的本领吗?

生:想!

【评析】通过"认字、做动作、组词"活动,观看张秉贵的新闻报道,介绍"燕京第九景",让学生理解"一抓准"的意思,了解其产生的背景,让学生感受"一抓准"来源于生活,应用于生活,激发学生了解数学文化的兴趣。

二、游戏体验,习得本领

(一)游戏一:练习抓10克的物体

1.感受10克米,建立10克的质量概念。

师:等会儿我们要凭感觉抓出10克米。老师给每人都准备了一包10克的米,那现在对这包10克的米你准备怎样来感觉呢?

生1:可以用手掂一掂它的重量。

师:这是个好方法,不过老师说明一下,我们平常说的"重量"应该叫作"质量",还有其他方法吗?

生2:我们可以用手捏一捏、握一握,感觉一下10克米有多大一把。

生3:我们还可以用眼睛观察10克米的数量有多少。

师：那我们每个人都用这些方法来感受一下10克米吧。
学生进行体验活动。

2.观察猜测，感悟方法。
师：老师先和杨诗意小朋友尝试一下抓10克米，看谁抓得更准？可以吗？(1分钟)
生：好！
师：杨诗意，你先抓。
生随便抓了一把。
师(边说边演示)：我们来称一称，结果暂时保密哟，老师也来试试，我的标准是刚才掂的10克米，好像多了一点，我得调整一下，嗯，应该差不多了吧！我称一下。同学们，猜猜，我俩谁抓得准一些呢，为什么？
生1：老师抓得准一些，因为刚才小意惊奇的表情出卖了结果。
师：你真是一个会察言观色的孩子！
生2：老师抓得准，因为老师抓之前心中已有刚才感受的10克米的标准。
师：观察仔细的孩子！
生3：老师抓得准，因为老师抓起来还掂了掂、握了握，进行了估计，然后感觉多了还进行了调整。
师：看来老师的一言一行你们都没有忽略，懂得怎样去观察。那我把你们发现的"估计"和"调整"这两种方法记下来吧。
教师板书"估计""调整"。

3.应用方法，加深10克米的质量概念。
师：想试一试吗？
生：想！
师：我们在小组内练习吧，活动前请大家先读一读提示。
教师用课件出示"活动(一)提示"，学生齐读。

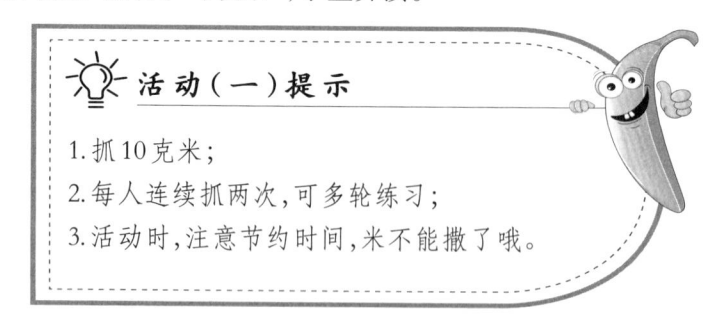

> 💡 活动（一）提示
> 1.抓10克米；
> 2.每人连续抓两次，可多轮练习；
> 3.活动时，注意节约时间，米不能撒了哦。

师：谁能给大家解释一下。
生：抓的目标是10克，抓的对象是米。每一轮每人连续抓两次，抓的时候不要把米撒出来了，第一轮抓完接着来第二轮、第三轮……要节约时间，尽量多练习。
师：明白了吗？
生：明白了。
师：小组活动开始。

学生分小组练习10克米的"一抓准"。

4. 类比推理,感悟质量相同时数量和单位质量的关系。

师:好玩吗? 抓10克米你们都会了,现在如果把米换成豌豆,想想10克豌豆和10克米有什么相同呢?

生:它们的质量一样。

师:有什么不同呢? 为什么?

生:因为每粒豌豆比每粒米重,所以10克豌豆比10克米的数量少得多。

师:那10克芝麻和10克米又有什么相同和不同呢?

生:质量一样,由于每粒芝麻比每粒米轻,所以10克芝麻比10克米的数量多得多。

师:想试试吗? 那得听清要求哟!

教师用课件出示"活动(二)提示",学生读提示内容。

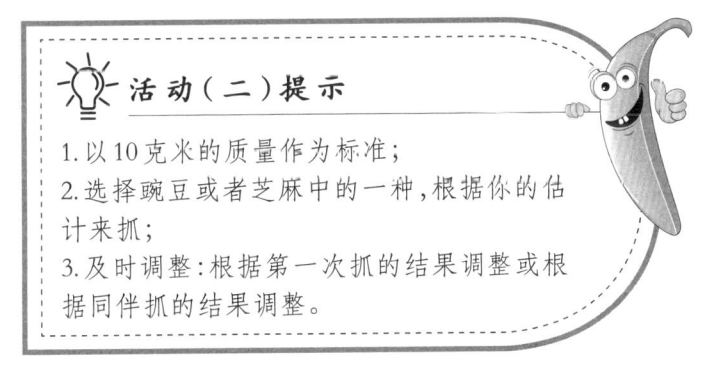

> 💡 活动(二)提示
> 1. 以10克米的质量作为标准;
> 2. 选择豌豆或者芝麻中的一种,根据你的估计来抓;
> 3. 及时调整:根据第一次抓的结果调整或根据同伴抓的结果调整。

师:活动结束时,请推选出小组的代表参加班级擂台赛,开始。

学生分组活动。

师:掌声有请各小组代表们参加班级擂台赛,谁抓的结果最接近10克,那一组就获胜,将获得"擂主"称号,并抽取幸运礼品。

小组代表展示抓10克芝麻或豌豆的游戏。教师记录活动结果,评选优胜者并发放奖品。

【评析】 经历"建立标准—充分估计—对比调整"等活动,建立10克的质量概念。在此基础上,通过类比推理,知道质量相同时数量与单位质量的关系,丰富数学活动经验。

(二)游戏二:练习抓20克的物体

1. 数量关系推理,丰富估量调整策略。

师:抓准10克,大家都有经验了,如果让你抓20克,你会怎么办?

生1:10克+10克=20克,我抓两个10克。

师:"一抓准"的话最好是一次就抓准哦,如果只抓一次,怎么办呢?

生2:因为20里面有2个10,所以抓的时候我就抓2个10克那么多。

师:对了,在估计和调整的时候我们还要看抓的质量和我们心中已经有的标准之间的关系。那下面根据老师给你们准备的材料,请大家在组内进行20克的"一抓准"游戏,然后选出代表参加班级擂台赛。大家在练习的时候,想着感觉中的质量标准,根据估计进行调整。

学生分组活动。

师:掌声有请各小组代表们参加班级擂台赛,谁抓出的结果最接近20克,那一组就获胜,并获得班级"擂主"称号,还可以来抽取幸运礼品。

小组代表展示抓20克米、芝麻或豌豆的游戏。教师记录活动结果,评选获胜者并发放奖品。

2.拓展延伸,应用策略。

师:我们班的学生这么能干,小红想请你们帮忙了!这不,小红家的米桶里面有一个舀米的小杯,一杯能装3两(150克)米,妈妈要用1斤(500克,相当于10两)米煮饭,她怎样用杯子舀1斤米呢?说明一下,"克"和"千克"是国际通用的质量单位,而"斤"和"两"是我们生活中常用的质量单位。

生:10里面有3个3还多一点,每杯3两,我们可以先舀3杯就是9两,然后再舀比半杯少一点的米就大约是1斤米了。

【评析】本环节通过逻辑推理,找10克与20克的和差与倍数关系,丰富学生利用数量关系估量调整的策略,并让学生借助标准,充分体验,建立20克的质量概念,顺势解决生活中的实际问题,及时巩固利用数量关系解决问题的策略。

(三)游戏三:练习抓50克的物体

师:我替小红谢谢乐于助人的你们,作为奖励,给你们1次抓奖品的机会吧!目标是50克糖果,根据你们的估计进行调整,只要抓出的糖果在45~55克,你抓的糖果就是你们组的奖品!可以先在组内感受一下50克有多重,再推荐代表来抓。

学生在组内试抓50克物体,感受50克有多重,然后推荐代表去抓糖果。

学生展示抓50克糖果的游戏。

【评析】以游戏贯穿始终,把抓的物体由米、豌豆、芝麻变成糖果,引导学生利用"质量相同时,数量和单位质量的关系"的估量调整策略练习"一抓准"。由10克、20克的质量变为50克,引导学生运用20与50的数量关系进行估量调整的策略练习"一抓准",其中蕴含"用数字个数最少而拼凑出不同的数值"的取值道理,减小了小质量标准到大质量标准之间的跨度,培养了学生的积极参与意识和合作意识。

三、总结评价,拓展延伸

师:我们迪涛小学的孩子们通过一节课的时间练习一抓准就有点准了,如果像号称"燕京第九景"的张秉贵那样长期练习的话,在大足,你可能就会成为"大足第一景"哟!段老师期待那一天的到来!

【评析】以"燕京第九景"与"大足第一景"形成前后呼应,激发学生积极参与课外练习的兴趣,培养学生做事情要有坚持不懈的精神。

【总评】

本节课从学生已有的知识经验出发，精心组织教学内容，精心设计游戏，丰富数学活动，让学生在游戏活动中、在竞争中积极参与数学活动，积累数学活动经验，感悟数学思想方法，发展数感，主动建立质量概念。本节课的教学体现如下特点：

1. 巧用数学文化，激发学习兴趣。

《数学课程标准》指出："数学教学活动，特别是课堂教学应激发学生兴趣，调动学生积极性，引发学生的数学思考。"兴趣是最好的老师。上课伊始，教师让学生观看全国劳模张秉贵同志令人称奇的"一抓准"技艺的视频，了解张秉贵因为"一抓准"的商品交易技艺，给顾客节省了很多时间，被誉为"燕京第九景"，让学生对张秉贵肃然起敬。在此基础上，教师的"一抓准"也让学生感受了"一抓准"的神奇，从而激发学生的学习兴趣，调动学生参与游戏的积极性。

2. 精心设计游戏，初步建立质量概念。

整节课，以数学游戏贯穿始终，让学生在游戏活动中，积累数学活动经验，感悟数学思想方法，发展数感，逐步建立质量概念。游戏一，练习抓10克的物体，通过"掂一掂、估一估、调一调、称一称"等活动，感悟"一抓准"的方法，并运用方法练习"一抓准"，帮助学生建立10克的质量标准；游戏二，练习抓20克的物体，通过观察、推理，建立20克的质量概念；游戏三，练习抓50克的物体，通过逻辑推理，建立50克的质量概念。

3. 注重动手实践，建立质量概念。

《数学课程标准》指出："认真听讲、积极思考、动手实践、自主探索、合作交流等，都是学习的重要方式。"教学中，教师注重学生的动手实践，给每个学生充分的实践机会，用多种感官体验10克、20克、50克的质量概念，让学生在丰富的数学活动中建立质量大小的参照系统，培养数感。建立质量大小的参照系统也是循序渐进完成的。教师先让学生称出10克米，通过掂质量、观数量、用眼和手感受体积大小的方式感知。然后，变换10克物体（豌豆、芝麻），在活动中直观感知质量相同的物体，数量与单位质量的关系：质量相同的物体，单位质量越轻，数量越多；反之，单位质量越重，数量越少。在一次次对比中，丰富了学生关于10克的质量概念，将难于感知的质量概念直观化、数量化，让学生主动建立10克的质量标准。在学生对10克米有了初步的直观感知后，通过类比推理，让学生练习抓20克、50克，质量概念的建立水到渠成。

4. 引入竞争机制，丰富情感体验。

竞争是激发孩子学习内驱力的源泉。教学中，教师适时引入竞争机制，充分调动学生参与活动的积极性，让学生始终保持良好的学习状态投入学习，学习效果明显。一是组内竞争，选出代表参加班级擂台赛，让小组成员在练习抓准10克米的活动中获得成功体验；二是班内竞争，选出班级"擂主"，让全班同学在"一抓准"的活动中获得成功体验。整堂课，学生玩得高兴，做得认真，真正体现了"玩中学，做中学"的理念。

2 "从测影计时到铜壶滴漏"教学实录与评析

- 执教：江义玲（重庆市北碚区复兴小学）
- 评析：张泽庆（重庆市北碚区教师进修学院）

教学内容

西南师大版《数学文化》三年级上册第3课。

教学目标

1. 知道测影计时和铜壶滴漏计时的基本原理，激发学生对数学文化的兴趣，拓展数学视野。
2. 经历计时方法的演变过程和计时单位的运用，渗透一一对应的数学思想，积累数学活动经验，培养时间观念。
3. 体会数学与生活的联系，激发学生进一步探究数学问题的求知欲和对数学作用的价值认同感。

教学准备

多媒体课件，自制日晷模型、简易铜壶滴漏等。

教学过程

一、创设情境，引入新课

师：同学们，我们现代计时的工具有哪些？钟表的常用时间单位是什么？（板书：时、分、秒）在钟表出现之前，古代计时工具有哪些？

学生交流，然后教师用课件出示收集整理的资料。

师：请看这些古代计时的工具：试着说出它们的名字……想了解它们吗？想了解关于它们的哪些知识呢？

生：它们是怎么计时的？

师:你有思考,想知道计时的方法。
生:它们是用什么做的?
师:你爱动脑筋,想知道制作的材料。
生:它们是谁发明的?
师:你很有想法,想知道发明家的名字。
师:那这节课,我就带领大家去穿越时空,回到古代,去了解这些工具是怎么计时的!

【评析】"时间"是生活中常见的量,而认识计时工具是学习时间、掌握时间的一个重要部分。通过情境展现和提问"出现钟表之前,人们是怎样计时的呢?",以问题和需求激发学生了解古代计时工具的求知欲和兴趣,体会数学与生活的实际联系。

二、教学圭表计时法

1. 微视频:立竿测影——圭表。

师:你们知道在远古时代,人们是怎样计时的吗?下面请大家带着问题来观看视频:
① 采用立竿测影确定时间,这样测准不准呢?
② 圭表是怎么计时的?

师问1:观看完视频,你们认为采用这种立竿测影的方式确定的时间准不准呢?(出示立竿测影的图片)

生:当然没有现在这么精准,但可以知道大致的时间。

师:对,只能估计一个大致的时间。人们根据观察竹竿影子长度就知道什么时候该出去干农活,什么时候该回家休息了。

师:后来,人们用立柱来代替竹竿,做成了世界上最早的测量时间的计时仪器——圭表。(板书:圭表)

师:(出示圭表计时的图片)这根立柱叫作……这个石板做的尺子叫作……

师问2:圭表是怎么计时的呢?

生:通过太阳照射表的影子投射到圭上,根据影子的长度来估计时间。

生:影子的长度不一样,时间就不一样。

师(介绍):对,人们根据太阳照射表的影子长度来估计每天的大致时间。古人使用圭表已达几千年。古人通过长期观察发现,一天中,"表"影有一个时刻会最短,人们称之为"正午";一年中,"表"影在某一天的某一时刻会最短,那一天称为夏至;在另一天的某一时刻会最长,那一天称为"冬至"。人们用圭表测出了二十四节气中最早的4个节气:冬至、夏至、春分和秋分。这样人们就可以知道在春天播种,在秋天收获了。课件展示。(板书:春夏秋冬)

2. 挖掘数学知识。

师:通过了解立竿测影和圭表,你有什么感受呢?

生1:计时的需要,便于农作等。

生2：计时反映出人们的智慧。

生3：古人很爱观察，爱动脑筋。

师：我和你们的感受一样。

师：圭表的发明让人们知道了什么？

生（交流）：圭表的发明让人们知道了春夏秋冬，劳作时就可以知道春天播种，秋天收获了。

师（引导）：从立竿测影和圭表计时，我们可以知道太阳照射立柱所产生影子的长度与每日的时间是一一对应的。

【评析】此环节的教学，一是唤醒学生的生活经验，找准认知起点。让学生知道树林、房屋的影子在不同时间的长短变化有规律，让学生体会到数学与生活的实际联系。二是了解通过测量竿影长度变化来计时的方法，后来又演化成"圭表法"，从而增强学生的民族自豪感。三是借助直观手段，帮助学生理解计时工作原理。以学生的生活经验和对古代计时工具的好奇引出教学，自然而富有激趣，利用微视频帮助学生初步了解其简单的工作原理，直观而易懂。

三、教学日晷计时法

师：随着人类社会的发展和进步，人们在圭表的基础上又发明了日晷。（板书：日晷）

师：日晷是人类在古代利用日影测得时刻的一种计时仪器。日晷是什么样的？

1. 课件出示日晷图片。

师：看到日晷，你想知道些什么呢？

生1：日晷是怎么计时的？

师：想知道计时原理。

生2：日晷上的这些字表示什么？

师：观察很仔细。

生3：日晷与圭表有什么相同之处？

师：看来你想用比较的方法来学习，很不错。

生4：日晷计时准不准呢？

师：想知道计时的准确性。

生5：日晷上的铁棒是用来干什么的？

师：你也是个爱思考的孩子。

……

2. 学生自学。

师：你们提出了这么多的问题，为你们点赞，老师将这些问题整理一下。请同学们将书翻到第13页，带着这些问题自学并回答这些问题。

课件出示问题：

(1)日晷表示什么意思?
(2)日晷是由哪些部分组成的?
(3)晷面上的汉字表示什么意思?
(4)日晷是怎么计时的呢?

自学指导,师:同学们自学很认真,下面请大家来交流一下你对以上问题的思考。

学生交流,教师结合课件点拨。

生:晷面上这十二个字就是十二个刻度,每个刻度表示一个时辰。(板书:刻度)日晷把一天等分为十二个时辰,这也就是十二时辰制。(板书:时辰)

生:宋代以后,人们把十二时辰中每个时辰平分为初、正两部分,按照子初、子正、丑初、丑正……这样依次分下去,恰为二十四小时,恰为二十四时辰,同现在的一天24小时的时间划分一致。

3.小组同学进行交流。

师:日晷和现代的钟面,有什么相似之处呢?(课件出示日晷和钟面图片)

生:晷面相当于钟表,晷针的影子相当于钟面的指针。

生:一天被平均分成了二十四时。

(板书:二十四时)

师:你能说出十二个时辰与今天钟面上的二十四时是如何一一对应的吗?这张图片你能看懂吗?

生:子时对应着现在24时中的23时到凌晨1时。

生:午时对应着现在24时中的11时到13时。

师:同学们都能体会到每个时辰与钟面上的二十四时是一一对应的。(板书:时间,一一对应)

4.模拟日晷计时实验。

师:了解了日晷这么多的知识,那它究竟是怎么计时的呢?

生:太阳照射晷针,晷针的影子指到哪个字就是什么时辰。

师:看来你明白了日晷的计时原理。

师:我们按照这位同学说的来看看。(课件出示,教师配音:太阳由东向西照射晷针,晷针的影子随着时间的推移由西向东移动,晷针影子指到哪个字就是哪个时辰。)

师:老师带来了一个日晷模型,用手电筒光代替太阳光,谁愿意来当小太阳?

学生体验:一边体验一边讲解,并一边提问同学。

生:我们正对日晷,观察太阳照射晷针形成的影子所在的位置。当太阳从东方升起时,位置最低,这时晷针的影子所指的时间是多少?当太阳慢慢由东向西升高,晷针的影子所指的时间也在发生变化。当太阳升到我们的头顶,位置最高,这时晷针的影子指着几时?当太阳慢慢落山时,位置最低,这时所指的时辰是几时?

【评析】一是注意通过对比、辨析加深学生对日晷的认识。虽然大多数学生没有见过日晷,更不知道其计时原理,但日晷与现代钟表非常相似,便于观察、猜测和分析,利于探索日晷的计时原理,体会计时工具的逐步改良和进步以及社会文明的进步。二是利用日晷计时模拟实验,引导学生亲身实验和经历,用数学眼光观察、发现问题。感受古代计时工具的合理性和了解其基本原理,体会每个时辰和现代计时法中二十四时的一一对应,让学生充分感受一一对应的数学思想。

四、教学铜壶滴漏计时法

师:日晷是通过测影计时原理来计时的。(板书:测影计时)

师:刚才我们穿越到几千年前,了解到古人用圭表与日晷这些计时工具必须要依靠什么外界条件才能计时?(教师指着板书问)这时,你有什么问题要提出来?(引导学生说出:没有太阳,古人用什么工具计时呢?)对,古人们在那个时候就遇到了这样的困难。不过,他们经过长期探索、研究,又发明了一种计时工具——铜壶滴漏。

师:不论晴天还是雨天,白天还是晚上,铜壶滴漏都可以计时。(板书:铜壶滴漏)让我们再穿越到几千年前去看看吧。

师:(课件出示)这就是铜壶滴漏,你观察到了什么?

生:我看到了有4个水壶。

生:我看到了有个水壶中有一支浮箭。

师:这支浮箭有什么作用? 为什么有这么多个壶?

请同学们带着这两个问题观看视频。

课件微视频介绍铜壶滴漏计时法。

师:你看到了什么? 听到了什么?

生交流,师引导得出:这支浮箭将一天二十四时平均分为100个刻度,每个刻度大约为15分,古人们通过观察水位上升时箭上所显示的刻度推算时间。(板书:百刻制)

"为什么有这么多个壶?"师引导得出:多个水壶是为了使水滴的速度保持一致,以保证计时的准确。

体验计时:制作简易铜壶滴漏。

师:同学们,我们来学习古人,制作一个简易的铜壶滴漏,体验其计时的原理。你们看,制作材料就只有桌上的两个水瓶和一根塑料管,简易吗? 别小看它,小发明大智慧,这里藏着很多的学问呢。

出示操作注意事项:

(1)组长做好接水瓶原来水位高度的标记;

(2)1名同学将没有刻度的水瓶竖立起来;

(3)控制滴水瓶水滴速度适中,不能太快或太慢;

(4)计时1分钟,观察接水瓶水位高度的变化;

(5)组长做好接水瓶水位上升后的标记;

(6)小组代表汇报:1分钟水位上升的情况。

师讲明要求后,生统一进行操作。

学生汇报交流:你们小组的壶漏1分钟滴了几个小刻度?

生:2个小刻度。

生:3个小刻度。

师:1个小刻度、2个小刻度……你看,1分钟可以滴这一段高度的水,现在滴2段这样刻度的水又要几分钟?

生:2分钟。

师:滴3段这样刻度的水,滴4段这样刻度的水……以此类推,滴60段这样刻度的水需要多少分钟?

生:60分钟,也就是1小时。

问:为什么同样是一分钟,你们瓶中水位上升的高度却不同呢?

生:滴水的速度不一样。

师:所以我们就需要统一计时标准,古人就把1天的时间长度平均分为了100个刻度,每个刻度约15分钟,同时增加水壶的个数,保证滴水的速度保持一致,这样计时就会更加准确。古人就通过观察水位所指箭上的刻度来推算对应的时间。例如:1个刻度约15分钟,2个这样的刻度就是30分钟,以此类推。我们可以看出古人们真聪明,用智慧的头脑、科学的态度、探索的精神进行了发明创造。

师(小结):古人的计时工具还有很多,(出示课件)"沙漏""水钟""火计时""烛光计时",请大家课后去研究。

【评析】教学中采用启发式教学,让学生认识各种计时工具的优缺点,从而体会到铜壶滴漏计时工具产生的必要性。"纸上得来终觉浅,绝知此事要躬行",学生通过有效的操作进行探究,方能更好地理解计时工具的演变及其科学性,从而为全课的学习高潮和情感升华奠定基础。

五、拓展运用

师:古人们很聪明,我相信你们一定也很聪明,我们现在就来当一个现代的小小发明家、创造家吧。你还能想出什么方法来估计出时间呢?

生1:脉搏计时。

生2:打节拍计时。

生3:数数。

师:你们这些方法都很有创意,希望未来的发明家就在你们当中。同时,我们感受到1分钟时间很快,很短暂,所以大家要珍惜时间。

【评析】时间观念指不借助于测量时间的工具,能排除无关因素的干扰,通过一定的逻辑运算对物体运动的时间久暂(长短)做出比较准确的判断。在教学中,教师鼓励学生采取了不同的方法计时,培养了学生的时间观念,激发了学生的应用意识和创新意识。

六、课堂延伸

师：古人的计时法凝聚了智慧，如果现在我们还用这些方法，能计算出神舟十一号飞船的发射时间吗？

播放神舟十一号飞船发射视频，当播放到07时30分31秒409毫秒时，问：此时此刻，你有什么感受？精确到秒、毫秒，这就是科技的飞跃，社会的进步。这是用的什么计时工具呢？（原子钟）（板书：毫秒）

【评析】一是让学生在了解很多计时工具的基础上，引导学生不仅要掌握时间，还要珍惜时间。二是让学生体会到这些计时工具的演变与发展历程，人们测量时间也越来越精准，体现了人类文明的进步和发展。三是鼓励学生要发扬勇于探索、不断创新的精神，去发明更多、更先进的计时工具！

七、课堂小结

（略）

【总评】

"从测影计时到铜壶滴漏"一课的内容是以时间轴为序，逐渐体现了时间工具的演变：由粗放到精细；由简陋到精致；由模糊到精准。其背后不仅仅承载着计时需要，也体现了数学知识在生活和工作中的价值，而工具的演变也标志着技术的进步和人类文明的历史发展进程。

短短几十分钟，教师创设了多种方式的操作活动，让学生亲身经历和感悟工具的变迁，人类智慧的伟大，以及人们不断探索、锲而不舍、精益求精、勇于创新的精神，这正是数学文化课程真正的魅力和价值所在。

文化之于人的学习不是一日之功，而是无数次课堂的点滴累积。课堂中可以看得见的虽然只是教学内容，但其中隐含的人文内涵和人文精神的影响会更加深远，比如孜孜以求、精益求精等品质不仅体现在数学文化的教学素材中，更深植于学生发现、探索和思维中。基于课程，还要高于课程，正所谓"滴水穿石"，数学文化课程的无声浸润必将产生几何级数的裂变，为学生的终身发展创造效益。这不仅对个人发展有所裨益，甚至对于整个民族的奋起和振兴都有非常重要的现实意义！

3 "假如在野外迷了路"教学实录与评析

- 执教：操 问（重庆市渝中区中华路小学）
- 评析：刘 凤（重庆市大渡口区实验小学）

教学内容

西南师大版《数学文化》三年级上册第5课。

内容分析

位置与方向是《数学课程标准》中第一学段要求掌握的内容，对于三年级的学生来说，东、南、西、北等方位词不陌生，但由于方位概念本身是比较抽象的，加之地域因素，有些学生在生活中缺乏相应的经验支撑，为教学实施带来一定难度，需要为学生提供大量的感性支柱和丰富的表象积累。

本节课主要的数学内涵是利用各种自然现象和人文现象帮助学生辨别方向，这不仅对学生理解、把握、描述现实空间，获得解决实际问题的能力有着重要价值，而且为发展学生的空间观念提供了丰富的实践素材，也为学生积累了一定的生活经验，让学生感受到数学的独特魅力，感受到数学无处不在。

教学目标

1. 在进一步认识基本方位的基础上，了解大自然中与方位有关的一些自然现象，以及这些自然现象能帮助我们辨认方向，以此激发学生的学习兴趣，体会数学无处不在，感受数学的魅力。

2. 通过亲子阅读、课内交流等学习形式，让学生学会根据自然现象辨别基本方向的简单方法，培养学生正确描述现实空间的能力。

3. 通过学习活动发展学生的空间观念，积累学生的生活经验和学习经验，培养学生的空间观念实践运用意识。

教学重点

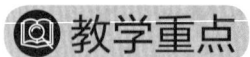

根据大自然中常见的简单现象学会辨别基本方位的简单方法,发展学生的空间观念,积累生活经验,培养学生空间观念实践运用意识。

教学难点

通过思维导图形式展现学习成果。

教学准备

多媒体课件、学习资料、白纸、彩笔、游戏线索图、方向字帖。

教学过程

第一部分

一、收集资料

二、亲子阅读

三、思考:怎样把收集到的资料与大家分享?

【评析】《数学文化》的阅读主体是学生,学习的环境可以不再受课堂约束。借助学生在语文学科中儿童诗《如果你在野外迷了路》学习的前认知,采用亲子阅读方式,重在思考"怎样把收集到的资料与大家分享",将学习拓展到课外,将学习的主动权还给学生。

第二部分:课堂小组学习,交流学习成果

一、谈话导入,揭示课题

师:同学们,我们已经学习了有关方向的哪些知识?
生:早上起来,面对太阳,前面是东,后面是西,左面是北,右面是南。
师:你们知道辨别方向有哪些工具呢?
生:指南针、司南;我们还可以观察植物。
师:对,大自然中就有好多天然的指南针。(板书:假如在野外迷了路)

二、自主探究,合作学习

(一)了解学生经验和起点,分类分块

师:在野外,没有地图,没有电子设备,该怎样辨认方向呢?

学生自由回答:植物、太阳……(理想状态是简要回答一下怎样依据植物、太阳等辨别方向)

【评析】经过课前亲子学习和交流分享,一方面搭建平台,让学生展示自我学习、亲子学习的成果,促进其获得学习成功感;另一方面也便于了解学生知识的起点,定好学习基调。

师:的确,大自然中就有好多天然的指南针。我这里设计有四个板块的内容,它们是:天文学家、植物学家、大建筑师、时间使者。你对哪一块最感兴趣?四人一组,商量选择其中一个板块进行研究,然后到老师这里领取相关学习资料。

【评析】有效的数学学习活动不能单纯地依赖模仿记忆,动手实践、自主探究与合作交流是有效数学学习活动的重要方式。教师将知识板块分类取名字,提升了学生的学习兴趣,分类分组后使学生的学习更全面,更有针对性。

(二)小组合作、自主探究

1. 课件出示学习要求,请一位同学大声读一读。

(1)读一读:阅读学习资料。

(2)说一说:从资料中你知道了怎样辨别方向吗?

(3)做一做:分工合作,将学习成果用简笔画、思维导图等方式呈现、汇报。

师:明白了吗?有几步?(三步)重点放在最后一步,注意分工合作。

2. 小组学习,教师巡视指导。

"天文学家"小组,注意资料的补充细节:春分、秋分;"植物学家"和"大建筑师"的内容在故事中介绍比较全面,可指导小组思维导图的制作;"时间使者"需要指导学生画图理解,根据实际情况可拓展不是整时的情况研究。

3. 汇报交流,适时补充。

展示思维导图,注意质疑交流,生生互评。

(1)"天文学家"小组。

组1:我们组研究的是"天文学家",早上起来,面对太阳,前面是东,后面是西,左面是北,右面是南。如果是晚上,就可以看北斗七星,上面是北,下面是南,左面是西,右面是东。(有错误的汇报)

师:关于他的汇报,你们组还有没有补充?(没有)其他组有没有补充?

组2:冬天的时候太阳有点偏,在东南方向。

师:你们同意吗?这个东南方向是怎么知道的?(资料显示的)让我们一起来看一看资料到底是怎么说的。

展示资料,教师带着学生一起读一读。弄清资料:原来不是东南方向,而是东偏南方向,这里只是说明了在除春分和秋分外的时候,太阳升起不在正东方,而是有一定偏差,这个偏差并不太大。

师:让我们再看看夜晚,夜晚是北斗七星帮助我们找北方还是北极星帮助我们找北方?(都可以;北斗七星)

播放微视频,演绎说明如何通过北斗七星找北极星,从而确定北方的方法。

师:看懂了吗? 让我来考考你们。我们是根据北斗七星的勺口还是勺尾找北极星的?(勺口)然后呢?(将其延长至5倍的距离就是北极星)北极星所在方向就是北方。

师:以上是"天文学家"小组的研究,白天我们可以根据太阳辨别方向,夜晚还可以观看星空找北方。

(2)"植物学家"小组。

组1:我们组是观察植物,树叶稠密的一面是南方,树叶稀疏的一面是北方。还可根据树木的年轮判断方向,年轮纹路稀疏的是南方,年轮纹路紧密的是北方。听明白了吗?

随便考一位小朋友,让其判断一个场景的哪面是北方,哪面是南方。

师:还有其他补充吗?

组2:树下有小草的一方是南方,有青苔的一方是北方。

生:老师,我说一下原因。因为南方的阳光充足,所以树叶密集的是南方。

师:他不仅告诉了我们方法,还讲明了原因,给点掌声!你能不能把剩下的两个方向标出来?(指名上台标出完整的东南西北)看来只要我们知道了一个方向,就可以根据顺时针依次找到东南西北了。

师:阴天的时候,植物可以帮助我们辨别方向。

(3)"大建筑师"小组。

组:蒙古包的大门朝向的是南方,还有蚂蚁的蚁穴也朝南方,因为南面阳光充足。地上的积雪化得快的是南方,化得慢的是北方。(小组内意见不一致了)

师:还有研究"大建筑师"板块的学生没?你们最有资格发言。

生1:刚才我们研究植物的时候说了,南方阳光充足些,所以南方的积雪化得快。

生2:不是,南面的太阳照射下来照到的就是北方,北方的积雪化得快。

师:我们来看看"大建筑师"小组的图示,他们把其中的道理也画在了图中(手指重点地方)。现在仔细观察,你们能看懂他们图中展示的"道理"吗?

指名回答:南面的太阳照射下来刚好照到北面,所以北面的积雪化得快。

出示课件,师进一步说明:我国地处北半球,冬天,太阳正好在偏南的方向,南面的太阳正好照射到北面的沟渠,所以沟渠里积雪化得快的是北方。其实刚才这个小朋友说得也没有错,他说的是山坡上的积雪,山坡跟沟渠不一样,山坡露在面上,当然是南面先照到太阳,所以山坡上积雪化得快的是南方。

(4)"时间使者"小组。

组:假如现在是10时,就用10除以2等于5,把钟表上的刻度5对着太阳,12所指的方向就是北方。你们听明白了吗?

师:有没有补充或者疑问?(没有)

师质疑:如果是下午2时怎么办?

生：这个要用24时计时法，用14除以2等于7，把7时的刻度对着太阳，刻度12就指向北方。

师：所以这种办法叫"时数折半"。（板书）

【评析】通过师生、生生的互动，共同探究、合作，完善利用大自然辨认方向的知识与方法，在获取知识的过程中形成自己独有的学习方法。由此可见，学习其实也是一种创造活动。在阅读中深度思考，在思考中分析与解释，在合作中探索发现，在交流中学会创意的表述，学生们融会贯通，尝试用自己所掌握的知识去讲述，去分享，让学习更有意义，更有温度。

(三)完善学习，小结提升

师：现在假如你在野外迷了路，能辨别出方向了吗？有哪些方法？

生：看植物、太阳、沟渠、蒙古包……

师：你最喜欢哪一种？为什么？

生：喜欢看太阳。

师：这是不是万能的方法？

生：不是。

师：阴天怎么办呢？

生：看植物。

师：沙漠里呢？植物不多怎么办？

生：看太阳。

……

师：看来要根据不同的地方、不同的情况灵活地选择方法，当然野外辨别方向的方法不止这些，只要做生活中的有心人，你还会发现更多的生存之道。

【评析】顺藤摸瓜，教师的追问让学生进一步明白要根据实际情况灵活选择方法。

二、游戏实践，尝试运用

师：看大家学得这么好，老师带来了一些礼物想送给大家。它在哪里呢？

"夺宝奇兵"：结合学习内容制成图画，共四张图，依次是四条线索。请大家根据提示，逐步找到后面的线索，找到最后的宝贝。

(1)弄清教室的方向(贴出"北")；

(2)图1：一小朋友面朝早上的太阳，人物对话框：2号线索在我面对的方向。

师：是哪个方向？(贴出"西")

(3)图2：一棵大树，左面的树叶稠密，对话框：3号线索在树叶稠密的方向。

师：是哪个方向？(贴出"南")

(4)图3：钟表表面图，12在右，6在左，对话框：现在是早上6时，礼物就在2时方向。

师：知道这是什么方向吗？(西北方)

小结：打开看看是什么？(一盒糖)通过自己的努力获取了新知，解决了问题，此时大家的心情就像这盒糖一样甜滋滋的。

【评析】游戏是孩子们喜爱的活动形式,通过游戏体验学数学、用数学的乐趣。

四、总结拓展,堂外延伸

师:今天我们学了什么?怎么学的?

生:我们是分板块学习的。

生:我们画了图……

师:通过小组合作、分块研究,我们共同掌握了在野外辨认方向的方法。在刚才的研究中,我们不难感受到生活中的很多问题涉及数学、科学等多学科知识,需要我们融会贯通、灵活运用。

【评析】从板书到学习总结,均用思维导图的形式,潜移默化,润物无声。

【总评】

本故事蕴含着多学科知识:数学、科学、地理等,体现了数学与其他学科的融会贯通。操问老师巧妙创设情境,引导学生进行探究和体验,在活动中让学生充分感知数学文化的神奇魅力。

1.多维度的学习方式。

本课中,操老师围绕故事,选择了三条学习路径:一是通过前期的亲子阅读和资料补充与收集,激发学生的学习兴趣;二是通过课堂上的小组合作,分别从"天文学家""植物学家""大建筑师""时间使者"四个板块展开探究,激发学生进一步想了解天然指南针的欲望;三是综合练习时模拟"寻宝"游戏及采用课外作业的形式,激发学生后续再研究、再学习的动力。

2.多策略的难点突破。

根据教学内容和学龄特征,不同的学习内容会存在不同的学习难点,如北斗七星辨别方向、融雪辨认方向等内容。操老师在本课中巧妙地设计了难点突破策略——生活中人们都知道根据北斗七星可以辨别方向,但是到底怎样辨别,可以说很多成年人也是不太清楚的。所以,"夜间观星象"对于小学生来说颇具难度。针对《数学文化》在介绍找寻北极星和认识南十字星这一板块都不太明确的情况下,操老师利用多媒体资源,将其做成微视频和PPT动画,声形并茂地向学生进行了介绍,在为学生扫清认知障碍的同时提升了学习兴趣,尤其是利用北斗星寻找北极星的方法,动画更为清晰明了;"融雪辨认方向"的方法是故事中最难理解的部分。针对故事给出的两个方面(一个是地面上凸起的地方,另一个则是凹陷的地方,两种地方判断融雪的方法是相反的——地面上凸起的地方,因为南面阳光照射充足,所以融雪快的是南方;凹陷的地方,融雪快的则是北方,这是因为我们地处北半球,冬季的太阳在偏南方向,南面的阳光照射到的是凹陷地的北面,所以北面融雪快),教学时操老师借助简笔画,采用边画边说的方式让学生理解其中的缘由,生动的教学方式很好地突破了难点,也活跃了课堂氛围。

4 "年号纪年法与公元纪年法"教学实录与评析

- 执教:刘 芳(重庆市大渡口区实验小学)
- 评析:龚念慈(重庆市大渡口区实验小学)

教学内容

西南师大版《数学文化》三年级上册第13课。

内容分析

"年号纪年法与公元纪年法"这一内容属于数学文化中"数学与历史"这一范畴,这部分内容重在引导学生从数学的角度,用数学的方法去经历了解历史人物,理解历史知识,探索历史事件的过程,从而让学生发现数学与历史有着密切的联系,发现很多看似复杂的历史问题用数学的思想方法都可以如庖丁解牛一般迎刃而解,感受数学的魅力和实用价值。所以讲解这部分知识应避免像单纯的历史课那样关注学生对知识的识记,而是要设计符合学生年龄特点的游戏或者数学探究活动来创造主动发现的机会,激发他们的探究热情,并培养其以严谨的态度学习文科知识的意识和观念。

但这部分内容距离学生平时的生活比较久远,第一学段的学生也没有系统地学习过历史知识,而仅是课题名称——"年号纪年法与公元纪年法"就比较长,其本身就包含着新课内容里的两个概念名词,可能三年级这个年段有的学生把课题读通顺都不易,要厘清《数学文化》提供的丰富资料的前后顺序、事件之间的逻辑关联,对他们来说是有困难的。因此,教师在《数学文化》已有资源上再加入了学生非常熟悉的三国时期战争视频、唐朝诗人李白的生平信息等材料,拉近了学生与纪年法之间的距离,再以层层递进又符合学生已有的数学学力水平的活动引导学生自己去发现、对比、总结、应用,让学生始终是课堂的主人,是学习主线的牵引者,有效激发了学生的学习兴趣和探究热情,有助于其语言表达、独立探究、数学思辨等能力的发展。

教学目标

1. 初步认识年号纪年法及公元纪年法各自的特点。
2. 了解古今中外部分纪年方法,体会统一纪年法的必要性。

教学难点

年号纪年法及公元纪年法各自的特点。

教学准备

课件、任务单。

教学过程

课前谈话：

师：同学们，我是一位喜欢历史的数学老师，你们喜欢历史吗？

生：喜欢。

师：大家能说说你了解的历史名人或者历史故事吗？

生自由发言。

师：我和你们一样，也对三国这段历史很感兴趣，那就让我们从数学的角度来观看三国里一次有名的战役。

一、视频引入，揭示课题

播放赤壁之战视频。

师：这场战争是三国时期有名的战役——赤壁之战。它发生在什么时候呢？

生：建安十三年。(有的学生没有发现)

师：刚才你们都被精彩的故事吸引了，让我们带着问题再细细地看一看。

(学生都找到了事件发生的时间)

师：建安十三年，孙刘联军在赤壁火烧曹军，大获全胜。(板书：建安十三年)

师：建安十三年就是指使用建安这个年号的第十三年。这是古人记录时间的一种特殊的方法。(板书：年号纪年法)

【评析】以冲击感强的视频播放学生耳熟能详的历史故事——赤壁之战，既激发了学生的学习兴趣，又让学生在观看的过程中有意识地注意年号，初步感受到"年号"在描述历史事件中的运用，消除陌生感，有利于后续活动的开展。

二、学习年号纪年法

(一)听故事，猜年号

师：年号是我国古代帝王用来纪年的名号。历史上，汉武帝最先使用年号来记录与区分不同的年份。汉武帝在位54年，共用了11个年号。这些不同的年号代表着不同的含义，你能试着根据当年发生的事件猜猜是哪一年的年号吗？

师：(点击课件)汉武帝在一次狩猎时获得一只叫作"白麒麟"的兽，觉得这是非常吉祥的事情。于是,他便更改了年号,这个年号是……

生:元狩。

师:(出示课件)汉武帝陶醉于自己"征服周边民族而使天下和平"的伟业之中,于是又改了年号,这又是哪一个年号呢?

生:征和。

师:(出示课件)汉武帝的这11个年号里,前面的5个年号都是后来才追加的,他本人亲自定的第一个年号是……

生:元封。

师:那么"元封元年"是什么意思呢?

生:元封元年就是使用元封这个年号的第一年。

师:元封元年的下一年呢?

生:就是元封二年。

师:再下一年呢?

生:元封三年。

师:年号纪年法就是这样,规定年号之后,只需改变后面的数,就可以一年一年地记录下去。

(二)看视频,知含义

用微视频介绍年号纪年法的方法和意义:自汉武帝使用年号开始,此后,每个皇帝即位都要改年号,并以年号纪年。元代以前,一个皇帝一般有多个年号。明清时期,一个皇帝基本就只用一个年号。中国历史上使用时间最长的年号是清朝的"康熙",使用了61年。

用不同的年号来记录与区分不同的年份,这种纪年方法叫作年号纪年法。年号纪年法不仅是我国的一种纪年方法,而且还影响到朝鲜、日本等国家。

【评析】听故事、猜年号,让学生了解"年号"背后的含义;尝试编"元封元年、元封二年、元封三年",体会古人使用年号纪年的方法;用微视频对年号纪年法进一步做整体概述,有利于学生对年号纪年法形成系统的认知。年号纪年法是比较枯燥和生涩的识记类知识,但教师抓住了学生的年龄特点,以一个个生动具体的历史事件把抽象的年号联系起来,便于学生理解,为学生制造猜对年号的机会,激发了学生探究新知的热情和兴趣。

(三)感受年号纪年法的特点

师:古代帝王用年号来纪年。因此,我们在阅读历史故事时,经常都会遇到年号纪年。

微视频介绍李白的生平故事。

师:这是李白一生经历的所有年份信息(展示年份信息)。你有什么疑问吗?

生:年份后面括号里的内容表示什么意思?

师:括号里的内容表示同一年内使用了不止一个年号。

生：你能看出开元这个年号用了多少年吗？

生：通过观察开元这个年号的最后一个年份就能看出，"开元"这个年号使用了29年。

师：李白生于长安元年，在宝应元年去世，你们能推断出李白到底活了多少岁吗？

小组合作完成任务单。

生：（汇报）先分段统计出年份，再将统计结果加起来。

师根据学生回答板演。

师：刚才仅仅是算李白的年龄，你们怎么就加了这么多个数呢？

生：换了年号，意味着纪年又要从头开始计算。不同的年号意味着不同的起点。每个年号使用的时间也可能不一样。

师：计算起来轻松吗？

生：麻烦、易错……

师：年号越多，参与计算的数也越多，这样不仅麻烦，而且容易出错。

师：长安元年到现在又经历了多少年了呢？你打算怎么计算？

生：讨论，分段统计，再进行计算。

师：老师为你们提供分段统计的素材（图片逐条出现从长安元年一直到宣统三年所有的年份信息）。还能像刚才那样很快算出来吗？

师：刚刚我听到大家一片惊叹声。你们在惊叹什么呀？

生1：看得我眼花缭乱。

生2：年号太多，计算太麻烦。

师：年号纪年法需要随时更换起点。从汉武帝到末代皇帝溥仪，一共出现过600多个帝王年号，你们惊奇吧！

【评析】李白是学生熟悉的诗人，教师选用他的生平年份信息，拉近了学生们和历史的距离。学生通过计算李白的年龄，了解了从长安元年到宝应元年的所有年份信息，学生能深入体会到年号纪年法的特点。年号纪年虽然能提示当年发生的大事件，但频繁更换起点，计算烦琐，给人们研究历史带来不便，从而为引出其他纪年方法埋下伏笔。

三、学习公元纪年法

(一)视频介绍，初识公元纪年法

师：要是有一种纪年法，不用更换起点那该多好啊！这样的纪年法有吗？是什么呢？

微视频介绍公元纪年法：公元纪年法起源于基督教。基督教规定：耶稣诞生之年为公元元年，公元元年以后的时间称为公元××年或××年，公元元年以前的时间称为公元前××年。

(二)再算李白年龄，感受公元纪年法的特点

师：刚才大家算李白的年龄，算了好久，还差点出错。可是，老师能轻轻松松算出李白活了多少岁。想想老师是如何计算的。

学生讨论并尝试计算,汇报交流。

生:762-701=61(岁)。

师:你能说说这个算式的含义吗?

生:762是去世的年份,701是出生的年份,用去世的年份减去出生的年份就能轻松算出来了。

师:李白生于长安元年,也就是公元701年,到2017年又有多少年了呢?

生:2017-701=1316(年)。

师:我们既了解了年号纪年法,又学会了用公元纪年法来计算古人的年龄,对这两种纪年的方法,你有什么感受呢?

【评析】在学生了解了公元纪年法后,运用公元纪年法再次计算李白的年龄及长安元年(公元701年)距今的年份,让学生通过两种纪年法的对比计算,体会公元纪年法的特点是只有一个纪年起点,在计算上很便捷。但它同时留给我们的就是一串串数字,缺乏历史的提示。学生们在对比后有了自己的见解,培养了学知识、用知识的意识和能力。

(三)计算秦皇,突破公元前、后。

师:从公元前221年,秦始皇统一了中国,到2017年又有多少年了呢?

收集学生的两种做法:

2017-221=1796(年)

221+2017=2238(年)

师:请用减法的同学来说说你的想法。

根据学生回答,引导全班学生思考、判断。

师:用加法的同学,谁能来证明自己的想法是正确的呢?老师为你准备了数轴,你可以借助它来说明你的想法。

学生借助黑板上的数轴,演示讲解,教师用微视频再次演示。

师(小结):先算公元前221年到公元元年有221年,再算公元元年到2017年有2017年。将公元前的年份加上公元后的年份,就能算出总共的年份。

师(追问):对比这次的计算和刚刚算李白的年龄,有什么不一样?

生:李白出生和去世的两个时间节点都在公元后,所以用减法计算。秦始皇这道题开始和结尾的两个时间节点,一个在公元前,一个在公元后,所以用加法计算。

师:你们太厉害了!如果你是历史学家,想知道西周共和元年,即公元前841年发生"国人暴动"那一年,距今多少年了,怎么计算呢?

师:知道为什么老师让你们计算公元前841年这一年吗?因为这一年是中国历史有确切纪年的开始。

【评析】本环节让学生计算公元前221年距今的年份,使学生在争辩中进一步认识到公元纪年法只有公元元年这一个起点的特点。利用数轴,突破了学生理解公元前公元后的难点,渗透了数形结合的思想。在学生自己小结出公元纪年法的计算方法后,教师再乘胜追击,让学生独立计算共和元年距今的年份,不但进一步巩固了公元纪年法的计算方法,也让学生体会到历史的研究离不开数学,增强他们对数学文化的学习兴趣。

四、拓展纪年法的认识

(一)用微视频了解中国历史上其他的纪年法

> 我国古代常用的纪年法主要有6种。除了刚刚介绍的年号纪年法,还有:
> (1)王公即位年次纪年法(比如齐桓公二年)
> (2)干支纪年法(这种纪年法每60年一循环。比如2017年是农历丁酉年)
> (3)年号干支兼用法
> (4)生肖纪年(比如2017年是鸡年)
> (5)星岁纪年法(这种纪年方法春秋战国时期很盛行,目前用得很少了)

(二)学生独立看书,了解国际上其他的纪年法

1.学生独立看书,教师根据学生的交流汇报用课件展示重要内容。

> 在西亚地区,古代巴比伦王国使用纳波纳沙尔纪年,又称巴比伦纪年
> 古代希腊曾使用希腊纪年
> 古代罗马兴起之后,占有地中海沿岸广大地区,通行罗马纪年
> 大多数伊斯兰教国家通行伊斯兰纪年(有三种起点)
> 东南亚各国采用的塞种纪年,又称大历纪年
> 在日本明治维新之后,流行开国纪年

2.了解统一纪年方法的意义。

师:为什么越来越多的国家开始采用公元纪年法了呢?

师(小结):随着时代的变迁,世界各国之间的交流越来越频繁和深入,大家采用相同的纪年法方便国际交流。

师:公元纪年法是目前世界通用的纪年法。也有部分国家仍然采用自己的纪年方法。

课件介绍:日本、大多数伊斯兰教国家、以色列等。

师:我们国家是从什么时候开始采用公元纪年法的呢?为什么要采用统一的公元纪年法?

让学生在书中寻找答案。

学生独立看书后交流:为了加强国际交流,在1949年9月,中国人民政治协商会议第一届全体会议,协商决定采用世界大多数国家公用的纪年制度,即用公元纪年法作为中华人民共和国的纪年。

【评析】通过观看视频、阅读《数学文化》,学生了解了中外曾经用过的部分纪年方法。这些纪年方法都是人类研究天文,总结自然节气变化规律的智慧结晶。学生通过对纷繁复杂的纪年方法的了解,在师生、生生的讨论中体会,不仅拓展了纪年法的相关知

识,还真切体会到统一纪年法的必要性。

五、总结梳理,拓展延伸

师:今天,数学老师带着大家一起上了一节有数学味道的历史课,你们有哪些收获呢?

生:我们了解了公元纪年法、年号纪年法和其他的纪年法。

生:公元纪年法不仅方便计算时间,而且方便国际交流。

生:公元纪年法只有一个起点,计算起来很方便,很快捷。

……

师:年号纪年法非常具有中国特色,彰显着中华文明悠久的历史文化。公元纪年法只有一个起点,不用担心改朝换代而带来的纪年名称的改变,计算起来很方便,给研究历史也带来了不少便利。那其他的纪年法还有什么有趣的知识呢?大家可以查阅资料,详细了解一下《数学文化》中介绍的其他纪年法。

【评析】本课在尾声部分引导学生自己小结收获,对比两种纪年方法的区别,使其从宏观上进一步深化了对两种纪年方法的认识。学生的阐述能感受到他们对两种纪年方法认知的有限和对这部分知识进一步学习的渴望。数学文化在课堂的实践时间虽是有限的,但给学生的学习指明了方向。

【总评】

本节课基于学生的年龄特点和课内学习基础,以《数学文化》为指导,设计组织学习内容,精心设计游戏及数学活动,让学生经历独立思考、计算对比、争辩分析、浏览收集等自主学习的过程,让学生在游戏与活动中,了解陌生的历史知识,体验历史研究中的数学运用,感悟数学思想方法,感受数学魅力,发展学生学数学、用数学的意识和能力。本节课的教学具有以下特点:

1. 尊重学情,顺学而教。

这节课与其他数学课最大的区别在于需要孩子对历史知识有初步的了解。《数学文化》提供了丰富的教学素材,创设了学习情境。从课堂教学过程中学生积极地参与活动、主动地进行探究,可以看出教师在课前充分了解了本年段学生的语文素养水平(小学低段学生熟悉的诗人和课外阅读常用读本)及其感兴趣的历史故事和历史人物,并根据其数学学习水平,精心选择便于学生计算和对比的年份素材,设计了既能激发其探究欲望又能使其体验探究乐趣的数学活动,让孩子乐于亲近生涩的历史知识,使学生的学习热情贯穿始终。

2. 巧用故事,建立概念。

根据低段孩子喜欢听故事的年龄特点,教师在本课教学中三次使用故事设计引入游戏数学活动,让孩子逐渐建立年号纪年法的概念。

（1）看故事，初次关注年号。孩子们带着问题看赤壁之战的视频，找到战争发生的年份，对年号建立初步的印象。

（2）听故事，尝试确定年号。设计听故事猜年号的游戏，让孩子们根据故事内容猜测年号的命名，了解古代帝王确立年号的一般方法（当然还有其他方式）及其含义，体会年号对研究历史的作用和价值。

（3）算故事，探索年号特点。用微视频声情并茂地介绍李白的生平故事，让学生通过计算其年龄发现年号纪年法的特点。

通过以上三个层次的活动，学生对年号纪年法的概念和特点有了正确的认识。

3. 两次对比，提升素养。

对比梳理，是数学学习常用的思考方法。本课巧妙设计了两次对比：一是运用公元纪年法和年号纪年法计算李白年龄的对比；二是计算公元前后年份与计算公元后年份的对比。通过两次对比，孩子们总结出两种纪年法的不同特点，归纳出计算公元前后年份与计算公元后年份的不同计算方法，使其体会到历史知识的探究也要用到数学严谨的计算、对比、分析、归纳，促进了学生数学核心素养的发展。

4. 数形结合，突破难点。

华罗庚先生曾说："数缺形时少直观，形少数时难入微，数形结合百般好，隔离分家万事休。"本课教学中，公元前和公元后的概念对孩子们来说比较抽象。因此，教师借助了数轴，并让数轴上的点动起来，生动地演示了时间的发展过程，让孩子们仿佛看到了动态的时间变化，顺利突破难点。

5 "一共订了几种杂志"教学实录与评析

- 执教：滕照莹（贵州省贵阳市第一实验小学）
- 评析：陈 露（贵州省贵阳市第一实验小学）

教学内容

西南师大版《数学文化》三年级上册第14课。

内容分析

集合是近现代数学最基本的内容之一。许多重要的数学分支，都建立在集合论的基础上，集合论及其所反映的数学思想，在越来越广泛的领域中得到运用。

本课以探索杂志的不同订法为线索，激发学生探索和分析的兴趣，培养学生发现与提出问题、分析与解决问题的能力，让学生感悟集合思想，并自主利用相应数学思想探索解决实际问题，初步感受集合在数学和生活中的实践价值，培养学生的数学应用意识。

教学目标

1. 在具体情境中感受"重叠"问题，初步了解集合知识的意义。
2. 借助直观图理解集合图中每一部分的含义，能用集合图表达及解决简单的实际问题。
3. 在学习过程中培养学生勤动脑、爱思考的学习习惯，感受数学与生活的联系，激发学生的学习兴趣，并让学生感受数学文化的魅力。

教学重点

掌握用画图等方式分析解决问题的方法。

教学难点

理解集合之间的关系。

教学过程

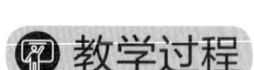

一、谈话交流,导入课题

师:同学们平时订阅课外杂志吗? 你都订过哪些课外杂志?(生答略)

师:看来同学们订阅杂志的种类还挺多的,老师这里收集了一些同学订阅杂志的情况,仔细观察,他们分别订了哪些杂志?(生答略)

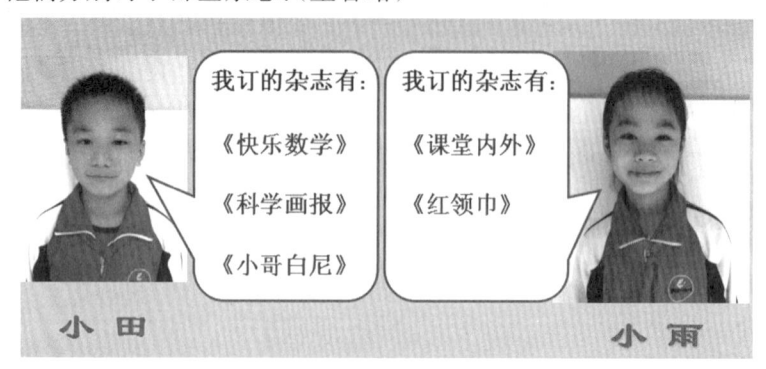

师:根据以上信息,你能提出一个数学问题吗?
生:他们一共订了几种杂志?
师:你的问题正好是老师今天想和大家一起讨论的问题。(板书课题)
师:谁来解决?
生:一共订了5种。
师:怎样列式呢?
生:3 + 2=5(种)。

【评析】教师提供贴近学生生活的素材,先让学生了解同学订阅杂志的情况,然后让学生提出"一共订了几种杂志"的问题,有利于调动他们学习数学的主动性。

二、开门见山,初识集合

师:老师现在有个小任务,我想用这两个圈分别表示两位同学订杂志的情况,左圈表示小田订的,右圈表示小雨订的,你能用这些教具卡片,把这两个同学订的杂志分别放到相应的圈里吗?(指名放)

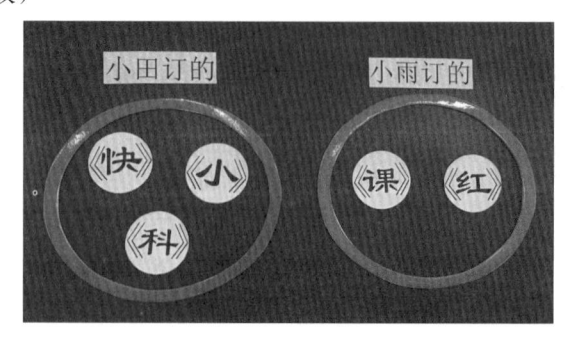

师：同学们，这两个圈可不是普通的圆圈，在数学上被称为集合圈。这两个圈就代表两个不同的集合，小田订的杂志在这个集合（师手指左圈），他订了3种，这个集合里就有3个元素；小雨订的杂志在另一个集合（师手指右圈），这个集合里有2个元素。

师：刚才同学们说的3+2，就是把3个元素和2个元素合起来。（师指着集合图介绍）这样的图就是集合图。（板书：集合图）

【评析】直接引入"集合圈"，了解"集合圈"里的元素，符合学生的认知规律，为后面认识重叠关系做好铺垫，同时也让学生初步感受分类思想。

三、自主探究，深化认识

1.巧设障碍，引发兴趣。

师：刚才我们知道了小田和小雨订杂志的情况，另外还有两个同学也订了杂志，他们一个订了4种，另一个订了3种，请问他们一共订了几种杂志？

生1：7种。

师：你是怎么算的？

生1：4加3，就是7种。

师：都同意是7种吗？

生2：我不同意，万一订的杂志有重复的，就不是7种。

生3：我也不同意，我觉得是7种以下，可能6种，也可能5种。

师：看似一个简单的问题，同学们却有不同的答案，看来我们要一探究竟了。（课件出示）

师：有什么发现？

生：有重复的。

师：有几种重复？（两种）哪两种？

师：现在还认为是7种吗？（不是）他们一共订了几种？

生：5种。

师：还能用4+3=7（种）进行计算吗？

【评析】看似简单，其实不然。这个数学问题，激发了学生强烈的探究欲望，在争辩中发现重叠问题。

2.尝试画图,理解重叠关系。

师:你能用集合图来表示吗?在表示之前,有3个要求。(课件出示)

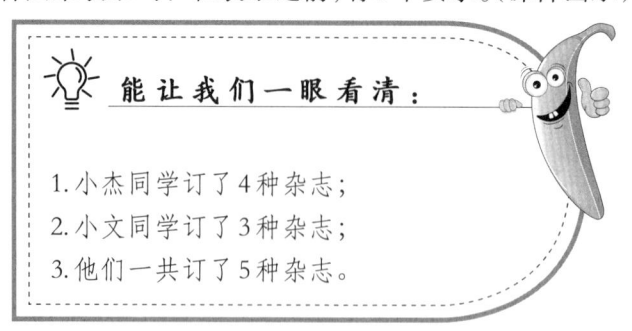

能让我们一眼看清:
1. 小杰同学订了4种杂志;
2. 小文同学订了3种杂志;
3. 他们一共订了5种杂志。

学生画图,师巡视。

师:老师收集了两位同学的作品,我们一起来看一看。(展示生1作品)

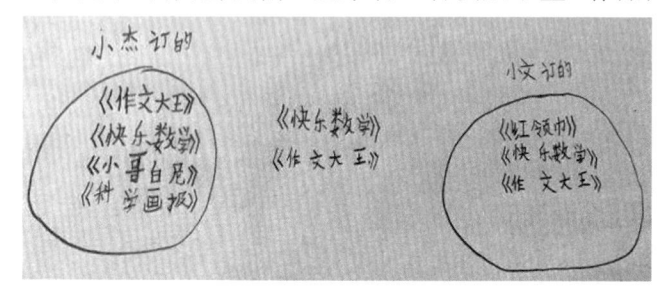

师:你是怎么想的?(介绍略)

师:老师这儿还有一幅,也请你上来说一说。(展示生2作品)

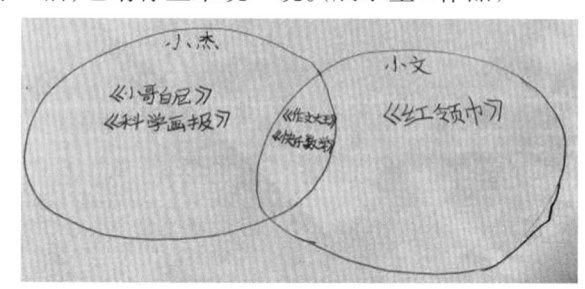

(介绍略)

师:这两种表示方法,你更喜欢哪一种?为什么?

生3:我喜欢第一种,因为很清楚。

生4:我喜欢第二种,不仅清楚而且很简单。

生5:我也喜欢第二种,第一种图里,中间重复部分如果不标明出来,不知道是什么意思。

师:喜欢第一种的举手(有几个)。

师:喜欢第二种的举手(大部分)。看来咱们班大多数同学都喜欢第二种,我们就把第二种表示方法摆到我们的黑板上。(指名摆)

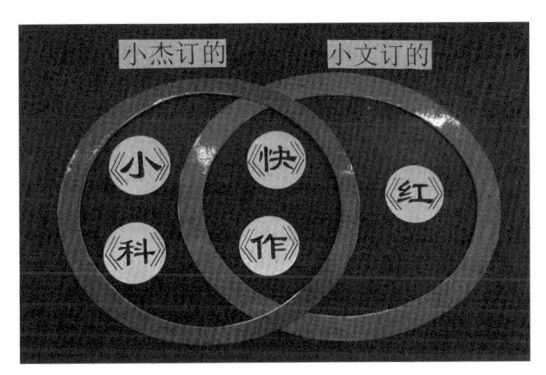

师:都能看懂吗?请问左圈里表示什么?
生:小杰订的4种杂志。
师:右圈呢?
生:小文订的3种杂志。
师:中间交叉部分表示什么?
生:他们重复订的2种杂志。
师:如果用关联词"既是……又是……"进行叙述,可以怎样说?
生:既是小杰订的又是小文订的。
师:这两种杂志放在这儿(指左边月牙部分),说明什么?
生:只是小杰订的。
师:这一种杂志放在这儿(指右边月牙部分),又说明什么?
生:只是小文订的。
师:看来集合图的每一个部分都有不同的意思。
师:你还会用算式表示吗?
生1:2+2+1=5(种)。
师:你的观察能力真好,直接从集合图上就能找到算式。
生2:4+3-2=5(种)。
师:为什么要减2?
生2:有2种杂志重复计算了,所以要减掉。
师:无论怎样列式,重复出现的杂志只能算几次?
生:1次。
师(小结):同学们真会动脑筋,用两个圈相互交叉的办法,将两个同学订阅杂志的情况巧妙联系起来,既能清楚地看出各自订了几种杂志,又能清楚地看出他们一共订了几种杂志。

【评析】教师放手,让学生调动已有的经验,自主探究出有部分重复关系时集合图的画法,并在交流中清楚地知道集合图各部分表示的意思,使教学目标落到实处。

3.再次尝试,理解包含关系。
师:还有两位同学也在讨论订杂志的情况,我们一起来听一听。(课件播放对话)

小张说："我准备订的杂志有3种。"小杨说："你订的每一种杂志我都订了的。"

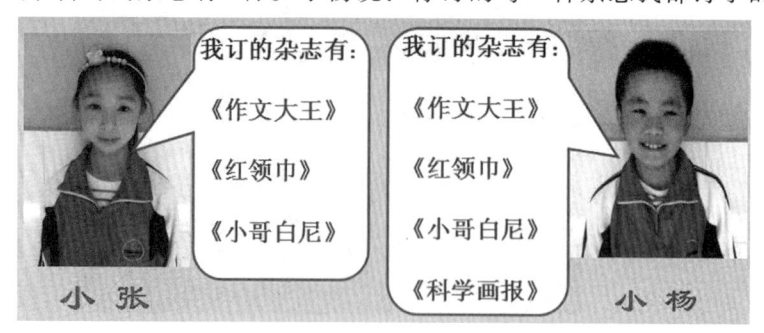

我订的杂志有：
《作文大王》
《红领巾》
《小哥白尼》
小张

我订的杂志有：
《作文大王》
《红领巾》
《小哥白尼》
《科学画报》
小杨

师：从他们的对话中你知道了什么？
生1：小张订的每一种杂志，小杨都订了。
生2：他们重复订的有3种。
生3：小杨订的杂志里包括小张订的。
师：他们一共订了几种杂志？
生：4种。
师：你还能用集合图来表示吗？
同桌合作，师巡视。
师展示生1作品。

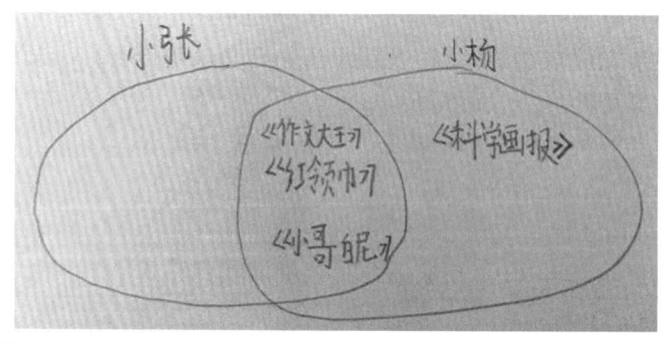

师：你是怎么想的？
生1：右边这个圈里是小杨订的杂志，中间部分是他们都订了的杂志。
师：为什么左边这部分里没有元素啊？
生1：因为没有小张单独订的杂志。
师：既然没有，我们可以将这部分……
生：擦掉。
师：是的，擦掉之后变成了这样。为了美观，我们可以把小张订的杂志画成一个完整的圈，就变成了大圈里面包含一个小圈，咱们班就有同学是这样画的。（展示生2作品）

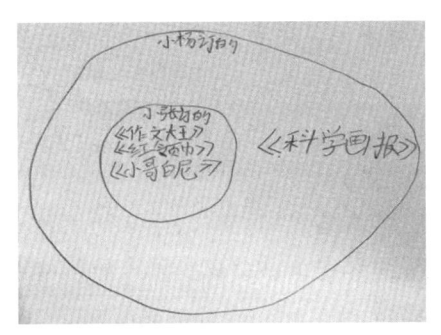

师:原来,集合图还可以这样来表示。请这位同学到黑板上摆一摆。

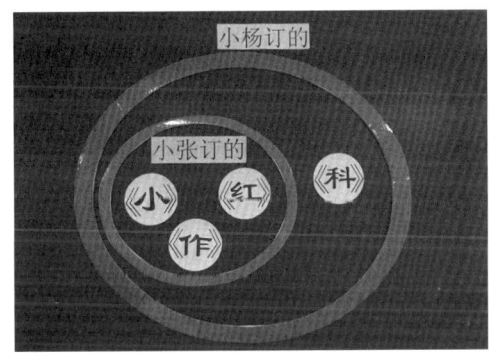

师:大圈表示什么?小圈表示什么?

师:我们就说小张订的每一种杂志都包含在小杨订的杂志里。

师:如果用算式怎么表示一共订了多少种杂志呢?

(生答略)

【评析】理解包含关系是本节课的难点,教师通过完善学生作品,形成标准的包含关系直观图,让学生感受集合图还可以这样画,丰富了学生对集合图的认识。

四、对比交流,感悟思想

1. 观察对比。

师:请同学们从左往右观察我们今天学习的三种集合图,你有什么发现?

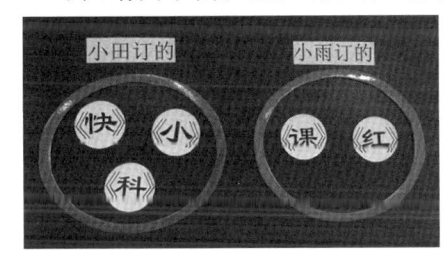

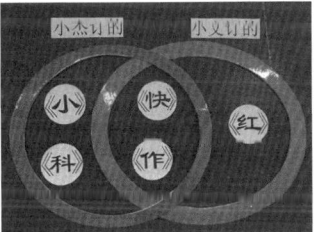

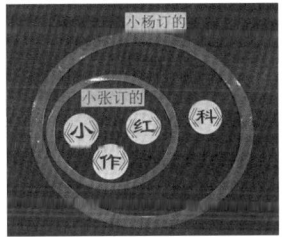

生1:第一种两个圈是分开的,第二种两个圈有部分重叠,第三种是小圈在大圈里面。

生2:当两个同学订的杂志没有重复时,这两个集合圈是分开的;当订的杂志有部分重复时,这两个圈就有交叉;第三种情况是小张订的杂志都包含在小杨订的杂志里。

师:同学们说得真好,看来集合之间的关系不同,集合图也不同。

2.介绍"韦恩图"。

师:实际上集合图还有一个名字叫"韦恩图",是以英国数学家韦恩的名字来命名的,我们一起了解一下。(播放课件)

【评析】教师让学生观察"韦恩图"的变化,学生的思维也不断地深入,使得并集、交集与子集等集合思想得以渗透,让学生感受数学语言的简洁美。

五、综合应用,总结延伸

师:其实在我们学过的数学知识中,也有许多集合思想。

1.平面图形之间的关系。

师:例如我们把全体长方形看作一个集合,全体正方形也看成一个集合,它们之间的关系可以这样表示(课件出示),你知道为什么吗?

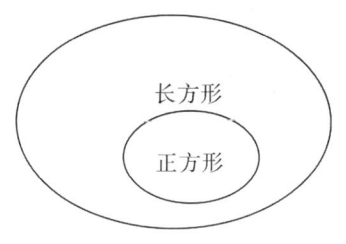

生:正方形是特殊的长方形。

师介绍菱形,引导学生认识:正方形也是特殊的菱形。

师:(出示一些平面图)你都认识吗?你能把它们放到合适的位置吗?为了方便,我们给这些图形编上序号。

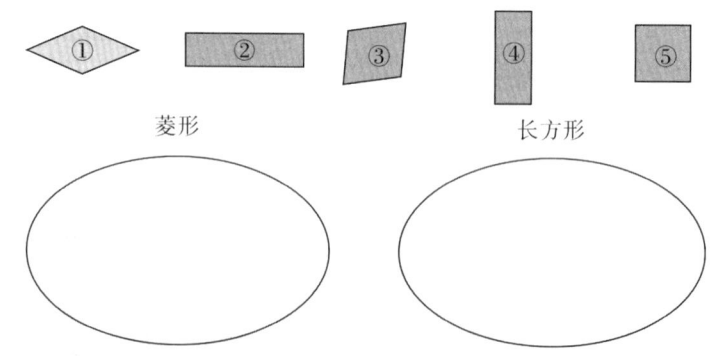

生1:①③⑤是菱形,②④是长方形。

生2:我觉得①③是菱形,②④⑤是长方形。

生3:应该把这两个圈交叉,正方形放在中间。

师:你说得很对,正方形既具有长方形特征又具有菱形特征,是最特殊的四边形。

菱形　　　　长方形

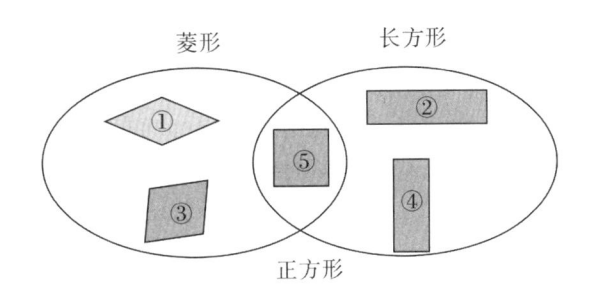

① 　　　②

⑤

③ 　　　④

正方形

2. 课堂总结。

师：通过今天的学习，我们认识了什么图？

生：韦恩图。

师：你觉得韦恩图有什么好处？

生1：可以帮助我们解决问题。

生2：可以表示集合之间的关系。

3. 拓展延伸。

师：是的，我们生活中经常会把一些事物看作一个整体，这样就构成了一个集合。（出示题目）

如果把实验一小所有班级看作一个集合，同学们，你所在的班级和学校所有班级之间是怎样的关系呢？你能画图表示一下吗？

师：这个问题就留给同学课后继续探究……

【评析】如何渗透数学文化？其实数学语言就是一种文化，教师带领学生经历韦恩图的创造过程，学会用数学语言来表达数量关系，润物无声地渗透了集合思想。

【总评】

本节课从学生熟悉的"问题"出发，以疑问的方式激发学生的好奇心和探索欲，当学生中出现不同答案时，研究"有部分重复"关系的问题成为学生新的学习需求。接着，让学生在学习活动的过程中思考解决问题的办法，利用画图的方式建立数学模型，根据重叠现象中的相关数量关系来理解韦恩图各部分的意义。再通过比较韦恩图，建立起了知识间的联系，同时也让学生感受到用数学语言表达集合关系的简洁之美。本节课的教学体现如下特点：

1. 替换素材,激发兴趣。

《一共订了几种杂志》是通过卡通人物波波和天天订杂志,妮妮计算订杂志总数引入话题,本节课将卡通人物替换为学生熟悉的同班同学,通过讨论同学订杂志的情况,更能激发他们的学习兴趣,充分调动他们的积极性。

2. 自主探究,理解深化。

研究"部分重复"和"包含"情况下的集合问题,都是充分放手,让学生自由表达,充分调动学生的已有经验,让学生去思考、分析、画图、交流、对比,在学习活动的过程中思考解决问题的办法。学生利用之前的分析方法,小组合作,画图观察并分析,自主探索得出结论,逐步渗透集合思想。

3. 观察对比,领悟思想。

教师让学生观察韦恩图的变化,学生的思维也在不断地深入,在交流中感受不同的集合形态、重叠种类与总数之间存在的关系,使并集、交集与子集等集合思想得以初步渗透。再通过用集合图表示正方形与长方形的关系,既巩固了集合思想的数学应用,又进行了知识迁移,建立起了知识间的联系,同时也感受到用数学语言表达集合关系的简洁之美。

总之,在课堂教学中有意识、有步骤地向学生渗透数学文化是本节课的主要特点,充分激发了学生学习数学的兴趣,调动了学生学习的积极性与主动性,培养了学生的逻辑思维能力和创新能力,有效地提高了学生的数学素养。

6 "一共订了几种杂志" 教学实录与评析

- 执教：冉 骏（重庆市沙坪坝小学）
- 评析：杨顺洲（重庆市大学城沙坪坝小学校）

教学内容

西南师大版《数学文化》三年级上册第14课。

教学目标

1. 在具体的情境中认识集合。
2. 借助直观图，经历运用韦恩图解决简单问题的过程。
3. 感受集合思想及其应用，体验数学的价值。

教学重、难点

会用韦恩图分析、解决简单问题，感受集合思想。

教学准备

1. 提前给每个学生发卡通人物卡片，请学生在背面写上自己的名字。
2. 创设有4名学生手中有2张不同的卡片的情形，为后面研究集合间的关系做准备。

教学过程

一、引入新课

师：今天我们要学习的课题是集合，你知道集合是什么意思吗？
生1：就是把人集中在一起。
生2：集的意思是很多鸟在一棵树上，我认为有一群的意思。
师：数学中的集合是怎么样的呢？今天我们一起来感受集合。

【评析】开门见山,调动学生的生活经验,由生活中的集合引入学习数学中的集合。

二、新课教学

1. 初步认识集合。

师:老师需要一些小助手,请得到孙悟空卡片的同学到前面来。

师:你为什么上来了?

生:我有孙悟空的卡片。

师:上来的同学有一个共同的特点,都有一张孙悟空的卡片,老师用一个呼啦圈把他们围起来。

师(揭示):把有孙悟空卡片的这几个同学看成一个集合,这几个同学都是这个集合的元素。

师:这个集合有几个元素?

【评析】选小助手的情境,有效地调动了学生的兴趣。在活动中,学生感受到了台上的同学有一个共同特点——有孙悟空的卡片。教师用一个圈把他们围起来,学生可生动地感受到集合的含义,再顺势提出这就是一个集合,使学生轻松认识了集合。

2. 运用韦恩图表示集合之间的关系。

(1)无重复元素的两个集合。

师:(又拿一个圈)请有哆啦A梦卡片的同学到这个圈里来。这个集合有几个元素?

师:这两个圈里的同学,能换一换位置吗?

生:不能,因为这边是有孙悟空卡片的同学,而另一边是有哆啦A梦卡片的同学。

师:为了让大家观察得更清楚,有什么办法可以把他们表示到黑板上呢?

生:画圈,贴卡片。

师画出两个并列的集合圈,请两个呼啦圈中的学生把写有自己名字的卡片贴到黑板上。

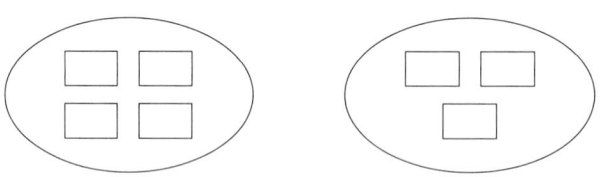

师:一共有多少人?

生:4+3=7(人)。

【评析】本环节进一步认识集合,通过教师画集合圈,学生贴卡片的过程,学生初步感受用画韦恩图的方法来表示集合。

(2)有重复元素的两个集合。

①部分重复。

师:请得到巴斯卡片的同学起立,有4人,请坐下。请得到胡迪卡片的同学起立,有

3人。得到这两种卡片的一共多少人呢?

生:7人。

师:请这些同学上讲台前来。怎么只有6人?

现场操作:请有巴斯卡片的4名同学到一个圈里,请有胡迪卡片的3名同学到另一个圈里,出现有一名同学需要待在两个圈里。

师:该怎么办?你们想想办法。

学生自主调整,将2个圈部分重叠,让重复的学生处于两圈相交的位置。

师把这种情况画到黑板上,请台上的同学贴卡片。

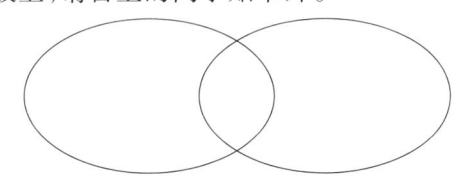

师数出同学贴在黑板上的卡片共有7张,问:不是只上来了6人吗?

生:有一个同学有两张卡片。

师:对,这两张卡片上写的是同一个名字,那该怎么放?

生1:拿走一张。

生2:重叠在一起。

师:能把旁边这个同学的卡片放到中间去吗?

生:不能,因为中间表示的是既有巴斯卡片,又有胡迪卡片的同学,而这个同学只有巴斯卡片。

师:中间的元素我们可以用"既有……又有……"来描述,旁边的用"只有……"来描述。

师:这下清楚了,一共有6人,算式怎么列?[师板书:4+3-1=6(人)]

师:对比这两种情况,你有什么发现?

生:前面的没有重复,后面的有重复,所以计算方法不一样。

【评析】本环节制造了认识冲突,4人加3人等于7人,而上台的却只有6人,学生心中都有疑问。通过台上学生的站位调整,大家终于找到了原因,因为有重复。这个过程中,学生的注意力被深深地吸引了,对重复的认识十分深刻。同时,通过学生对元素进行描述,学生对两集合之间的关系理解得更加透彻。最后,采用数形结合的方式,对比算式和图,学生发现了计算总数时没有重复元素的时候可以直接加,有重复元素的时候需要减去重复的元素。

②有包含关系的两个集合。

出示:得到米老鼠卡片的有4人,得到唐老鸭卡片的有3人。

师:你认为得到这些卡片的同学最多有几人?

生:7人。

师:最少有几人?

生1:6人。

生2:4人。
……
学生讨论交流,画韦恩图。
请同学上台粘贴卡片。
画出韦恩图:

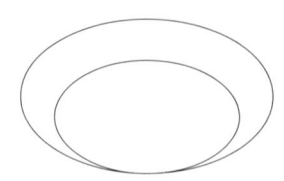

师:这样的情况,我们称之为包含的关系。

【评析】有了上一环节对重复关系的认知基础,本环节对学习方式进行了调整。先让学生猜一猜,加深对重复关系的理解;然后通过小组讨论交流。让学生结合信息去读图,这对学生来说有一定的难度,因此,教师采取了小组学习的方式,让学生在交流中去探索,最后进行验证。

(3)介绍韦恩图。
课件介绍韦恩以及韦恩图。
(4)对比观察,小结提升。
师:同学们观察黑板上的集合圈,我们通过韦恩图研究了集合的几种情况?
生:3种情况,没有重复的、有重复的和有包含的。
【评析】通过对比三种关系,进行回顾梳理,提升认识。

三、应用提升

1. 选择合适的韦恩图。
(1)把班上的男同学和女同学分别看作一个集合。
(2)把我校三年级的同学和全校的同学分别看作一个集合。
(3)把课程表上星期一上的课和星期二上的课分别看作一个集合。

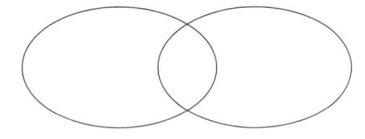

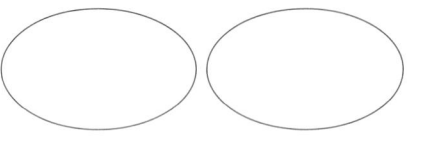

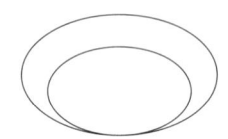

【评析】通过简单的应用对三种关系进行识别,巩固认识。

2. 画图分析,解决问题。
小明订了5种杂志:《红领巾》《作文大本营》《少年先锋报》《小哥白尼》《漫画世界》;小军订了4种杂志:《幽默大师》《小哥白尼》《漫画世界》《数学探秘》。他们一共订了几种杂志?

学生画图分析,列出算式。
【评析】学生应用今天学习的知识去解决问题,体会集合思想的价值。

四、数学家的故事

介绍集合论的创始人康托尔的故事以及集合的应用。
【评析】通过康托尔的故事,让学生感受数学家康托尔坚持不懈的精神和集合思想的价值。

五、全课小结

师:通过学习,你有什么感受和收获?
师:6年后,你们进入高中将正式学习集合知识。那时,你们将对这个老朋友有更全面深入的认识。
【评析】总结收获,在学生心中埋下一粒种子,培养学生继续学习数学知识的兴趣。

【总评】

1. 数学文化课要有"趣"。

素材要有趣。素材要能贴近学生、吸引学生。本节课采用了学生熟悉、喜欢的卡通人物做素材,激发学生的兴趣。

活动要有趣。学生在活动中学习是最愉快的。本节课设置了多次有关圈、贴的有趣活动,学生在参与活动的过程中,不知不觉地就积累了数学活动经验。

教师要有趣。教师的语言、神态等要能吸引学生。如本节课中的重复关系,老师这样说:"你怎么跑到那个集合里面去了?怎么办?"这样的语言一下子就让学生笑了,并积极地进行思考。

2. 数学文化课要有"思"。

数学思想是数学的精髓。数学文化课有别于传统课堂的特点之一,就是更看重思想和方法的渗透,有利于发展学生的数学素养。

在本堂课中,学生学会了画韦恩图去分析简单问题,他们在观察、分析、抽象的过程中体会到了其中蕴涵的数学思想——集合思想,同时学生还体会到分类、数形结合等思想。

3. 数学文化课要有"美"。

华罗庚先生说过:"就数学本身而言,是壮丽多彩、千姿百态、引人入胜的……认为数学枯燥乏味的人,只是看到了数学的严谨性,而没有体会出数学的内在美。"课堂上,我们要挖掘数学中美的元素,带给学生美的感受。情境要美、语言要美、过程要美,让学生感受到数学的美。作为教师,只有认可数学的美,爱数学,才能影响学生。

综上,数学文化课要让学生在轻松、有趣的氛围下,主动参与数学活动,领悟数学的思想,感受数学的价值,体会数学的精神,感悟数学的美,真正实现数学素养的生长。

7 "魔法幻方"教学实录与评析

- 执教：王承伟（贵州省贵阳市省府路小学）
- 评析：王 艳（贵州省贵阳市省府路小学）

教学内容

西南师大版《数学文化》三年级下册第1课。

内容分析

幻方是在一个由若干排列整齐的数组成的正方形中，图中任意一横行、一纵列及对角线的几个数之和都相等的图表，中国古代称为"洛书"，又叫"纵横图"。

本课的"魔法幻方"主要是让学生初步认识三阶幻方，经历探索填写九宫格的规律，积累活动经验，发展数学思考，在小组合作的过程中，体验学习的乐趣，从而培养他们的学习能力。

教学目标

1. 初步认识幻方（三阶幻方），了解幻方的起源，激发学生的民族自豪感。
2. 学生经历探索了解九宫格的方法，积累数学活动经验，发展数学思维。
3. 通过小组合作，体验学习的乐趣，培养学生的学习能力和实践能力。
4. 了解我国数学家杨辉的故事和纵横图，学习杨辉总结的填九宫格的方法，并能运用其填九宫格。

教学重点

学习杨辉总结的填九宫格的方法。

教学难点

运用杨辉总结的方法填九宫格。

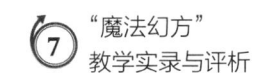

7 "魔法幻方"
教学实录与评析

教学准备
课件、题单、数字卡片。

教学过程

一、故事导入

师：同学们都听过大禹治水的故事吗？老师今天和大家分享一个和大禹治水相关的故事。很久很久以前，黄河、洛水一带经常发大水，大禹就带领人们去治水，在这时，水里突然浮起一只大龟，龟背上有很奇特的图案。(课件出示)古人把这个图案称作"洛书"，大禹从洛书中得到启示，治理了水灾。那么洛书中有什么秘密呢？今天我们一起来研究。(出示课件)

【评析】用学生熟悉的大禹治水的故事导入，创设问题情境，自然引出洛书，既激发了学生的学习兴趣，又自然地引出了本课要研究的问题。

二、了解九宫格的由来并探索规律

1. 认识九宫格。

师：同学们来看看这个图案，请仔细观察，都看到了什么？
生：中间的这个图是5个点，用数字5来表示。
师在黑板上贴数字5。
生：四个角上的黑点分别是数字4,2,8,6。
师：剩下的白点呢？
生：3,9,7,1。
师在黑板上贴图如下：　④　⑨　②
　　　　　　　　　　　③　⑤　⑦
　　　　　　　　　　　⑧　①　⑥

师：我们把这9个连续的数填在9个方格里(用做好的9个方框把9个数框起来)。

④	⑨	②
③	⑤	⑦
⑧	①	⑥

师：无论是横着、竖着、斜着加，结果都是15，这样的图叫"九宫格"。九宫格横着的3格叫"行"，竖着的3格叫"列"，斜着的3格叫"斜行"。那么，它有几行、几列、几个斜行呢？

师：每行、每列、每个斜行的3个数相加的和都相等，我们也把它叫作"幻方"。有着3行3列并且每行、每列、每斜行的和都相等的图，就叫三阶幻方。今天我们就走进魔法

幻方的世界。(板书:魔法幻方)

【评析】洛书上的图案,即点子图,用数字来表示的话就形成了我们今天的九宫格。教师巧妙地应用9个方格框架图把洛书图案直接转化成九宫格,分散了难点,同时还自然地引出了课题。

2.探究规律。

师:(指着幻方)这个幻方是由洛书得来的,九宫格还有不同的填法吗?

学生的回答有以下情况:

(学生说教师填)

生:交换上、下,左、右的数可得到新的填法。

⑧	①	⑥
③	⑤	⑦
④	⑨	②

师:观察这几种填法,有什么相同的特点?同桌讨论:

(1)中心数是5;

(2)横、竖、斜着的3个数的和都是15;

(3)5两边的数的和都相等(都是10);

(4)双数在四个角上,单数在中间。

师:(小结):这几种填法都是由洛书演变而来的,其实填九宫格是有技巧的。早在南宋时期,我国数学家杨辉就总结出了填九宫格的方法。(出示口诀)

【评析】根据洛书上的图案得到了一种填法,这时鼓励学生大胆尝试不同的填法,并带领学生验证其是否正确,教给学生学习的方法。而学生只想到了上下交换或是左右交换,得到的答案比较单一。此时,老师恰到好处地施展"魔法",把洛书图案顺时针依次旋转1次、2次、3次、4次,就能得到不同的答案,令学生惊叹不已,让学生着实感受到了幻方的魔力。这时,教师适时地追问让学生寻找这些填写方法的相同点,顺利地探究九宫格的特点,达到了学习目标,培养了学生的思维能力和思考方法。

三、学习杨辉总结的九宫格方法

出示口诀:九子斜排,上下对易,左右相更,四维挺出。

师带读,阅读《数学文化》第3页并理解口诀内容的含义。

师:怎样使用呢?

播放微课,教师一边说口诀一边解释一边示范。

"九子斜排":将9个数按从小到大或从大到小的顺序斜排3行。

"上下对易":将数9和1对换。

"左右相更":将数7和3对换。

"四维挺出":将4,2,6,8分别向外移动。

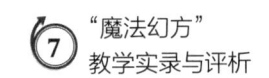

学生自己尝试,要求:一边说口诀一边摆。同时,再次播放微课,教师巡视。

师(问):同学们在操作时,遇到了什么困难吗?或是有什么要提醒大家注意的地方吗?

生:操作时各行各列要对齐。

师:有什么好办法可以帮我们对齐呢?

生:可以用尺子;画线……

师:借助画表格图进行九子斜排。(点课件示范)

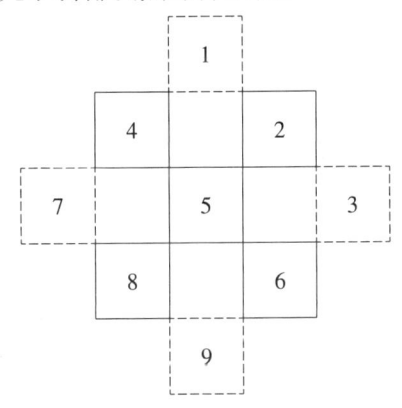

```
        ┌───┐
        │ 1 │
    ┌───┼───┼───┐
    │ 4 │   │ 2 │
┌───┼───┼───┼───┼───┐
│ 7 │   │ 5 │   │ 3 │
└───┼───┼───┼───┼───┘
    │ 8 │   │ 6 │
    └───┼───┼───┘
        │ 9 │
        └───┘
```

师:再根据上下对易,把1和9送回到方格里,左右相更,把7和3送回到方格里,此时,四维挺出都不用了。这可真是个好办法!

师:数学家杨辉总结的填写九宫格的方法可真简单啊!你们学会了吗?

【评析】在学习杨辉总结的填写九宫格的方法时,为了便于学生理解学习,教师把四句口诀录制成微课,形象直观,方便学生学习。同时,让学生动手操作感受到九子斜排不好对齐时,再巧妙地引出借助画表格的方法帮助学生进行正确的九子斜排,并且还省去了第四句口诀的操作,突出了重点,达到了教学目标。

四、拓展延伸

考考你:把数11~19分别填入九宫格里,不重复,使横、竖、斜着的结果都是45。

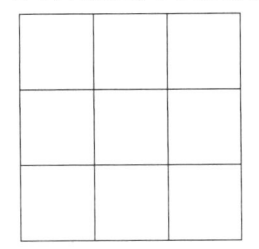

生1:我根据洛书上的填写方法,直接在1到9的基础上各数都加上10。

生2:采用画方格的方法,用杨辉总结的口诀来找答案。

师:同学们,你们这么快填写出了答案,该归功于谁呀?

生：杨辉。

师：让我们去认识认识他吧！

【评析】学生学习了填写九宫格的方法后，面对练习题都跃跃欲试，有的用迁移的方法，有的用杨辉总结的填写九宫格的方法，说明学生会举一反三，能实实在在感受到这一方法的实用价值，增强了学生对数学的学习兴趣，培养了学生的探索意识，提升了数学素养。

五、介绍数学家杨辉的故事及纵横图（播放音频，同步配相应的图片）

杨辉是我国古代南宋时期杰出的数学家，是世界上第一个排出丰富的纵横图（九宫格）和讨论其构成规律的人。他将散见于前人著作和流传于民间的这类问题加以整理，得到了"五五图""六六图""九九图""百子图""衍数图""易数图"等许多类似的图。杨辉把这些图统称为"纵横图"，于1275年将其写进自己的数学著作《续古摘奇算法》一书中，并流传于世。另外，杨辉的《详解九章算术》等著作极大地丰富了我国古代数学宝库，为数学科学的发展做出了卓越的贡献，他真不愧为"宋元四大家"之一。

【评析】通过音频、图片、文字、音乐多方面的感官刺激，让学生了解数学家，了解我们国家的数学文化博大精深，增强学生的民族自豪感。

六、小结

我国的数学家多聪慧呀！他们通过自己的努力，自发创新，总结出了填九宫格的方法，这比欧洲还早400多年。同学们在未来通过自己的努力同样可以取得辉煌的成就。

【评析】教师用激昂的语言再次赞美我们古代的数学家做出的成就，并激励学生通过自己的努力同样可以做出辉煌的成就！

【总评】

本节课从学生熟悉的"大禹治水"的故事引出洛书，激发学生的学习兴趣，以主线式的设计清晰地呈现了九宫格的规律、如何填九宫格的方法及有关幻方的相关知识的教学，从中提供了有趣的数学活动，让学生在活动中积累数学活动经验，帮助学生掌握方法，开阔视野，同时培养了学生的学习能力和实践能力，提高数学素养。本节课教学体现如下几个特点：

1.巧用故事，感受数学文化。

王承伟老师结合三年级学生的年龄特点和心理特点，采用了学生熟知且与本课有着密切联系的"大禹治水"的故事导入新课，通过创设故事情境同时配有动画视频，让学生身临其境地感受大禹在治理水患的过程中发现了数学知识并运用数学知识治理了水患，从而引出龟背上的图案(即九宫格的雏形)。这样不仅充分激发了学生强烈的好奇心与求知欲,还营造了轻松和谐的课堂氛围。

2. 巧用微课,掌握数学方法。

在教学杨辉如何填写九宫格规律时,为了让学生能进一步理解其总结的方法:九子斜排,上下对易,左右相更,四维挺出,教师借助微课,让学生直观地感受数学思想方法,突破重难点,再通过学生的操作,激发学生的学习兴趣,让学生在学习的过程中掌握数学方法,培养数学思维,渗透数学思想,领悟数学文化。

3. 巧用多媒体,拓展视野。

本课中大量地运用了多媒体,多角度调动学生的不同感官。开课以动画呈现龟背上的图案,吸引孩子注意力并引出洛书。在教学杨辉总结的方法后,学生练习使用,由于教师在巡视中发现孩子们摆的图没有对齐,这样就会造成错误,于是马上追问:"有没有需要提醒大家注意的地方?"有的学生说:"九子斜排时要对齐。"教师借机追问:"有没有什么好办法帮助我们快速进行九子斜排?可以借助什么工具?"在老师的提示下,有的学生想到了直尺,老师顺势带出了利用方格来帮助学生进行九子斜排,同时采用多媒体的形式呈现,方便、快捷、清晰、明了,并让学生看到进行九子斜排不仅快速准确,还少用了第四句口诀,充分地体会到画方格是个好办法。最后,在应用杨辉法填写九宫格后,问道:"那我们应该感谢谁呢?"学生自然而然地想到了我国数学家杨辉,在此把书中对杨辉的文字介绍转化成图片并配上讲解,从视觉和听觉上让学生耳目一新,从而让他们自发地感叹我国的数学文化博大精深,激发出学生的民族自豪感。该节课使学生在了解数学史的过程中拓展了文化视野,感受了数学文化,发散了数学思维。

8 "小小鞋码大学问"教学实践与思考

● 执教：牟朝霞（甘肃省定西市临洮县第二实验小学）

教学内容

西南师大版《数学文化》三年级下册第9课。

教学目标

1. 掌握鞋的码数与厘米数之间的换算方法，会根据厘米数计算出码数。
2. 经历统计鞋码的过程，会进行简单的数据整理和分析，体会统计的意义和价值。
3. 挖掘鞋码来源，拓展鞋码表示方法，开拓数学视野，感受数学的应用价值。

教学重、难点

经历统计过程，掌握码数与厘米数之间的换算方法。

教学准备

课件、学习卡等。

教学过程

一、问题引入，理解关系

1. 提出问题，激发兴趣。

师：我们每个人的脚上都穿着鞋，对于"鞋"（板书：鞋）你知道什么？

生：鞋有大有小，从穿的人群上可以分为儿童鞋、老人鞋、成年鞋；从穿鞋人的性别上可以分为男鞋和女鞋。

生1：夏天穿凉鞋、冬天穿棉鞋，雨天穿雨鞋。

生2：从鞋的材质上可以分为皮鞋、布鞋、草鞋。

生3：还有运动鞋、旱冰鞋、跑鞋、舞蹈鞋。

……

师：鞋的知识有很多，其中我们把鞋的大小用鞋码或鞋号来表示。(板书：码)

师：对于鞋码你知道什么？

生：我知道我爸爸穿40码的鞋。

师：其他人的爸爸穿多大的鞋？有没有比42码大的鞋？有没有比39码小的鞋？你们能尝试着比划一下44码的鞋有多大吗？

师：看来爸爸们的鞋码都在39～43码之间。可是妮妮却说她爸爸穿27厘米的鞋。你们相信吗？

生猜想。

生1：可能妮妮弄错了。

生2：可能码和厘米之间有什么关系，可以换算。

2. 自主学习，探索关系。

师：到底是怎么回事呢？看看书上能不能找到答案，大家自学《数学文化》第37页。

生：码数和厘米数之间的关系是：码数=厘米数×2－10。

师：27厘米就是多少码呢？

生：27厘米×2－10=44(码)，27厘米表示的就是44码。

师：现在你能告诉老师44码的鞋有多长吗？(27厘米)

师：看来厘米数和码数都可以表示鞋的大小，你觉得厘米数和码数哪个能更好地让人一下子知道脚有多长？其实鞋的大小在我国先是用码数来表示，后来才规定为厘米数，那么在用码数表示之前又是用什么来表示的呢？你想不想知道？请看大屏幕。

3. 观看微课，了解鞋号的发展历史。

鞋号是表示鞋大小和肥瘦的一种标志。鞋号是鞋的一种简单代号，它是一个地区、一个国家脚型特点和脚型规律的反映。不同国家的鞋号尺度是依据其常用度量单位、习惯用法及主体民族的脚型特征规律制定的。我国早期主要生产布鞋，旧鞋号中布鞋是以市尺标识的，又叫上海号。如7寸8、6寸2等，号差1分约差3.33 mm。在开始生产皮鞋后，一部分鞋改用类似法国鞋号标注，如将7寸8看成78，除以2，就成了39号。

我国的鞋号是以脚长为基础编码制定的，旧的标准是采用厘米制，脚长多少厘米，就穿多少厘米的鞋。我国于1998年1月16日发布的《鞋号》(GB/T 3293.1-1998)标准，将厘米制更改为毫米制，即脚长230 mm，穿鞋号为230的鞋，目的是与国际鞋号标准接轨。

师：看了这段视频，我们会发现，为了与国际接轨我们把鞋号的表示方法由"市尺"更改为码数，又更改为厘米制，再到毫米制，你知道27厘米是多少毫米？(270毫米)这小小鞋码中还真有学问啊！(板书：学问)

4. 计算码数，巩固应用。

师：你能计算出26厘米、25厘米、24厘米分别表示的码数吗？

师：根据上面的计算，你能推测出24.5厘米、25.5厘米、26.5厘米分别表示的码数吗？

师：结合大屏幕上的鞋子尺码对照表，在你爸爸的鞋码旁边写出相应的厘米数，注意写清楚单位"cm"，并圈起来。然后，同桌互相看一看、说一说。

【思考】爸爸们的鞋码都在37～43码之间，为什么妮妮爸爸的鞋码却是27厘米？通过真实的数据，引发矛盾冲突，然后引导学生带着问题，在自学《数学文化》中认识码数与厘米数的转化方法，培养学生的数学阅读兴趣。在猜测中追根溯源，寻找码数为什么这样表示，在鞋号的演变历史中，了解鞋号的表示方法从"市尺"到"码"到"厘米"再到"毫米"的发展过程，这一环节如曲径探幽，一层层解开鞋码的神秘面纱，激发了学生爱上数学的兴趣。

二、小组合作，解决问题

1. 提出问题，体现统计的必要性。

全班交流爸爸穿多少厘米的鞋。

师：你们这样讨论能看出穿哪几种鞋码的爸爸人数多吗？

生：不能。

师：能用什么办法知道穿哪几种鞋码的爸爸人数多？

生：用统计的方法。

师：我们以前学过的统计方法有哪些？

生：画"正"字、画"√"、举手、画符号、投票……

师：每个小组长的手里都有这样一张表格，请组内合作，统计出小组内爸爸们穿每种鞋码的人数，组长负责最后填在表格里并写在黑板上。（因为全班42人，根据人数分为7人一小组，共6小组）

男鞋尺码调查情况统计表

鞋码(cm)	24以下	24	24.5	25	25.5	26	26以上
人数(人)							

2. 小组合作，整理数据。

小组汇报：你们小组是用什么方法进行统计的？穿各种鞋码的各有多少人？

3. 全班交流，分析数据。

师：看统计结果，你发现了什么？爸爸们大多数穿哪几种尺码的鞋？

师：如果调查的人数再多点，结果会怎样呢？（出示某商场对200名成年男士鞋码调查情况统计表）看这个表，你发现了什么？

×××商场对200名成年男士鞋码调查情况统计表

鞋码(cm)	24以下	24	24.5	25	25.5	26	26以上
人数(人)	3	16	42	71	45	18	5

生：可以看出成年男士大多数穿24.5厘米、25厘米、25.5厘米的鞋。

师：如果调查的成年男士人数是1000人，你能预测出穿哪几种鞋码的人多吗？

师：看来调查的数据相对多时，就能反映出事物的集中趋势。大数据，会说话。

【思考】教师给予学生充足的统计时间，让学生在真实的背景下亲身经历收集数据、整理数据、描述数据的过程，在问题引领中利用得出的信息，进行数据分析，做出正确的判断。

三、解决问题，培养应用意识

师：根据以上数据分析，如果让你给制鞋厂厂长提建议，你会让他们多生产多大码的男士鞋？

生：多生产24.5厘米、25厘米、25.5厘米的鞋。

师：如果我是卖鞋老板，我只进这3种号的鞋，行吗？

生：不行，那样有的人就买不到鞋了。

师：看来运用统计知识能帮助我们解决生活中的很多问题。你能利用学到的知识解决下面两个问题吗？

问题1：商店里27厘米的鞋在仓库里明明有，为什么柜台上一般找不到？

生：因为穿27厘米鞋的人少，所以柜台上一般不放。

问题2：为什么商店里25厘米、25.5厘米的鞋子库存最多？

生：因为穿25厘米、25.5厘米的鞋子的人很多，所以进货时进得多，库存就多。

师：你能推测实际销售中哪些鞋码的鞋销量高？

生：24.5厘米、25厘米、25.5厘米的鞋销量高。

出示统计图，验证推测。

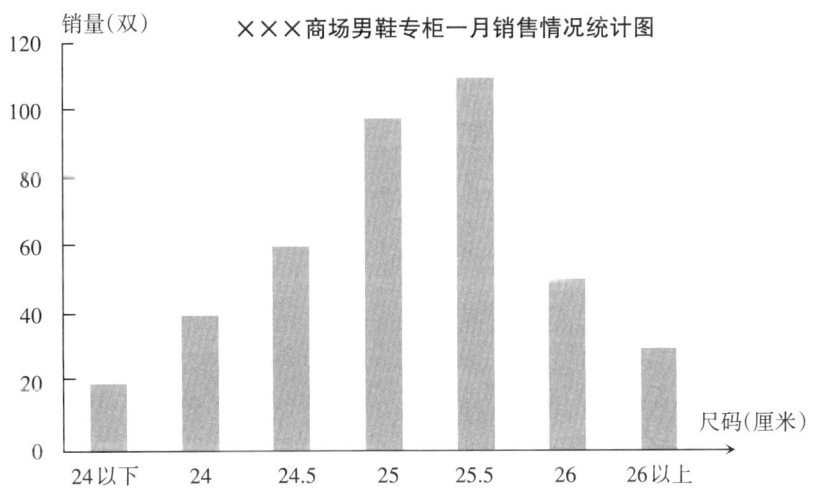

×××商场男鞋专柜一月销售情况统计图

师：我们的推测是否合理？请看这幅统计图，从这幅统计图中你读懂了什么？你的发现跟我们的推断是否一样？

生1：表示24.5厘米、25厘米、25.5厘米的这3个直条长。

生2：24.5厘米、25厘米、25.5厘米的鞋子销量多。

生3：跟我们的推测是一样的。

师：用直条的长短来表示数量的多少的统计图，我们叫条形统计图。

师：看来，统计鞋码能让我们提出合理建议，做出正确判断！小小鞋码中有大学问。（用彩色粉笔板书："小小""大"）

【思考】《数学课程标准》指出："数据分析是统计的核心。"在解决问题的过程中恰当地发挥教师的价值引领，关注学生的独立思考、活动体验和互动交流，让学生自觉运用数学的思维方式先去观察、分析和解决问题，再从整理后的数据中寻找、发现有用的信息，然后对数据进行有效的分析，最后为解决问题提出合理的建议，从而培养学生分析、归纳与概括的能力。

四、课堂总结，拓展延伸

师：通过今天的学习，你知道小小鞋码中有哪些学问？

生1：我知道了小小鞋码中有很多学问，码数=厘米数×2－10。

生2：我知道了柜台上为什么有些鞋码的鞋摆得多，有些鞋码的鞋摆得少的原因了。

师：看来有关鞋码的学问还真有很多！鞋码除了用厘米数、码数、毫米数表示外，走进鞋店，你还会发现有的鞋上有这样的标示。（出示图片）

师：你知道它表示什么吗？

师：世界各国的鞋码表示各不相同，比如26.5厘米的脚穿的鞋用美国鞋号码表示是8.5、英国鞋号码表示是7.5、欧洲鞋号码表示是42。它们之间又有什么关系呢？有关鞋码的学问还有很多，感兴趣的同学可以课后去了解一下。

师：通过本节课对鞋码的研究，你有什么收获？

生3：这让我从鞋的尺码想到了别的尺码。

师：你会解决这个关于衬衫尺码的问题吗？

出示问题：某商场新购进500件男士衬衫，其中200件是"39"码，200件是"40"码，其他尺码100件，你知道为什么吗？

生1：因为穿39码和40码的人多，所以就把这两个码购进得多。

生2：需要得多，就购进得多。

【思考】通过交流讨论小小鞋码中的学问不仅仅是这些，使课内探究自然而然地延伸到课外，达到课内与课外的有机结合，让孩子们走出教室后仍有兴趣继续探究，引导学生用数学的眼光看待、分析、解决生活中的实际问题。教师引领学生回顾本节课所学知识，不但关注了学生对本节课知识的掌握，而且关注了学生学习过程的形成，关注了学生数学学习经验的积累。这样的反思，不仅有助于学生学习知识能力、反思能力的培养，而且有助于学生数学活动经验的积累，能为今后的学习打下良好的基础。

【思考】

"小小鞋码大学问"这节课是在学生具有初步的数据整理和表示方法及经验的基础上，在初步会进行整数乘法计算的基础上，认识厘米数和码数之间的关系，经历收集、整理、分析爸爸们鞋码大小的活动，总结成年男士鞋码集中的范围，解释生活中商店柜台上存在现象的原因等问题。具体来说，我进行了以下尝试：

1. 把握起点，从情境到问题。

好的问题情境能激发学生的学习兴趣，这节课我试教时创设的是妮妮给爸爸买鞋准备生日礼物的情境，这样的情境与生活有联系却与孩子们的实际生活有一定的距离，因为三年级的孩子从没有给爸爸买鞋的生活经历，即便给自己买鞋关心的也是样式是否好看，自己是否喜欢，而没关注鞋码的大小。因此，我从情境引入改变为问题引入，课始提问：鞋是一种生活用品，你对鞋有什么了解？从而引出本节课探究的重点是有关鞋码的问题，是小鞋码中的大"学问"。从鞋到鞋码，从码数到厘米数再到毫米数，从中国码到美国码、英国码、欧洲码，从今天到昨天，一步步将学生的思维引向深入，从大范围到小具体，从点到面，真正以"小"见"大"，唤醒学生参与的热情与探究的欲望。

2. 深入探究，从表面到内涵。

数学作为一种文化，有自己丰厚的文化渊源，数学课堂在让孩子们增长知识和见识的同时，还要让他们感悟数学的思想和方法，带他们走进有趣的数学世界，拓宽他们的数学视野。鞋码的学问有码数和厘米数之间的关系，有柜台上摆鞋、仓库里库存的学问，除了这些外，我还引导孩子们追寻鞋码制定的历史，让孩子们感悟数学在给予我们知识与方法的同时，更以一种文化的姿态改变人类的思考品质，拓宽人类的视野，丰富人类的精神世界。整节课让孩子们在生活的应用中，在鞋码的演变历史中，感受数学的应用价值。

3. 拓展思维：从单一到多样。

从发散到集中，从无序到有序，从大量的有关鞋的知识集中到一个点——鞋码上开始研究，进行思考，选择与现实生活密切联系的爸爸们的鞋码来统计，从分析到推测，从想象到现实，引导学生用统计知识分析和解决一些实际问题，体会统计与日常生活的密切联系。同时，通过引导学生分析现实情境中柜台上鞋的摆放的实际情况，了解数据可以用来描述现象、说明问题或做出预测等，从而体会数据分析的价值和意义。最后从小小鞋码中的学问拓展到衬衫的尺码，使得学生在猜想、推理、概括、总结、发现、感悟中发散思维，深入探究。

9 "玩玩一笔画"教学实录及评析

- 执教：信雪倩（重庆市沙坪坝区凤鸣山小学校）
- 评析：苏　艺（重庆市沙坪坝区凤鸣山小学校）

教学内容

西南师大版《数学文化》三年级下册第14课。

教学目标

1. 经历"一笔画"的探索过程，会判断图形能否一笔画。
2. 能用"一笔画"规律解决实际问题，渗透数学思想，积累数学活动经验。
3. 了解数学家的事迹，激发学生学习数学的兴趣，感受文化熏陶。

教学重、难点

探究"一笔画"的规律并解决实际问题。

课前游戏

请学生在视频展示台上用平板电脑玩"一笔画"的过关游戏。

要求：看谁在最短的时间内完成一笔画！不要犹豫！（鼓励画法多样）

师：除了这样画，还可以怎样画？

启发学生回答：虽然开始的点不同，但是都可以一笔完成。教师顺势板书：起点。

【评析】通过活动，引出"一笔画"游戏，唤起游戏体验，明晰游戏规则，知晓在平板电脑上操作"一笔画"游戏的方法。

教学过程

一、游戏体验,激发兴趣

1.一笔画大赛,唤醒游戏体验。

用平板电脑开展"一笔画"大赛,每人轮流过第一关,看谁的速度快,准确率高。

2.确定研究范围:在连通图中研究。

PPT出示一组图。

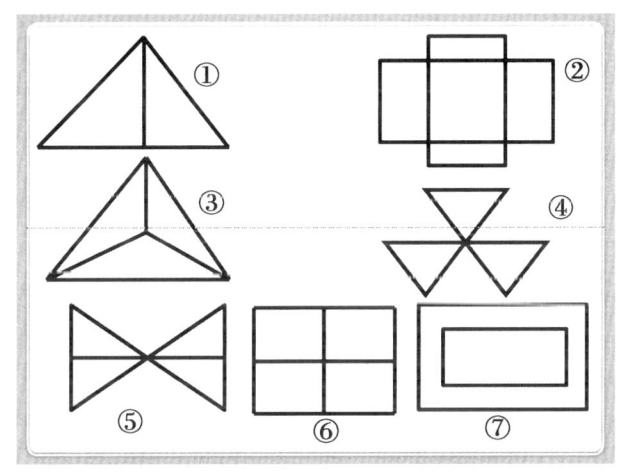

师:(手势)观察,你能一眼看出哪个图形不能一笔画吗?

生:图⑦,因为没连着。

师:恩,今天我们就在连通图中玩一笔画。(板书:连通图)

师:真不错,大家还玩出了自己的心得。

【评析】呈现给学生熟悉的一笔画的学习材料和游戏活动,唤醒学生已有的游戏体验,激发学生学习的积极性。

二、自主探究,发现规律

(一)探究活动一:探究能一笔画图形的规律

1.判断能否一笔画;统一分类,猜想。

师:试试哪些图形能一笔画。(板书:能一笔画,不能一笔画)

生尝试独立画。

教师请两名同学把能一笔画的图形贴到"能一笔画"下面,把不能一笔画的图形贴到"不能一笔画"的下面,并介绍分类的结果。

生:图①②④⑤可以一笔画;③⑥不能一笔画。

师:都是连通图,为什么有的能一笔画,有的不能?请同学们猜想一下能否一笔画与哪些因素有关。(教师板书:"猜想",并鼓励同学大胆猜想,看谁能迈出精彩的第一步。)

生1:我觉得跟形状有关。

生2:我觉得跟点的个数有关。

生3:我觉得跟线的条数有关。(师板书:形状、点的个数、线的条数)

师:今天我们就来研究能否一笔画与点有什么关系。

师:我们先来看看点里藏着什么奥秘。

2. 认识奇点、偶点。

师:观察这些点引出的线……1条,3条,5条,接下来?

生:7条,都是奇数条。

师:像这样从一个点引出的线有奇数条的点叫奇点。

师:有奇点就有偶点。

师:你能在右边这个图形中指出奇点和偶点吗?

生指,师PPT配合。

师:再数一数表格中图形的奇点的个数,填表。

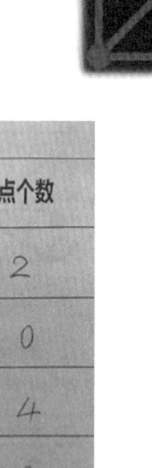

生统计奇点的个数,师播放PPT。

3. 思考探究。

思考:奇点个数与能否一笔画有什么关系?把你们的发现在小组内说一说,组长记录。

小组交流,全班展学,得出结论:连通图中奇点个数为0个或2个的能一笔画。

4. 得出并应用结论。

师:真了不起!大家能用数形结合的思想提炼数学结论。(板书:数形结合)数学家用反证法证明了能否一笔画与图形的大小、形状都没有关系。在连通图中,只要奇点个数为0个或2个的都能一笔画。

师:不想把你们的伟大发现说一遍吗?

生齐:奇点个数为0个或2个的连通图能一笔画。

5.巩固结论。

师:游戏中这几关也有这样的规律吗?(PPT出示游戏的1到4关)

PPT出示奇点个数。

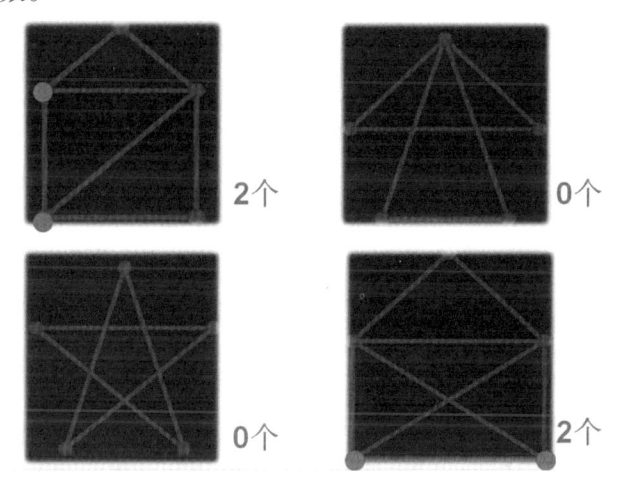

师:那为什么有的同学在挑战这些关卡中失败了?

生:因为起点不正确。

【评析】该教学过程采用"问题—探究"的教学设计,以学生提出问题、解决问题为主线,以问题为导向,数形结合,让学生充分体验数学活动(独立思考—合作交流)、经历知识的再创造;在引导分析时,给学生留出足够的思考时间和空间,让学生去发现规律、探索规律,从真正意义上完成对知识的自我建构,使学生在体验、比较和反思中促进数学活动经验的形成,提升数学思维。

(二)探究活动二:探究一笔画图形起点和终点的特点

1.怎样能一笔画?

师:想不想提高我们的成功率和速度?

生:想。

师:那我们就来看看这些图形的起点和终点背后的秘密。

师:标出下列一笔画图形的起点和终点,看看有什么发现。

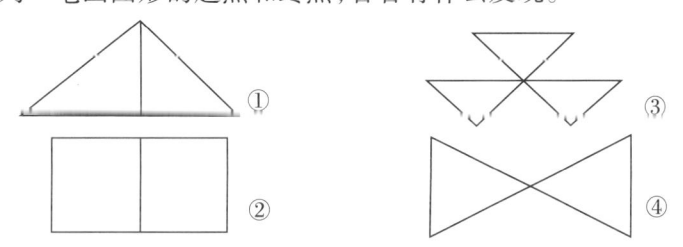

师:请同学到前面来标出这些图形的起点和终点,其他同学观察图形,说出自己的发现。

生:奇点个数为0个,从哪里开始,就从哪里结束。奇点个数为2个,从一个奇点开始,到另一个奇点结束。

2. 总结发现。

对比体验,总结发现。

生:奇点个数为0,从任意一点开始,终点就是起点;奇点个数为2,一个奇点开始,另一个奇点结束。

师表扬:会根据图形特点,对比分析获得游戏体验。

师:确定能提高成功率和速度吗?

生:能。

师:请组长组织大家轮流玩,每人过一关,看哪个小组在规定的时间过的关数最多。

组长组织大家在小组内用平板电脑玩"一笔画"。每人过一关,轮流过关,时间是2分钟。

【评析】给学生自主探索和归纳的空间,引导学生经历观察、归纳、猜想、验证的数学学习过程,既能培养学生的数学思维能力,也能提高学生的数学交流能力。

三、内化提升,学以致用

1. 探索七桥问题,巩固应用知识。

建模应用:解决七桥问题。

师:同学们都玩出了自己的风格和水平,我们来看看数学家是怎么玩的。(微视频:一个游客怎样一次走完这7座桥而不重复,最后又回到出发点呢?)

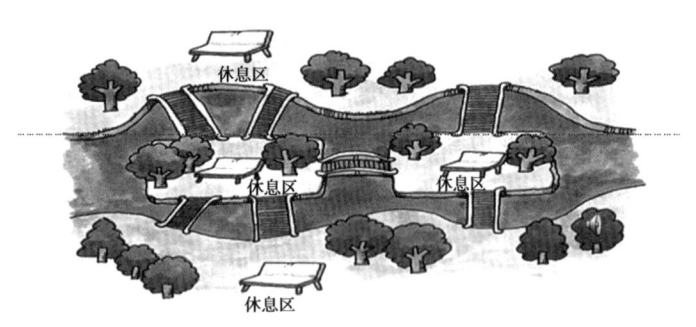

师:这可是当时困扰人们很久的问题。

师:解决七桥问题,你有什么灵感吗?

生:我能来画一下吗?(生到前面PPT上画)

师:画的是什么呢?

生:线。

师:他的想法与数学家不谋而合,现在能解决吗?

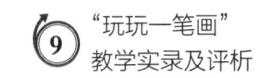

生：能。

师：能把复杂的图形抽象成线和点，真是了不起！（板书：抽象）

师：能一次走完吗？为什么？

生：不能，因为不能一笔画。

师小结：困扰人们很久的问题就这样迎刃而解了，我们得感谢一位伟人，让我们走近他。

2. 文化熏陶，拓展视野。

微视频播放：他的头像被多个国家印在邮票、纸币上以示纪念，他创造了"拓扑学"这门学科，他最早用图论和拓扑学解决了"哥尼斯堡七桥问题"，从而证明了欧拉定理，他是科学史上杰出的数学家。他在失明的情况下还写出了大量的著作，他就是瑞士的大数学家欧拉。

3. 解决生活问题，提高应用意识。

邮递员——选择最短线路。

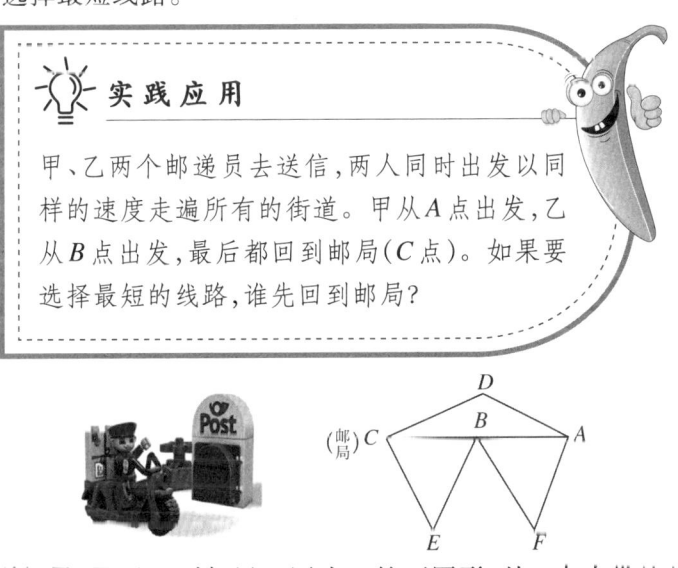

实践应用

甲、乙两个邮递员去送信，两人同时出发以同样的速度走遍所有的街道。甲从 A 点出发，乙从 B 点出发，最后都回到邮局（C 点）。如果要选择最短的线路，谁先回到邮局？

生：甲先回到邮局，乙后回到邮局。因为一笔画图形，从 B 点出发比从 A 点出发要多走一段才能回到 C 点。

师：会学以致用，真好！

师（总结）：我和大家一起玩一笔画，老师见证了大家的实力，从游戏中体验了数学的乐趣，从伟人的榜样中习得了数学的思想方法，能谈谈你最深的感受吗？

【评析】"七桥问题和邮递员路线问题"是著名的一笔画问题，该问题的探究使学生经历了将现实生活问题转化为数学问题的过程，有助于提高学生解决现实生活问题的能力。

【总评】

本节课属于游戏与数学的内容,体现了数学游戏的教学特色。综合来看有以下3个特点:

1. 玩中学,经历自主探究过程。

从耳熟能详的小游戏"一笔画"入手,让学生初识一笔画,激发学生的学习兴趣,让学生在玩游戏的同时,感受一笔画的图形与图形的复杂程度无关。通过观察比较PK赛中的两个图形,获得新的体验,从而激发学生思考:到底什么样的图形能一笔画?然后出示一组图形,学生先猜想,再验证自己的结论;接着学生在画这些能一笔画的图形的过程中,得出能一笔画图形要从哪里开始画才能一笔画成,让学生充分体验数学活动(独立思考—合作交流)、经历知识的再创造,在引导分析的过程中,给学生留出足够的思考时间和空间,让学生去发现规律、探索规律,从真正意义上完成对知识的自我建构,使学生在体验、比较和反思中形成数学活动经验,提升数学思维。

2. 做中学,积累数学活动经验。

关注学生学习的过程,凸显数学思维。学生通过自己动手实践,借助自主探索与合作交流的学习方法,在做数学中积累经验,力争寻找数学与生活的结合点,让学生运用所学的一笔画知识。在探究的过程中积累数学活动经验,解决贴近学生生活的实际问题,真正体现数学来源于生活,寓于生活,用于生活,培养学生的数学应用意识。

3. 比中学,提升数学核心素养。

学生在画一画的同时,通过比较,感受到能一笔画图形不能随便画,并透过表象看本质,能否一笔画与点有关,从而渗透"具体—表象—抽象—符号化"、数形结合的思想方法,培养学生的数学建模能力和逻辑推理能力。

10 "有趣的进制" 教学实录与评析

- 执教：王黎东（山西省大同市矿区和顺第二小学）
- 评析：石锐铳（山西省大同市矿区教育局）

教学内容

西南师大版《数学文化》四年级上册第4课。

内容分析

"有趣的进制"中，二进制内容比较抽象难理解，离学生的生活很远。因此，教师在设计上采取突破传统教学模式，在思路上以问题导学，在教学时结合学生的实际经验和已有知识设计富有情趣和意义的活动，使学生有更多的机会，从周围熟悉的事物中学习和理解数学，感受数学与现实生活的密切联系，提高学生运用数学知识解决实际问题的能力，从而提高学生的综合素质。

教学目标

1. 在探索二进制过程中，积累数学活动经验，渗透推理的数学思想。
2. 初步认识二进制、十进制、十二进制等，了解相关数学文化。
3. 了解进制在实际生活中的应用，体会生活中处处有数学。

教学重点

满二进一的法则。

教学难点

二进制的应用。

教学准备

课件、计数器。

教学过程

一、小魔术引入

师：我有一个特异功能，能看到大家心里想的是什么，你们信吗？

生：不信。

师：不信？咱们现在就来试试。这里有15张扑克牌（右图），请你选一张牌，但不要说出来。我只要看到你的眼神，就知道你选的是哪张牌。

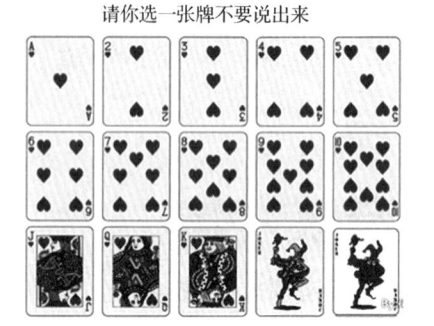

第一张图

第二张图

第三张图

第四张图

生：我选的牌第一张图有，第二张图没有，第三张图没有，第四张图有。

师:红桃9。

生:老师是怎么知道的?

师:怎么样?这次大家相信了吧!奇怪吗?

生:奇怪。

师:大家想知道我是怎么做到的吗?这节课我们就来揭示其中的奥妙。

【评析】利用猜扑克游戏引入教学,激发学生的好奇心,从而激发学生的探究欲望和学习兴趣,使学生急切地想知道:老师是怎么做到的呢?同时,让学生逐渐体会科学探索的方式和方法。

二、十进制回顾

师:你能在计数器上从1拨到10吗?(十进制计数器)

生在计数器上演示:1,2,3,4,5,6,7,8,9,10。

师:为什么10可以用十位上的一个珠子表示呢?

生:满十要向前一位进一,十位上的1表示一个10。

师:计数器是按满十进一的方法进行计数的,这样的计数法叫作十进制计数法。

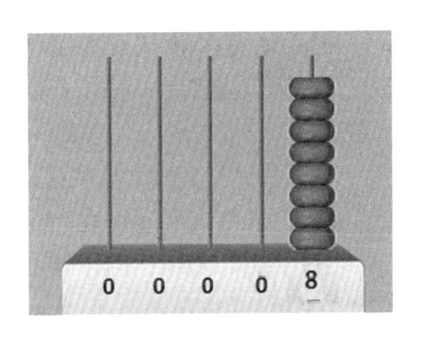

【评析】要认识二进制,十进制是一个重要的基础。因此,课始借助多媒体演示满十进一,回顾十进制计数法,为学生运用迁移规律认识二进制做好准备。

三、二进制试学

师:在计数器上拨珠,你会吗?老师这里有一个计数器,谁愿意上来拨一拨?(二进制计数器)

活动探究:在只有一个珠子的计数器上拨1,再拨2。

学生拨出1后,发现拨不出2了。

提问:怎么不拨了呀?在这样的计数器上能表示2吗?

生1:把计数器打开,再添上几个珠子。

师:就在这个计数器上拨,而且不能破坏计数器。

学生表示不能拨。

观看动画,演示十进制和二进制的来源和特点。

师:观看这个视频后,你能在这个计数器上拨出2吗?

生1:如果是满十进一的话,这个计数器是拨不出2的,但如果是满二进一的话,应该是可以的。

生2:1+1=2,满二向前一位进一。

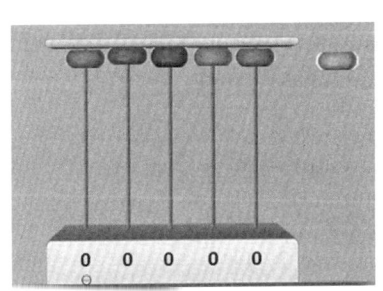

……

师：像这样按照满二进一的原则进行计数的方法，人们把它叫作二进制计数法。

师：在二进制中，怎么用数字表示2呢？

生：10。

师：这个符号代表数字10吗？

生：不表示10，只表示2。

师：所以这里不能读十，要读一零。我们回忆一下，十进制计数法中用哪几个数字计数呢？

生1：1，2，3，4，5，6，7，8，9。

生2：还有0，共10个数字。

师：那么二进制中有几个数字计数？

生1：2个。

生2：由0和1两个数字组成。

师：二进制里面能出现2吗？

生：不能，二进制里面只能出现0和1。

【评析】老师特制了每档只有一个珠子的计数器，巧用学具，让学生在特制的计数器上拨出2，制造认知冲突，激发了学生的探究欲望和学习兴趣。通过动画视频让学生自己发现二进制的来源及"满二进一"的计数原则，巧妙地让学生自己学习，解决问题，从而激发求知欲望。

四、师生共学

师生一起用二进制表示3，4。

师：如果还是满二进一，3该怎么表示呢？

生1：100。

生2：11。

师：现在出现了两种不同意见，到底哪种表示方式对呢？在计数器上拨一拨3，验证一下，并说一说你是怎么想的。

生1：（边拨珠边说）3只要在2的基础上再加1，所以是11而不是100。

生2：第2档的一个珠子表示2，第1档的一个珠子表示1，合起来就表示3。所以用11表示3，而不能用100表示了。

师：大家同意吗？

生：同意。

师：如果是4怎么表示呢？自己先想一想，再同桌互相讨论一下。

生1：3+1=4，第一档加1满二就向前一位进一，变成20，因为二进制里面不能出现2，所以第二档满二也要向前一位进一，变成100，所以4表示为100。

生2：还可以用竖式表示3+1=4，3是11，加1就是个位1+1=2，满二进一，个位写0，第二位1加上进上来的1,又变成2了,满二再向前一位进一,这一位写0,得到100。

……

师:没有珠子记作0,1个珠子我们记作1,2就可以用10来表示……(先利用计数器演示:从1拨到4,再用竖式演示1+1=2,2+1=3,3+1=4)

【评析】动手操作,师生共同用二进制计数法表示3和4。同时通过计数器和竖式演示,深化学生对满二进一原则的理解。

五、合作探究

师:刚才我们一起用二进制表示出了2,3,4,接下来是5,6,7,8,你能用二进制表示出这些数吗?老师给每个小组准备了1个这样的计数器,大家来试一试,并用二进制的方式表示出来。

小组合作:用二进制的方法表示5,6,7,8。

(1)在小组长的组织下,在计数器上拨一拨;

(2)在学习任务单上填一填;

(3)用竖式检验一下对不对;

(4)准备汇报。

学生活动后汇报。

生1:5=4+1,第三档的一个珠子表示4,第一档的一个珠子表示1,合起来表示5,记作101。

生2:用竖式验证就是100+1=101。

生3:6=5+1,第一档加1满二就向前一位进一,变成10,所以110表示6。

生4:6=5+1,用竖式验证就是101+1=110。

生5:6=4+2,第三档的一个珠子表示4,第二档的一个珠子表示2,合起来表示6,所以6用110表示。

生6:7=6+1,用竖式很快得到110+1=111。

生7:7=4+2+1,第三档的一个珠子表示4,第二档的一个珠子表示2,第一档的一个珠子表示1,合起来就是7,所以111表示7。

生8:8=7+1,用竖式很快得到111+1=1000,所以用1000表示8。

……

【评析】动手操作,建立丰富的表象是学生认识二进制的重要途径。这里设计了三个层次的活动,第一层次,师生共拨3和4,通过计数器和竖式的演示,深化学生对"满二进一"的理解;第二个层次,学生在二进制计数器上独立拨5,6,7,8,积累更多感性认识;第三个层次,让学生在操作中思考怎样快速用二进制表示数。这样由扶到放的设计,让学生的探究活动变得更有成效。

六、巩固解密

1.练一练:用二进制的方法写出这些扑克牌的位置。

生1:第9张牌用二进制表示是1001。

生2:第10张牌用二进制表示是1010。

生3:第11张牌用二进制表示是1011。

生4:第12张牌用二进制表示是1100。

生5:第13张牌用二进制表示是1101。

……

2.让学生解密《猜扑克游戏》。

探究奥秘,揭穿真相!

1	10	11	100	101
110	111	1000	1001	1010
1011	1100	1101	1110	1111

展示开课时的扑克牌游戏。

师:看第一张图,扣过去的扑克牌有什么特点?什么样的扑克牌扣过去了,什么样的扑克牌还在?

生:个位是0的扑克牌扣过去了,个位是1的扑克牌还在。

师:那我问大家在这张图中扑克牌扣过去没有,其实就是让大家告诉我什么?

生:告诉了这张牌在图中位置的顺序号的个位是0还是1。

师:第二张图呢?

生1:这张图的特点是牌在图中位置的顺序号从右数第二位是0的扑克牌扣过去了,是1的扑克牌还在。

生2:在与不在可以说明牌在图中位置的顺序号从右数第二位是0还是1。

生3:第三图的特点是牌在图中位置的顺序号从右数第三位是0的扑克牌扣过去了,是1的扑克牌还在。

生4:在与不在可以说明牌在图中位置的顺序号从右数第四位是0还是1。

生5:第四图的特点是牌在图中位置的顺序号从右数第四位是0的扑克牌扣过去了,是1的扑克牌还在。在与不在可以说明牌在图中位置的顺序号从右数第四位是0还是1。

生6:这些扑克牌顺序号只有四位数,问我们4次,其实就是让我们把这四位数告诉您了。

生:哇,原来是这样哦!

师：那我选一张牌，大家能猜出来吗？
生：(齐声)能。
师：第一张图没有，第二张图没有，第三张图有，第四张图有。
生：红桃Q。

【评析】练习的设计，一方面让学生进行简单的十进制到二进制的转化以及二进制的计算等基本的练习；另一方面，解密猜扑克游戏，使学生知道生活中处处有数学，提高学生的数学学习兴趣。

七、拓展延伸

1. 生活中见过二进制吗？
师：通过动画演示，我们知道了计算机采用的是什么进制？

2. 介绍太极八卦图，感受国学的博大精深。
师展示太极八卦图。
师：这图中含有二进制吗？如果把"—"看作数字"1"，"— —"看作数字"0"，那么乾卦就可以看成"111"，表示7。其他的呢？
师：古老的太极八卦图里也蕴藏着二进制。
师：这么伟大的二进制是谁发明的呢？17世纪，德国数理哲学大师莱布尼茨受八卦的阴爻和阳爻启发，而发明了二进制，所以中国也称为二进制的故乡。

3. 介绍钟表里面的12进制、60进制。
介绍钟表里面的12进制、60进制。
师：古巴比伦使用的60进制，你发现了什么？其实除了这些进制，生活中还有很多进制，如：八进制、十六进制、二十四进制等。

古巴比伦使用的60进制

4. 总结及介绍学习数学文化的目的。
启迪思维，激发灵感，应用创造。

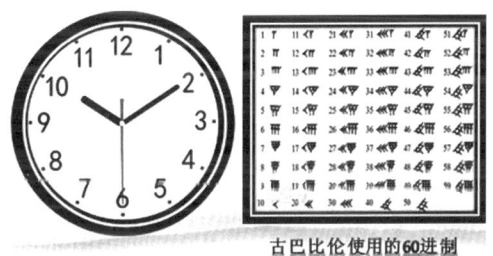

【评析】通过古老的八卦图与现代的钟表以及二进制在现代科技生活中的广泛运用，让学生看到数学世界穿越时空的神奇与博大，感受到数学的力量，感受到数学学习的恒久魅力。

【总评】

本节课从数学文化与魔术巧妙相结合中激发了学生的学习兴趣，从而使学生真切地感受到"数学来源于生活"，感受到数学就在我们身边，并深刻体会数学的价值。总体来说，具体有以下特点：

1. 挖掘生活资源,体现数学的价值。

本节课将数学与生活紧密联系,从生活中挖掘与教材相关的资源,让学生亲身感受数学的实用价值,使学生明白数学源于生活并作用于生活。整个课堂教学过程抓住了进制的不同用法、写法、读法以及不同进制间的转化,同时列举了与生活相关联的事例,激发了学生的学习兴趣。

2. 精心设计过程,体现数学的发展过程。

精心设计这个教学过程,让学生通过初步感受——经历二进制——运用二进制的过程,获取全面的知识,这也是在主观能动性的前提下进行积极探究的成果,促使三维目标落实到位。

3. 恰当创设空间,培养学生的数学思维。

整个教学过程注重思维能力和思维品质的培养,教师重视引导,给学生创造多种机会,留出足够的思考空间,让学生充分体验知识的历史、产生、发展及实践运用的过程。在这一过程中,学生的思维品质得到了培养,思维能力得到了提高。例如在学生回答问题时,让学生明白好的数学语言表达应该准确、完整、规范、严谨和简洁;通过猜扑克游戏使学生在数学思维、数学精神、问题解决等方面收获明显。

11 "神奇的莫比乌斯带"教学实录与评析

- 执教：林　欢（海南省海口市滨海第九小学）
- 评析：吴清锴　周　萍（海南省海口市滨海第九小学）

教学内容

西南师大版《数学文化》四年级上册第8课。

教学目标

1. 让学生在动手操作中认识莫比乌斯带。
2. 通过思考、操作，发现莫比乌斯带的特征，培养学生大胆猜测、小心求证的探索精神。
3. 在莫比乌斯圈魔术般的变化中感受数学的无穷魅力，拓展数学视野。
4. 增进学生学习数学的兴趣，培养良好的数学情感，获得学习成功的体验。

教学重、难点

发现莫比乌斯带的特征。

教学准备

教学课件、若干张长方形纸条、剪刀、彩笔。

教学过程

一、创设情境，故事引入

师：今天老师给大家带来了一个故事。（课件播放：聪明的执事官）

师：县官这样做合理吗？为什么？

生：不合理，这样做就放掉了坏人，错抓了好人。

师：执事官要秉公办事，但又不能更改县太爷的命令，怎么办呢？聪明的执事官想了一个巧妙的办法，救下了农民，关押了小偷。他用了一个什么巧妙的办法呢？其实这里面蕴含着我们今天要学习的数学知识。

揭示课题：神奇的莫比乌斯带。

师：看到课题，你们想知道什么？

生1：什么是莫比乌斯带？

生2：莫比乌斯带是谁发现的？

生3：为什么说它很神奇呢？

师：同学们想知道的还真不少，要想知道这些问题，还得从这张小小的纸条说起。

【评析】通过故事引入，调动学生学习的积极性，激发学生的求知欲。

二、研究莫比乌斯带

（一）认识莫比乌斯带

师：看，这是一张普通的长方形纸条，但也是一张神奇的纸条。大家先说说它有几条边，几个面？

生：4条边，2个面。

师：同学们能将纸条两头上下对接起来，做成一个纸圈吗？

生上下对接，做出了一个纸圈。

师：摸一摸，看一看，现在它有几条边，几个面。

生：2条边，2个面。

师：像这样的纸圈有2条边，2个面，我们叫它"双侧曲面"。

师：奇妙的是这张纸条还能变成1个面，1条边。信不信？眼见为实。

课件演示莫比乌斯带的制作方法。

学生动手试做。

师：这个纸圈真是1条边、1个面吗？

生1：是。

生2：不是。

师：用事实说话，我们需要验证。

师：用笔在纸圈上画一个点，再沿着点画一条线。笔尖不离开纸面一直画一圈，你有什么发现？

生：从起点回到了起点。

师：我们用手指沿着纸圈的边走一圈，你又发现了什么？

生：又从起点回到了起点。

师：现在我们做成了一个圈，它只有1条边和1个面，在数学上称它为单侧曲面。（板书：单侧曲面）祝贺大家，你们已经成功制作出了著名的莫比乌斯带，也叫作"莫比乌斯圈"或"怪圈"。

师:这个神奇的怪圈是怎么被发现的?数学家研究数学的思路又是怎样的?那要从100多年前说起。(播放莫比乌斯带故事视频)

师:谁来说说发现莫比乌斯带的过程?

【评析】有趣的问题促使学生去思考和探究,在探究过程中问题层层深入,提高思维含量,如由"这张纸条有几条边,几个面"到"做成一个纸圈,变成2条边,2个面"再到"变成1条边,1个面",问题层层深入。从纸条到普通纸圈再到"莫比乌斯带",学生经历了一个从熟悉到陌生,从普通到神奇的知识形成过程。了解莫比乌斯和他发现莫比乌斯带的过程,这是数学文化的传播和渗透,让学生感受数学的无穷魅力。

(二)二等分莫比乌斯带

师:莫比乌斯带到底有多神奇呢?下面我们来见识见识。请拿出2号纸条,再做成莫比乌斯带。

师:猜一猜,二等分莫比乌斯带会出现什么结果。

生1:2个圈。

生2:1个圈。

师:猜测是科学发现的前奏,我们已经迈出了精彩的一步。要知道结果究竟怎样,就要动手剪一剪,验证一下。

学生动手操作。

生:剪开后是一个大圈。

师:是不是莫比乌斯带?

生1:是。

生2:不是。

师:怎样验证?

生:画线,看能不能一笔画完所有的面,并从起点回到起点。

师:学以致用,真棒!现在就请大家动手验证。

师:谁愿意将你们小组验证的结果和大家分享?

生1:是莫比乌斯带。

立即有学生反对。

生2:不能一笔画完所有的面,不是莫比乌斯带。

生3:不能从起点回到起点,这个大圈不是莫比乌斯带。

师:请验证有误的同学再次验证,看看是否画完了所有的面,从起点回到了起点。

师:二等分莫比乌斯带,得到的是把纸带端头扭转两次再结合的圆圈,是一个具有双侧面的纸带。真是太神奇了!

(三)三等分莫比乌斯带

师:课前,老师给每位同学准备了小礼物,现在请组长发给大家。是什么呢?

学生齐说莫比乌斯带。

师:观察这个莫比乌斯带,说说它有什么特别之处,你想怎样研究它。

生:这是一个有三等分线的莫比乌斯带。如果沿着三等分线剪开,会出现怎样的情况?

师:你们真是会思考的孩子。现在我们就一起动手研究这个有价值的问题。先来猜测一下。

生1:1个圈。

生2:2个圈。

师:老师也跃跃欲试,可以给老师一个机会吗?

学生齐声说愿意。

师:先对折,从中间剪一个口子,再把剪刀伸进去,沿着任意一条线剪开。就像一条跑道,一直沿着跑道剪下去,不要偏离方向。会发生奇迹吗?见证奇迹的时刻到了,倒数5个数,5,4,3,2,1,还是交给大家吧!动手!

学生迫不及待地动手操作。

学生惊呼:一个大圈套着一个小圈!太神奇了!

师:奇迹出现了!两个圈神奇地套在了一起!

追问:这个小圈和大圈是莫比乌斯带吗?

生:小圈是莫比乌斯带。大圈不是莫比乌斯带。

师:火眼金睛,看问题,看本质,了不起!得出:大圈是双侧曲面,小圈是莫比乌斯带。

师:如果沿着莫比乌斯带的1/4处、1/5处剪开,会是什么呢?有兴趣的同学课后猜一猜,剪一剪。

【评析】通过让学生动手沿莫比乌斯纸带的二等分线、三等分线剪,经历了一个从猜想到验证的过程,向学生初步渗透了猜测、验证、探索等数学思想。

三、阅读《数学文化》

师:请翻到《数学文化》第34页,这个神奇的内容就在这里,认真阅读,你一定还有新的收获。

师:回到开课的那个故事。(课件播放)

师:执事官秉公办事,用自己的智慧救下了农民,关押了小偷。通过今天的学习,你明白其中的道理了吗?

生:将纸条扭个弯,做成莫比乌斯带。

师:谁愿意来当执事官?

请学生演示操作。

【评析】故事首尾呼应。学生当执事官这一环节,让学生获得学习成功的体验。

四、回归生活

师：莫比乌斯带不仅好玩而且有趣，它的神奇魅力在生活中体现得淋漓尽致。谁能想到莫比乌斯带在生活中有哪些应用？

生1：垃圾桶上的回收标志。

生2：美术作品中也有莫比乌斯带。

生3：建筑大楼。

师：同学们真是生活的有心人！我们一起来欣赏吧！

课件播放：莫比乌斯带的应用。

【评析】引导学生寻找生活中的"莫比乌斯带"，拓展数学视野，让学生体会到数学来源于生活，又运用于生活。

五、课堂总结

师：人类创造了数学，并用数学丰富了这个世界。同学们，在这节神奇的数学课中，有什么收获和感受？和大家分享一下吧。

学生畅谈收获。

齐读童谣：《莫比乌斯带》。

师：今天我们在大胆猜测、小心验证中见识了莫比乌斯带的神奇，凡事多问为什么，也许下一个伟大的发现就在你们中间诞生。

【总评】

本节课是一节操作性实验活动课，在设计中遵循趣味性、自主性、探究性的原则，以问题为载体，由易到难步步推进，让学生感受自主探索数学知识的快乐。

1. 体现数学活动的特点。

本课具有实践性、综合性、思考性、数学性的特点。教学中，教师为学生提供了大量的观察、猜测、思考、操作、验证、自主探索和合作交流的时间和空间，让学生在此过程中真正理解和掌握数学思想和方法，获得广泛的数学活动体验。

2. 充满了数学味。

从一张普通的纸条入手，再从数学的角度分析，一步一步把学生的思维引向神奇的"莫比乌斯带"，让学生验证了究竟是不是1条边和1个面，同时深入到"莫比乌斯带"只有1个面1条边的本质特征。

3. 浓浓的文化味。

本课通过学生探究莫比乌斯带的过程，了解莫比乌斯带在生活中的广泛应用，发现数学文化里面蕴含着丰富的数学知识，让学生开拓了眼界，增长了见识，给了学生美的熏陶和数学文化魅力的体验。

12 "格子乘法"教学实录与评析

- 执教：蒋 燕（贵州省贵阳市南明区南明小学）
- 评析：赵 瑾（贵州省贵阳市南明区南明小学）

教学内容

西南师大版《数学文化》四年级上册第9课。

教学目标

1.认识画线法和格子乘法，会用画线法和格子乘法做简单的乘法题，弄清画线法和格子乘法的算法和算理。

2.学生经历乘法的发展过程，体会竖式的简便，感受数学是不断发展的文化，提高对数学的认识，激发对数学的兴趣。

教学重、难点

经历乘法的发展过程，理解和掌握格子乘法的算法和算理。

教学准备

微课。

教学准备

一、认识画线法

师：上新课之前先考同学们一道乘法题，3×2得多少？算得这么快，你用的是哪句乘法口诀？

生：二三得六。

师：有同学说老师这道题太简单了，那是因为你掌握了乘法口诀这个法宝，可你知道

12 "格子乘法"教学实录与评析

在没有乘法口诀的时候,古人是怎么计算乘法的吗?

出示画线法(3×2)(如右图所示),提问:你能在图中找到乘数和结果吗?

生:这样的三条线表示3,这样的两条线表示2。(用手势边说边讲)

师:聪明的古人从结绳记事上得到了启示,发明了用线表示乘数,用交点表示结果的画线法。让我们一起数数交点有几个。

生:1,2,3,…,6。

师:所以3×2就等于6。

出示13×2,师:你认为可以怎样画线呢?

生:先画13条直线,再画2条直线和它们相交。

师:聪明的古人想到了一个更简洁的方法。先画一条红色的线表示1个十,再画3条蓝色的线表示3个一(如右图所示),接着第二个乘数怎样表示呢?

生:画2条蓝色的线与它相交。

师:会举一反三的小朋友。从图上你能看出13×2的结果吗?

生:26。

师:你是怎么看出来的?

生:黄色交点表示个位,黑色交点表示十位。

师:看来用颜色区分数位更便于我们观察。谁来说说黄色交点表示谁与谁相乘的结果,是多少,黑色交点呢?

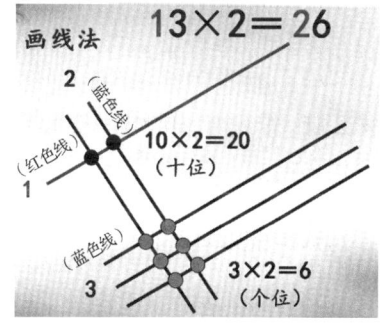

生:黄色交点是个位上的3与个位上的2相乘的结果,表示6个一;黑色交点是十位上的1与个位上的2相乘的结果,表示2个十。合起来就是26。

师:真是善于观察的好孩子。再复杂一些,13×21呢?

生:先画一条红色的线表示1个十,再画3条蓝色的线表示3个一,接着画2条红色的线表示2个十,最后画1条蓝色的线表示1个一,让13与21相交。(如右图所示)

师:黄色交点表示什么位?是多少?黑色交点有几个,表示多少?

生:黄色交点表示个位,是3个一,黑色交点有7个,表示7个十。

师:再仔细观察一下绿色交点呢?是谁和谁相乘的结果?

生:是10与20相乘的结果,表示200。

师:有道理。画线法真有趣,可随着时间的推移它演变成了格子乘法,请看。

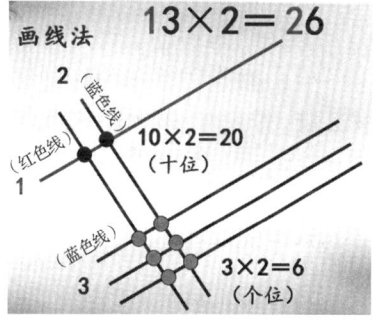

77

（课件演示画线法中的各数位上的点平移到相应的格子中变成数,数在填入格子中的过程,教师可同时介绍格子乘法的来历。）

【评析】 本环节由质疑引入新课,用3个算式层层深入地探究画线法的算法和算理。PPT中3道用画线法计算的乘法题,从算式到线再到点,都用相同的颜色表示同一数位,便于学生更好地理解画线法的算理。特别是在表现格子乘法的演变过程时,将点变成数,并平移到相应的格子乘法中,生动形象地呈现了画线法到格子乘法的演变过程,加强了画线法到格子乘法的联系,通过由形象到半抽象的演变过程,让学生初步感受到两种方法的算理是相同的。

二、认识格子乘法

师提问:关于格子乘法,你想知道什么? 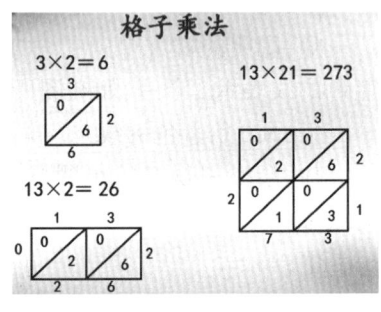
生1:格子乘法的来历。
生2:乘数与结果分别写在哪里?
生3:方格中的数是怎么填的?
生4:斜线有什么作用?
生5:结果是怎么得到的?
生6:乘数与格子的画法有什么关系?
师:春秋战国时期,我国发明了乘法口诀,并经丝绸之路向西传到了印度、波斯。后来印度人又发明了自己的乘法口诀和格子乘法。(出示学习单)现在就让我们带着这些疑问一起去探究格子乘法的奥秘。学习单中有3道不同的格子乘法,请把你的发现说给同桌听,看谁的发现最多。

师:每个方框里的数是怎么得到的?
生:第一个乘数在方格的上面,第二个乘数在方格的右面,乘积写在方格的右下角。
师:为什么方框中有"0"? 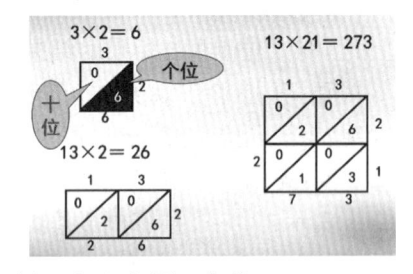
生:因为3乘2得6,是一位数,十位没有就写0占位。
师:也就是说每个方格中右下角表示个位,左上角表示十位。那13乘2中左边的方框中的数字是怎么得到的呢?
生:是13十位上的1乘2得到的,一二得二,写在右下角,左上角写0占位。
师:以此类推,谁来说说这4个方格中的数是怎么得到的呢?
生:二三得六,这里写6,这里写0……(学生一边说,课件一边显示相乘的数与结果)
师:说得真清楚,这个"7"是怎么得到的?
生:6加0加1,斜着加得到的。
师:沿斜线格相加,这可是个重大发现。斜线还有一个作用,你们知道是什么吗?
生:区分数位的。

师：是的。斜线是用来区分数位，便于我们把相同数位上的数相加的。谁上来指指13乘21中的数位呢？(区分个位、十位、百位)

师：我把同学们的发现做成了一个视频，请仔细观看并思考格子乘法的计算步骤。

微课演示两位数乘两位数的算法(54×27)，学生观看后，师提问：这题与前面几题最大的不同是出现了什么现象？

生：进位。

师：你认为格子乘法分几步？

生回答，教师板书：画方格写乘数、画斜线写得数、沿斜线格相加。

完成试一试：764×443。

出示不同的5组格子，学生试算并说明选择格子的理由。

师(小结)：第一个乘数是几位数，一行就有几个格子，第二个乘数是几位数，格子就有几行。

【评析】"以疑为线，以思为核心。"教师在创设质疑的活动中，将教学的着力点放在已知与未知的矛盾冲突上，让学生产生探究的欲望；接着，学生围绕自己想知道的问题，在交流与总结中进行深度思考，在汇报中学会倾听同学的发言，理解格子乘法的计算方法；然后利用微课完整清晰地呈现格子乘法的计算方法，学生能很快地总结出计算步骤，内化知识；最后在试一试中理解格子画法和乘数位数的关系。4个层次衔接紧密，层层深入，既引导了学生质疑解难，很好地体现了以学生为主体，又教授了格子乘法的算理与算法。

微视频在本环节中将孩子们遇到的问题一一进行了讲解，简洁、清晰、有条理地呈现了格子乘法的步骤，课后学生可以反复观看视频，以让不同层次的学生都能达到教学目标。

三、比一比

师：我们已经学习了几种方法计算乘法了？

生：画线法、格子乘法、竖式。

师：请你任选一种方法计算13×24，比一比谁算得又对又快！(体会竖式的简便)

提问：有同学高高地、自豪地举起了手，说说你们用的是哪种方法，为什么选择竖式而不选择格子乘法和画线法。

生：格子乘法要沿斜线格相加容易看错，而且还要画格子，比较慢；画线法既要区分点的数位，还要一个一个地数点，比较麻烦……

师：这3种方法有什么相同点和不同点呢？

生：得数相同，算理相同，计算方法不同。

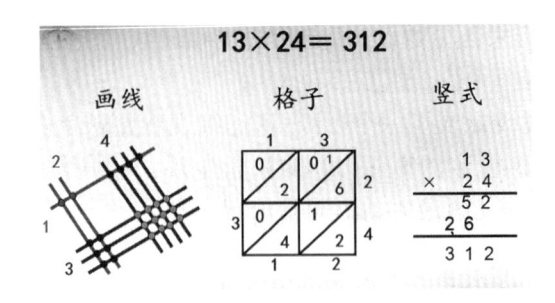

四、课堂小结

师：今天我们追随古人的足迹研究了乘法的发展，由画线法到格子乘法再到竖式乘法，由难到易，由繁到简，是人类不断探究的智慧结晶。数学是一种不断发展的文化。未来数学的发展会如何呢？那将掌握在你们每一个小小数学家的手中。

【评析】从竞赛活动中体会到竖式的简便，体会到人类从形象到半抽象再到抽象，以及乘法不断地得到创新的发展历程，再由每一个学生亲身经历的活动内化到知识的感悟，学生高高举起的小手说明了他们的体会深刻，并把解决问题的思维上升到用发展的眼光看待数学，充分感受数学是一种不断发展的文化。

【总评】

本节课教学设计新颖，思路清晰，总体来说有以下3个方面的特点：

1.巧妙设题，追溯启思。

课堂的视角切入是关键。本课的开始，蒋老师以最简单的3×2开始，学生觉得很简单，乘法口诀二三得六脱口而出。老师转而问：当没有口诀时，古人是怎么算乘法的？由这一问题引发学生对古人计算乘法的猜想，于是学生都非常好奇，想一探究竟。一个巧妙的设题，激发了学生追溯乘法计算本源的探索热情。

2.让数学计算在思考、操作中还原生命活力。

计算通常以一种机械冰冷的姿态呈现在课堂上。但作为老师，我们知道其实每一个计算方式的背后都经历了形成、发展、生成的过程，都经历了科学家无数次的猜测、实验、判断、调整、优化等思维活动，也沉淀了丰富的数学内涵。如果对于计算仅仅被动地认识、掌握方法，背后的思考无法为学生所触及、所分享。数学文化课堂恰巧就要在这做些工作。

在格子乘法计算方法的教学中，蒋老师给予了学生提出问题、观察、猜想、验证的机会，为学生提供了足够的时空去体验和探究格子乘法的计算方法，从两位数乘一位数、两位数乘两位数，一层层由浅入深，而学生在这个过程中主动建构格子乘法的知识，拓展了思维。格子乘法的计算方法在这一课中被学生生动、深刻地予以建构。动手实践的教学策略，让学生在做数学的过程中体验乘法计算一步步发展到今天的生成过程。

3. 体现数学文化的育人价值。

数学学习需要激情,但更需要理智和数学思维,因为数学对于学生理性精神和品质的养成具有特别重要的意义。在探索过程中需要培养孩子的执着与坚韧,在论证猜想过程中需要务实与严谨,这些都是数学学习中更为深沉的文化力量。蒋老师的课堂特别关注数学独特的育人功能,一次次的观察分析,一个个问题答案的探寻,对孩子有着耐心、责任感的考验。最后蒋老师的一句话"数学是一种不断发展的文化,未来数学的发展会如何呢?那将掌握在你们每一位小小数学家的手中",让我们感受到数学可以超越知识本身,寻找到更为朴素、更为丰富,也更为动人的育人内涵。

13 "挖宝藏" 教学实录与评析

- 执教：都 雯（山东省济南市经五路小学）
- 评析：王 莹（山东省济南市经五路小学）

教学内容

西南师大版《数学文化》四年级上册第10课。

内容分析

本课内容编排主要侧重让学生在实践互动活动中探索，在游戏中会用数学的思维方式去观察、判断、选择，能用所学的数学知识解决游戏中的策略问题，感受数学学习的价值。通过分层次变换数字与游戏规则，让学生在游戏中产生认知冲突，不断对策略进行调整与优化，领悟数学思想。

教学目标

1. 通过师生、生生之间的互动及自主探究活动，引导学生总结归纳解决问题的策略，让学生初步了解对策论的思想。
2. 激励学生在活动中主动探究、积累数学活动经验，提高学生发现问题、分析问题和解决问题的能力。
3. 激发学生的学习兴趣，在操作体验中体会学习数学的乐趣。

教学重点

丰富学生的数学活动经验，引导学生自主寻找解决问题的策略。

教学难点

让学生在具体问题的解决中感悟、概括、总结策略。

13 "挖宝藏"教学实录与评析

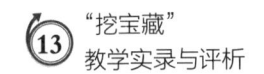

教学过程

一、师生比赛,激发兴趣

师:今天我们一起来玩挖宝藏的游戏。游戏规则是:有12个物品,两个人轮流拿,一次只能拿1~2个。谁拿到宝石,谁就获胜,谁想和我比赛?

教师与学生比赛。

师:每次都是我赢了,是因为我的运气好吗?

生:不是,因为老师有好办法。

师:想不想知道我的必胜策略是什么?请大家小组合作,用手里的12颗棋子研究一下。

【评析】教师与学生进行互动游戏,既让学生充分了解了游戏规则(每次只能拿1~2个),又激发了学生的研究兴趣,为接下来的独立探究奠定基础。

二、合作交流,探究策略

师生比赛,学生获胜。

师:这位同学真是善于思考,他发现的必胜策略帮助自己赢得了比赛。哪位同学看懂了他的必胜策略,想和我再比试一次?

教师指名进行游戏。

师:比赛之前,你能先简要地给大家介绍一下必胜策略是什么吗?

生:先让对手拿,凑3就能赢。

师:为了能让大家看明白,听清楚,我们把每次拿棋子的颗数大声说出来,好不好?

生:好的,老师您先拿。

师:1颗。

生:2颗。

师:2颗,为了让大家看清楚"凑3",我把这两颗棋子与前面的棋子留出一点空隙。

师生轮流报数。

师:要想赢,一定要"凑3",这是为什么呢?

生:因为三四十二。

师:说得真好,你的意思是12里面正好有4个3,凑3就能赢。刚才我们比赛时,同学们总是让我先拿,这是为什么呢?

生:因为如果老师拿1,我拿2,我就能凑3;如果老师拿2,我拿1,我还是能凑3。

师(小结):谁先拿,看起来不太重要的一个小细节,却对输赢有着重要的影响。我们一定要谦让一些,让对手先拿,才能保证凑3的主动权掌握在自己手里。

(板书:对手先拿)

【评析】学习要知其然,更要知其所以然。"为什么凑3?""为什么让对手先拿?"两个问题的思考可以让学生深层次理解必胜策略。

师:我们一起看大屏幕,再来感受一下你们发现的必胜策略。
课件演示如图:

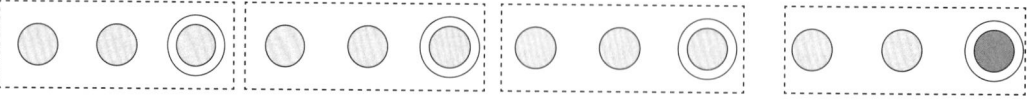

师:观察一下,每次凑3抢到的棋子有什么特点?
生:每组的最后一颗。
师(小结):每次凑3,都能拿到每组的最后一颗棋子,第12颗正好就是最后一组的最后一颗。凑4行不行呢?12包含有3个4,如果凑4,每组的最后一颗都能抢到,那也能拿到宝石呀?
课件演示如图:

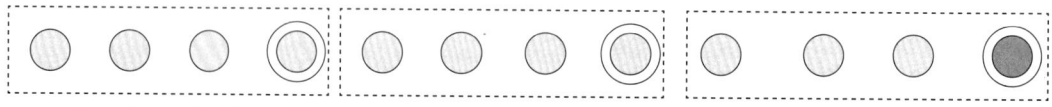

生:不行。如果对手拿1颗,我们只能拿1颗或2颗,那就不能凑4了。
师小结:这位同学对游戏规则理解得多么深刻,从游戏规则中看出不能保证凑4,每次拿1~2个,可以保证一定能凑3。
(板书:游戏规则 1~2颗 凑3)
【评析】"凑4"策略的研究其实质是对"为什么凑3"的深入探究,凑3不仅因为12里面正好有4个3,还因为与游戏规则有关。通过两个层次的研究,学生对如何根据规则及数的组成寻找必胜策略有了初步的感知,为学生自主设计规则,寻找必胜策略奠定了基础。

三、巩固练习,加深理解

1. 基础练习。

12颗棋子,每次可以拿1~3颗,必胜策略是什么?
小组合作探究,全班交流,归纳总结必胜策略:对手先拿,凑4。
师:同样是12颗棋子,为什么这次"凑4"才能赢?
生:因为游戏规则是每次拿1~3颗,保证每次一定能凑4。
(板书:1~3颗 凑4)
师:凑几,和游戏规则有着密切的关系。如果游戏规则是每次拿1~4颗,大家会凑几?
生:凑5。
(板书:1~4颗 凑5)

师:如果是1~5颗呢?
生:凑6。
(板书:1~5颗 凑6)

2. 变式练习。
15颗棋子,请你设计一个游戏规则,运用策略使自己可以抢到第15颗棋子。
小组合作探究,全班交流,教师与学生游戏互动。
生1:我们的游戏规则是每次拿1~2颗,让对手先拿,凑3就能获胜。
生2:我们的游戏规则是每次拿1~4颗,15里面有3个5,让对手先拿,凑5就能赢。
生3:我们组也是凑5,但是游戏规则是每次拿2~3颗。
师小结:同样是15颗棋子,大家却想到不一样的游戏规则与必胜策略,真是善于思考。

3. 拓展练习。
17颗棋子,两个人轮流拿,每次拿1~4颗,怎样才能取胜?
学生归纳总结:自己先拿2颗,凑5。
师:刚刚大家都是让我先拿,这次怎么变成自己先拿呢?
(板书:自己先拿)
生:因为17里面有3个5,还多2颗棋子,我把多的2颗先拿走,剩下的就可以凑5了。
师小结:要想获胜,必须自己先拿几颗?
生:2颗。
师:剩下的15颗棋子是我们研究过的问题,这样就把没有学过的问题转化成学过的问题了。

课件演示:

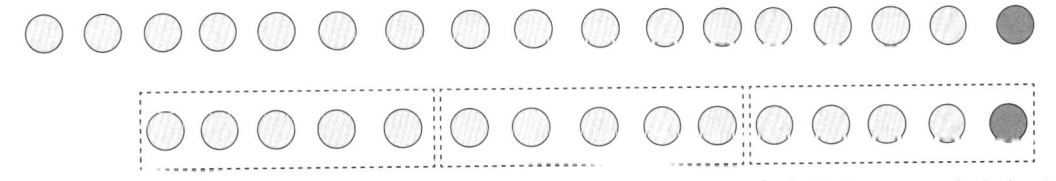

【评析】由简单的基础练习到创造性地设计游戏规则,由没有余数的情况到有余数的情况,教师精心设计了3个层层递进的练习题,由浅入深,由一般到特殊,培养学生灵活解决问题的能力。

四、资料介绍,课后小结

同学们,今天我们研究的挖宝藏是关于博弈论的相关知识。

课件出示：

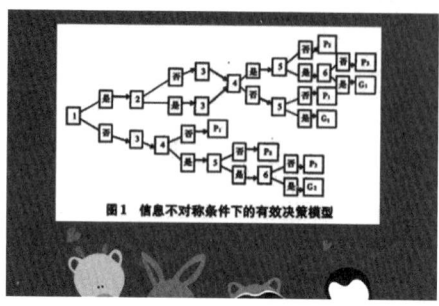

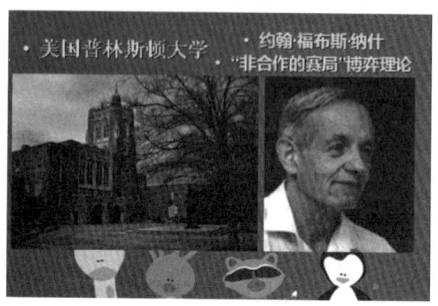

师：我们玩的游戏，看起来只是两个人之间有趣的比赛，其中却大有玄妙，需要我们开动脑筋，优化策略，希望大家都能做一个善于观察、勤于思考的学生。

【评析】把博弈论的有关内容有机融入本节课，丰富了学习素材，开拓了学生的眼界。

【总评】

1. 游戏贯穿全课，学生在参与游戏中领悟策略。

本课全程就是在玩游戏，师生玩游戏、生生玩游戏，在轻松愉快的学习氛围中，领悟游戏的取胜策略。

全课共4个游戏，各有侧重点，层层推进。

第一个游戏的目的是初步领悟取胜策略：一是对手先拿；二是每次和对手凑3。可以说，这是后面3个游戏的重要基础，因此教师在这个游戏上下足了功夫，无论在时间的分配、教学组织形式还是提问的密度、讨论的次数都明显多于后面3个游戏。

第二个游戏的目的有2个：一是对刚刚得出的取胜策略的巩固；二是突出游戏规则对于取胜策略的影响，并总结提升，即规则是每次拿1~2个时，要与对手凑3，规则是1~3个时，要与对手凑4……

第三个游戏是对前面获得的策略的灵活运用。学生要想制订合理的规则，必须考虑到15里面有3个5或5个3，可以凑5也可以凑3。但是数学的魅力在于它的变化，情况稍有改变，策略也要随之变化，于是有了第四个游戏。

第四个游戏按照规则应该与对手凑5，但是17里面有3个5还多2个。这是与前面3个游戏的最大不同。所以教师在这里设计了对比,让学生发现这个游戏的不同,从而在正确的方向上寻找取胜策略。

2.问题推进思维,学生在思考问题中完善策略。

课堂教学中,教师的提问有时推波助澜,有时柳暗花明,所以教师的每一个问题都值得好好推敲。以第一个游戏中的关键问题为例:

问题1:一定要凑3,这是为什么呢?

这个问题引导学生初步感受策略,总数12里正好有4个3,凑3能保证拿到每组最后1个。

问题2:刚才我们比赛时,同学们总是先让我拿,这是为什么呢?

这个问题使学生感悟到自己后拿,主动权在自己手里。

问题3:每次凑3,我们都会拿到每组的哪一颗棋子?

结合课件,使学生对初步感受到的策略得以确认。

问题4:凑4行不行吗?12也包含3个4,如果凑4,每组的最后1颗都能抢到,那也能拿到宝石呀?

这个问题,引导学生辩证思考,凑几,与规则有关,根据规则,只能保证凑3,不能保证一定能凑成4。

可以看出,每个问题的提出都是对真相越来越近的拷问,将问题的本质在学生的面前一层一层剥开,缺一不可。

3.文化引领课堂,学生在文化氛围中提升素养。

本课有着浓厚的数学文化氛围。选材方面,这是关于博弈论的有关知识,其中的"怎样取得主动权""重视规则""分析具体情况"等思想对学生将来解决问题具有深远意义。数学思想方法方面,类比推理在这节课中处处可见,对于发现规律起到了至关重要的作用。这些方法都是培养学生观察、分析、表达问题的重要数学素养。

14 "挖宝藏"教学实录与评析

- 执教：聂 燕（重庆市江北区鲤鱼池小学）
- 评析：胡韧杰（重庆市江北区新村同创国际小学）

教学内容

西南师大版《数学文化》四年级上册第10课。

内容分析

该内容源于中国民间流传的"抢三十"这款游戏。"挖宝藏"是一款两人对抗游戏,该游戏的内容蕴涵了逆推、对比、建模等数学思想方法。四年级学生对数字中存在的规律有一定的认知经验，"挖宝藏"通过互动游戏的方式,激发了学生对数字研究的兴趣,让学生在游戏中感受抢数字游戏的魅力,同时体会数学文化的博大精深。

教学目标

1. 让学生亲身经历抢数游戏的探究全过程,掌握必胜策略。
2. 在经历抢数游戏的过程中感受逆推、化归、建模等数学思想方法在游戏中的价值。
3. 在经历抢数游戏的探究过程中,学会与他人合作交流,激发学生勇于探索的积极情感,感悟数学游戏中蕴含的数学文化。

教学重点

经历抢数游戏的探究全过程,掌握必胜策略。

教学难点

在经历抢数游戏的探究过程中,感受数学思想方法的价值。

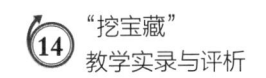

14 "挖宝藏"
教学实录与评析

教学准备
课件、数字卡片、活动记录表等。

课前游戏

师:同学们,喜欢玩游戏吗?你们都玩过哪些数学游戏?

生1:24点游戏。

生2:七巧板。

师:同学们,大家都知道玩游戏也是分级别的(课件:菜鸟级、高手级、大师级)。你们现在是什么级别呢?

生:菜鸟级。

师:现在是什么级别不重要,今天老师将带大家一起去玩一个有趣的数学游戏——"挖宝藏"(板书:挖宝藏)。在这个游戏中看看你能成为什么级别。只有成为游戏大师才能挖出宝藏,想成为游戏大师吗?那我们一起来玩一玩吧。

【评析】通过谈话,唤起学生对数学游戏的体验兴趣,激发学生的参与热情,同时引发学生积极去探索数学游戏中蕴含的方法与策略。

一、师生互动,激发兴趣

1. 明确游戏规则,激发参与热情。

师课件出示游戏规则:

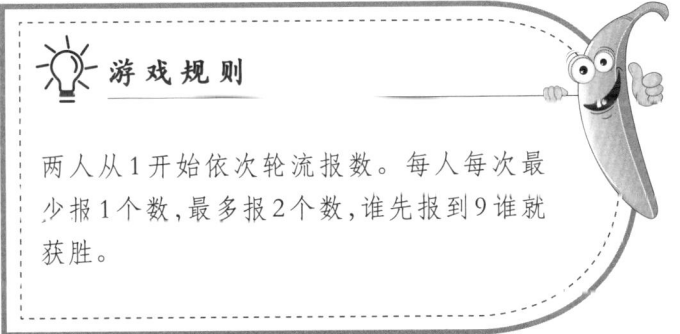

> **游戏规则**
>
> 两人从1开始依次轮流报数。每人每次最少报1个数,最多报2个数,谁先报到9谁就获胜。

师:每人每次最少报1个,最多报2个是什么意思?

生:每人每次最少要报1个数,最多连着报2个数。

师:你的意思老师明白了,如果老师先报,我可以报1这一个数字吗?

生:可以。

师:你们可以怎么报?

生:报2这一个数;也可以报2,3这两个数。

师:老师可以先报1,2这两个数字吗?

生:可以。

师:接下来你该怎么报?
生:我可以报3这一个数字;也可以报3,4这两个数字。
师:那老师能先报1,2,3这3个数字吗?
生:不能。
师:为什么呢?
生:因为每人每次最多只能报2个数字。

2. 初步尝试游戏,感知博弈乐趣。

师:规则清楚了,想不想试一试? 现在同桌两人玩一玩,看看谁更厉害。

同桌两人按游戏规则玩游戏。

师:刚才有没有都获胜了的,愿不愿意和老师来挑战一下?

师生进行两轮游戏,每一轮老师都让学生先报,自己后报,结果老师都获胜。

师:如果继续这样玩下去,我敢保证每次我都一定能赢,因为我掌握了必胜的秘诀。

【评析】本环节的设计,直入双人报数博弈游戏的核心,先从简单入手,让学生明确规则,并尝试操作,为后面的研究做好铺垫。通过师生两次博弈,老师都获胜,激发了学生探索游戏博弈背后隐藏必胜秘诀的热情,达到全面参与、主动探索的目的。

二、合作探究,发现获胜方法

师:你想知道这个必胜秘诀吗? 是老师直接告诉你,还是自己去研究?
生:我们自己探究。

1. 同桌合作,探究获胜方法。

师:为了便于研究,老师给同桌两人也准备了一张活动单(见表1)。(活动建议见表2)。待会你报的数字几,就在对应的序号下面写几。同桌两人边玩边思考,怎样报数才能保证抢到9。研究出必胜的秘诀,然后再把你们的发现记录下来。

表1

序号	1	2	3	4	5	6	7	8	9
生1									
生2									

表2

活动建议:
(1)同桌两人边游戏边记录。
(2)两次游戏结束后,同桌两人共同分析记录表,寻找报数的必胜秘诀,并记下来。

2. 全班交流,分享探究经验。

师:大家在玩的过程中都有不同的发现,现在我们来交流。哪一组的先来?

(1)分享交流,初步感知。

生:我们发现抢到6就一定能赢。

师:请你和同桌来演示一次好吗?(只演示6~9)大家听明白了吗?

问:对于刚才这位同学的观点——抢到6就能抢到9。你同意吗?

生:不同意。我抢到了6却输了。(展示学生的题单)

师:大家仔细看看,再和黑板上的比一比,你发现不同了吗?

生:他抢的不是6,他抢的是6和7。

师:我们所说的抢到6是指最后一个报的数是6,这个同学最后一个数报到了7,再报下去,人家报8,9,你就输了。所以我们说,抢到6,是指什么呢?

生:最后报的一个数是6。

师:同学们还有没有其他的想法呢?

生:我们还发现要想抢到9,就要抢6和3。

师:请你和同桌两人为我们演示一下抢3就一定能抢到6的过程。(两生演示)

问:怎样保证抢到3呢?

生:必须要后报。

(2)逐步归纳,发现方法。

师:通过刚才玩游戏的过程,谁能说说抢9的必胜秘诀是什么?

生:要想必胜,必须要后报,保证抢到3,6就一定能抢到9。

师:这就是抢9的必胜秘诀。像这种抢9先想抢6,再想抢3的思想叫逆推。(板书:9—6—3)今后的数学学习中这种思想可以帮我们解决许多数学问题。

(3)因势利导,拓展延伸。

师:知道了必胜秘诀,想不想再来玩一玩? 如果现在再和老师玩一次,谁先报?

生:老师先报。(然后配合课件用对话框的形式展示报数的过程)

师:观察我们每次合报数的个数,你有什么发现?

生:都是3个数为一组。

师:对照游戏规则,你发现它们之间有什么联系吗?

生:每次报数的最少个数1加最多个数2等于每次两人合报的总数3。

问:这个"3"是什么?

生:每组3个数。

师:每次3个一组,就可以抢到哪些关键数?

生:抢到3,6,9。

师:如果按照游戏规则,还可以抢到哪些关键数?

生:还可以抢到12,15,18……

师:看来只要后报,然后和对手凑成每组3个数,就一定能抢到你想要的关键数,取得胜利。原来抢9的必胜秘诀就藏在游戏的规则里。恭喜大家获得游戏的初级玩家证:菜鸟级。想成为游戏的高手吗? 让我们继续接受挑战吧!

【评析】本环节,教师让学生经历"互动博弈—对比分析—归纳发现"等有效的数学活动,既让学生充分体验到双人抢数博弈游戏的魅力,同时,又通过学生小组合作交流的方式,让学生亲身经历寻找获胜秘诀的过程,初步体会到了逆推的思想方法与策略。

三、运用类推,归纳必胜秘诀

1.再次游戏,运用类推方法,寻找获胜秘诀。

游戏活动:抢24(课件出示规则)。

师:仔细默读游戏规则,游戏规则变了吗? 有什么变化?

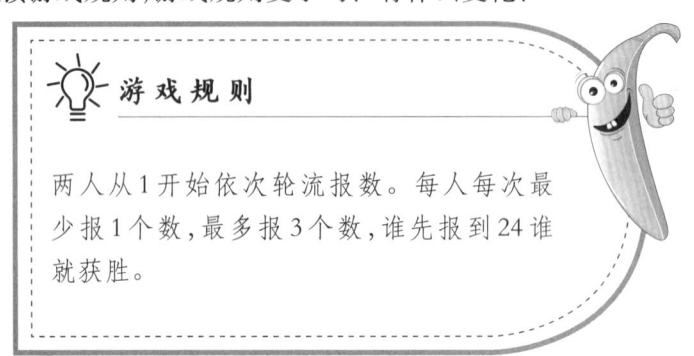

> **游戏规则**
>
> 两人从1开始依次轮流报数。每人每次最少报1个数,最多报3个数,谁先报到24谁就获胜。

生:每次最多可以报3个数了。

师:规则变了,怎样能保证一定抢到24,从而获胜呢? 如果你可以找到抢24的必胜秘诀,那你们就是游戏高手了。在寻找抢24的必胜秘诀以前,大家先仔细看一看游戏规则,再想一想获胜的秘诀,最后和同桌交流一下,再玩一玩。请同学们拿出活动记录单(二),和同桌边玩边记录,寻找抢24的必胜秘诀吧。

同桌两人活动并完成记录单。

师:谁来说说你发现抢24的必胜秘诀是什么?

生:必须要后报,每轮报数保持4个数一组,这样就能保证抢到4,8,12,16,20,24。

师:你们掌握了必胜的秘诀了吗? 我们一起玩一次吧。

学生用必胜秘诀和老师玩游戏。

2.对比归纳,提炼数学模型,发现获胜秘诀。

师:请看,这是抢9的报数过程(课件出示),这是抢24的报数过程(课件出示),它们的必胜秘诀都是要后报。(板书:后报)不过抢9时要每组3个数,抢24时每组要4个数,究竟怎么确定每组个数呢?

生:最少个数+最多个数=每组个数。(板书)

师:玩抢数游戏时,对手报几个数我们不能控制,但我们能根据对手报数的个数,调整自己的报数策略,保证每次报数都能抢到获胜的关键数,这就是抢数游戏的必胜秘诀。恭喜大家找到了必胜秘诀,获得游戏高手证,想继续挑战成为游戏大师,挖出宝藏吗?

【评析】本环节通过学生再次游戏,对比分析,逐步归纳,建立起了抢数游戏获胜的数学模型。在这个过程中,学生是学习的主人,主动去发现、去探索;教师是学习活动的组织者,是学生探索发现的引导者、合作者。

四、应用规律,设计游戏

1. 设计游戏。

师:请你们根据前面玩游戏的经验设计一个抢数游戏,并在小组内玩一玩,找到你设计的游戏的必胜秘诀。

> 我是小小设计师
>
> 设计一个抢数游戏,小组内玩一玩。
> 两人从1开始依次轮流报数,每人每次最少报( )个数,最多报( )个数,谁先报到( )谁就获胜。

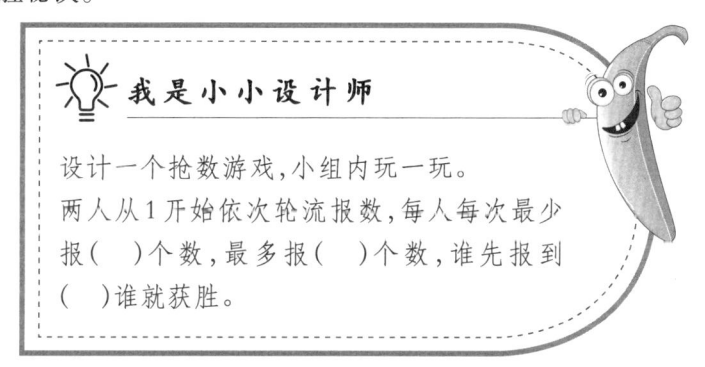

展示交流学生设计的抢数游戏,并让大家说出游戏获胜的必胜秘诀。

师:同学们不仅会玩游戏,还能自己设计数学游戏,你们都是玩游戏的大师,恭喜你们,获得了玩游戏大师勋章!

2. 展示宝藏

师:大师们,你们已经挖出了宝藏,让我们去看看宝藏到底是什么呢。
(课件配合出示介绍数学益智游戏)

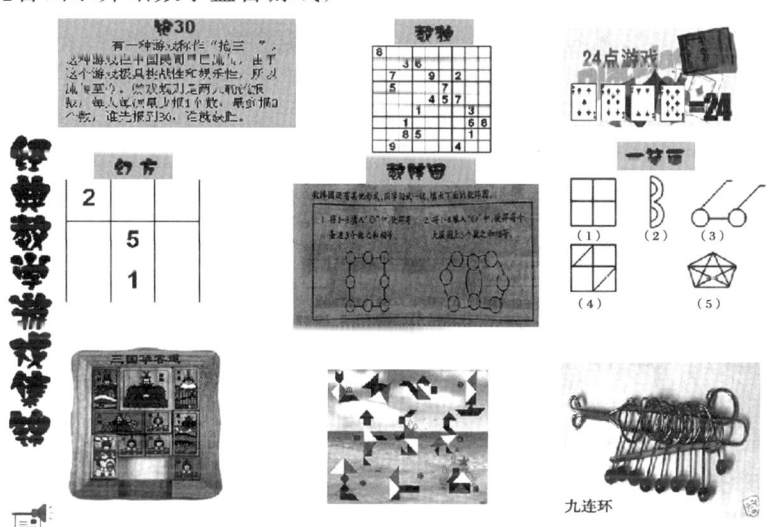

【评析】在学生主动发现抢数游戏的获胜秘诀后，应用规律自己设计游戏，达到知识内化，举一反三的目的。同时，通过展示挖的宝藏，借助课件巧妙介绍各种数学益智游戏，让学生感受数学文化的博大精深。

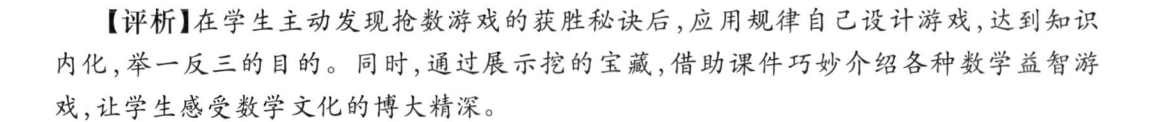

【总评】

本课是一个双人博弈的数字游戏，学生在明确游戏规则后，经历互动比赛、探索获胜秘诀的过程中，体会到游戏背后所蕴含的数学思想方法。整节课学生在比赛活动中学习，在学习中成长提升，体现出如下一些特点：

1. 采用游戏形式，激发学生参与热情。

兴趣是最好的老师，四年级的学生玩过很多有趣的数学博弈游戏，最常见的就是"24点"。本课就是抓住了学生喜欢玩游戏的特点，课中既有学生之间互动比赛，也有师生之间的互动比赛，形式多样。在老师与学生互动游戏中，让学生先报数，每次都是老师先赢，引发了学生思考：老师有什么必胜的策略呢？在学生自己探索必胜策略过程中，借助表格记录的数据进行探索发现，学生参与整个过程，最后通过交流达成共识。学生在玩的过程中获得了不同体验，感受到了成功的喜悦，进而提高了全体学生积极的数学学习热情。

2. 抓住核心内涵，渗透数学思想方法。

教师精心设计，遵循学生的认知规律，让学生经历"菜鸟级—高手级—大师级"的蜕变过程，抓住了"挖宝藏"双人博弈游戏的数学核心本质，由表及里，层层剥笋，逐步建构获胜秘诀。

首先，在"抢9"的游戏中先让学生明确游戏规则：每次最少报1个数，最多报2个数，两人各报一次，则后报的人可以保证两人共报3个数，3就是这个游戏的周期。然后引导学生运用逆推的方法发现获胜策略：要想获胜就要抢到9，9刚好是3的倍数，所以只要能争取抢到"几个3"，就能抢到最后的9了。为了加强对比，凸显核心，教师又设计了"抢24"的游戏，学生通过对比发现，游戏规则中报数的最少个数与最多个数的和就是每一轮报数的个数，也就是周期数，再借助逆推的方法发现"抢9""抢24"游戏的获胜秘诀，其实就是看有"几个周期数"的数学本质。在这个学习过程中水到渠成地渗透了对比、逆推、建模等数学思想方法，达到了"润物细无声"的育人效果。

3. 适时拓展延伸，感知数学文化博大精深。

创新能力是一个民族发展的不竭动力，培养学生的创新精神和创造能力是教育的一项重要任务。本课在学生主动建构获胜秘诀后，让学生自行设计类似的双人报数博弈游戏，一是为了巩固学生对游戏中所蕴含数学知识的掌握，二是为了训练学生的创造能力，再次让学生在学习中体验获得成功的乐趣，建立学习的自信心。在学生互动创造游戏后，教师借机向学生介绍数独、九连环、华容道、一笔画等数学游戏，让学生感知数学文化的博大精深，并以此结课，达到"曲散意未尽"的效果。

15 "扑克与魔术"教学实录与评析

- 执教:张　颖(河南省郑州市二七区棉纺路小学)
- 评析:刘富森(河南省基础教育教研室)

教学内容

西南师大版《数学文化》四年级上册第14课。

内容分析

本节课是一节类似于魔术的数学游戏课。魔术,在人们眼中,就是魔法,一直以来让人捉摸不透,令人费解。其实,那奇妙的魔术中也经常蕴含着数学知识。这节课,就是让学生通过观察和思考,找到纸牌排列的规律,利用规律,找到相同纸牌相对位置的一一对应。由于这是一节内容并不难懂的活动课,所以,本节课就以"将课堂放手给学生,让学生自己动手探索、发现、创新"为目的,不仅要让学生动起来,更要让学生发挥自己的创造性,依据发现的"一一对应"以及"有序排列"的规律,发散思维,创造出更多更妙的小魔术。

教学目标

1.通过"猜想—尝试—揭秘—创造"一系列魔术的操作体验活动,让学生认识到按顺序排列的重要性,感受位置一一对应的思想,并能够把这样的思想方法运用到魔术中。

2.通过观察、归纳、演绎、模仿、创造等活动,让学生的推理能力、创新意识、应用能力得到发展,并从中感受到数学文化的魅力。

教学重、难点

通过观察和思考,掌握有序排列的方法,并能灵活运用。

课前谈话

师：知道今天咱们上什么课吗？

生：今天上的是数学课。（点击出示：数学）

师：现在是下午一点多，平常这个时候大家都在午休。那咱们就聊个有趣的话题吧！大家平时都爱玩什么？

生：我爱玩乐高。

师：很有创意的玩具。

生：我喜欢玩扑克牌。

师：我也喜欢玩扑克牌。关于扑克牌，你有哪些了解？（点击出示：扑克）

生：扑克牌有4种花色，分别是红桃、梅花、黑桃、方片。这4种花色象征一年的4个季节。每种花色有13张牌，代表一个季节有13个星期。

师：你的课外知识可真丰富！4种花色共计52个星期也就是364天，如果把大王小王合起来看作1天的话，那么这副牌就代表了365天，就是一个平年的天数；如果把大王小王合起来看作2天的话，就是366天，也就是闰年的天数。

师：长知识了吧！小小的扑克牌里藏着这么多数学秘密。那我们今天就从扑克牌开始，进入我们的数学之旅吧！

【评析】授课教师第一次跟学生见面，选择了从学生喜欢玩的玩具导入，拉近与学生的距离，调动学生兴趣，引导学生尽快进入学习状态。教师有意把学生的兴趣点引到扑克牌上，借学生的生活经验，顺势介绍了扑克牌中蕴含的年、月、日的数学知识，不露痕迹地把扑克牌与数学文化有机地结合在一起。

教学过程

一、引入有趣魔术，初步思考规律

师：前几天我刚学了一个扑克小魔术，想看吗？

生：想看！

师：好嘞，那老师就表演一场！

师：（拿出纸牌给前排的同学们）你们先看看，有没有做记号呢？

生：没有。

师：那我就取牌了。这是6张牌（取出红色1，2，3，4，5，6），这也是6张牌（取出黑色1，2，3，4，5，6），我把它们合在一起，谁会切牌？切牌就是从上面拿一部分牌放到底部，或者从底部拿一部分牌放到上面，就OK了。注意不能从中间抽牌。明白了吗？

生：从上面拿一部分放到底部，或者从底部拿一部分放到上面，但不能从中间抽牌。

师：那请你帮我切一次牌。

师：谢谢你！现在，表演马上开始，我们一起数12个数，这个魔术就结束了。好紧张，这个好难！我想请一位同学做我的助手。谁愿意？

师：这样，每当我摆出一张牌，你就把这些磁扣贴在纸牌上，明白了吗？

生：明白了。

师：同学们，你们准备好了吗？请跟着我的动作，一起数数。预备！开始！

师：表演结束，谢谢大家！

（把扑克牌有序摆成下面这种图案）

生：（学生看着上图，表示都很吃惊）这是魔术吗？

师：怎么回事？大家觉得这根本不是魔术。在这数数的时间内，我只是做了摆牌这件事！

师：现在，你们任意翻开一张牌，我都能找到与它数字相同的牌。

师：谁来翻牌？

生到黑板前翻一张。

师：另外一张在哪呢？让我找找看！见证奇迹的时刻到了！（师翻牌）

师：怎么样！有没有觉得很惊讶？

师：谁还想再来翻牌？

第二位学生翻一张牌，教师又找到了另一张相同数字的牌。

师：佩服我吧！不信？还想考验我？

第三位学生翻一张牌，教师再次找到了正确的牌。

师：我已经看到你们有所思考的眼神了！如果我先翻一张，你能找到另一张在哪吗？

教师翻一张牌，学生找出了相同数字的牌。

师：你太棒了，一下就找到了，跟我们说说你的秘诀吧！

生：(学生指着磁扣上面的数字)我发现之前的两张牌之间的数字都是相差6,刚才老师翻的那张牌上的数是5,所以,我就找了11。

师：你所说的数字,是磁扣上的数字,也就是每张牌的位置数,它们之间相差6,对吗？

生：是这样的。

师：同学们明白他的意思吗？你们觉得呢？

师：谁还愿意再来试试？

教师再翻一张牌,第二位学生来找牌。

师：说说你的秘诀吧！

生：我的方法和他刚才的一样,也是看着这些位置数找到的。2加6等于8,所以就是磁扣上是8的这张牌。

师：同学们真会观察,善思考。这个魔术就这么简单吗？

生：不一定。

师：就让我们带着数学的眼光,继续去发现它的秘诀吧！

【评析】教师由表演一个神秘的扑克魔术开始,激发学生的兴趣。我们常说,兴趣是最好的老师,学生有了兴趣,自然会认真观察教师所摆出的扑克牌,去主动思考,努力发掘里面蕴含的秘诀。而教师所用磁扣上的数字,其实就是摆牌时,每张牌的位置数,这样的准备,目的在于帮助学生借助这些位置数,发现已知相同数字的牌之间的位置总是相差6,并根据这个发现,展开合理的猜想,然后通过尝试,初步体验成功。

二、探究发现

(一)回顾魔术并思考

师：回忆刚才这个魔术,我是这样取牌的,先取出红色的1,2,3,4,5,6,按1~6顺序排好。再取出什么？

生：黑色的1,2,3,4,5,6。

师：怎样排列？
生：跟红牌顺序一样。
师：取完牌后，把这两组牌合在一起。
师：第二步呢？该干什么了？
生：切牌。
师：怎么切的？
生：把上面的牌拿出一部分放到底部，或者从底部拿出一部分放到上面。注意，不能从中间抽牌。
师：你记得可真清楚。大家思考一下，为什么不让从中间抽牌呢？带着这个问题，我们再来切几次。
师：最后，干什么？
生：把牌摆成一个图案。
师：谁来做我的助手？
找一个学生帮忙贴磁扣。
师：看我这次怎么摆呢？咱们还一起数数好吗？
摆牌时，师生再次共同数12个数。
师：这个图案跟刚才的不一样，摆成了一个首尾相连的图案。
（教师第二次摆成一个首尾相连的图案如下图）

师：一切就绪，就等魔术师大显身手了！同学们想不想试一试？
师：我们请两组同学，一组来翻牌，一组来找牌。找牌的同学要说说你的秘诀哦。

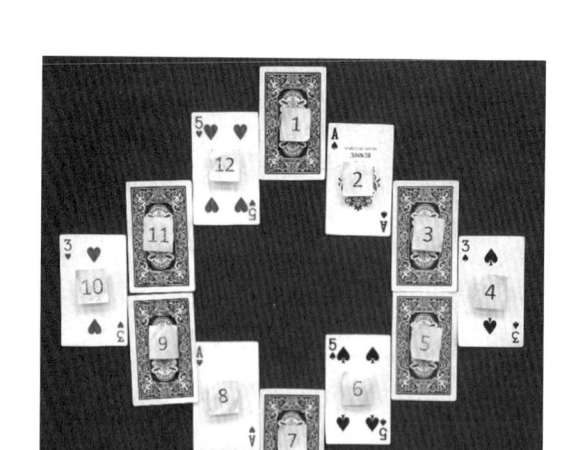

生1：我是用位置数相差6找到的。

生2：我也是用位置数相差6找到的。

生3：我发现这两张牌是对着的。

师："对着的"是什么意思？

生3：比如3这张牌，它位置是4，再加6就是10，所以，位置数是10的那张牌上的数字就是3。

师：看来还是利用了位置数相差6这个秘诀啊。

师：同学们想一想，为什么位置数相差都是6呢，而不是别的数？

生：因为老师用了两组牌，每组都是6张，所以就相差6。

师：谁明白他的意思？还能再说说吗？

生：老师取牌时，每组都是6张。1，2，3，4，5，6，接下来又是1，2，3，4，5，6。每6张一循环，所以，相同数字之间就相差6。

师：你们真是太了不起了，发现了这个魔术里藏着的数学的本质。

师：因为每组6张牌，所以同一个数，每6张牌重复出现一次，所以它们的位置数总是相差6。如果每组是5张牌，那么每几张牌重复出现一次？

生（齐答）：5张。

师：每组8张呢？

生（齐答）：8张。

师：刚才，同学们很会利用这些位置数啊！如果我把它们都去掉，你们还能找到吗？

生：可以。

师：你是怎么找到的？

生：老师是按照顺序摆牌的，比如翻开的是5，按老师摆牌的顺序数6，1，2，3，4，5，也能找到。

师：同学们听懂他的意思了吗？看来只要记住了摆牌的顺序，摆成任何图案，都难不倒我们！

【评析】通过再次清晰地分解、重复刚才的魔术步骤，引导学生深入思考。特别是通过分解第一步取牌,可以帮助学生理解为什么相同数字每6张重复出现一次,进而明白每组是几张牌,周期就是几。最后,把磁扣上数字去掉,是为了引导学生发现,除了位置数以外,利用周期以及摆牌的顺序,也同样可以找到想要的牌。这样深层递进,挖掘学生思维的全貌,多角度理解位置的一一对应。

(二)揭示秘密

师:你们的表现真的非常出色!的确如同学们发现的那样。我们再来看一下。(播放揭秘的小视频)

师:这个魔术,其实并没有那么神秘。你认为最关键的是什么?

生:记住摆牌的顺序很重要。

师:一是有序排列,摆牌是有序的。(板书:有序排列)

师:还有什么是有序排列?

生:取牌时也是有序排列的。

师:同学们记得可真清楚!正因为有序的取牌,所以,数字相同的牌,就会每几张重复出现一次,他们之间的位置是一一对应的。然后,我们再牢记摆牌的顺序,就能正确找到它了!(板书:位置一一对应)

【评析】 通过小视频的讲解,把学生碎片化的发现进行了深层次的整理和总结,引导学生提升自己的归纳能力。通过前两次的猜想、发现,到这个环节的揭秘验证,教师始终都在引领学生用数学的思考方式来发现并解决问题,学生也在体验着数学文化在游戏中的应用。

三、应用创造

(一)根据发现的原理,同桌合作创造新魔术

师:看来,魔术秘密已经被揭开了,想不想自己试一试?老师为每个同桌都准备了一些道具,你们可以创造属于自己的魔术。在活动开始前,老师有一点点温馨提示:(出示课件)

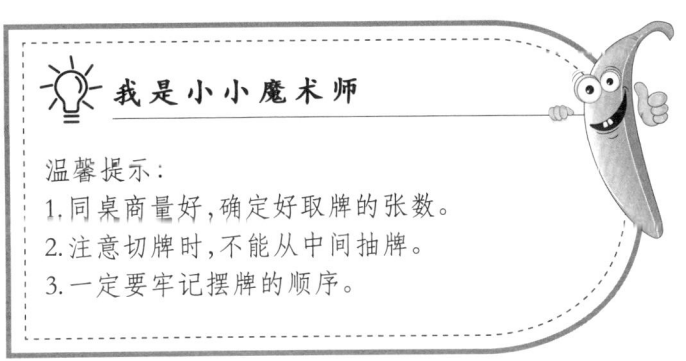

> **我是小小魔术师**
>
> 温馨提示:
> 1.同桌商量好,确定好取牌的张数。
> 2.注意切牌时,不能从中间抽牌。
> 3.一定要牢记摆牌的顺序。

师:现在开始吧!

(二)展示交流自己的新魔术

师:我发现了几位魔术师,让他们带大家玩一玩吧!

教师先找到一组学生带领同学们玩了一次他们设计的扑克牌游戏,他们取牌用了红黑两组1,3,5,7,9共10张牌。

(这组学生取牌本身就自带有一定的规律)

师:我还看到有一组与众不同的玩法!

生:我们用的是字母:O,P,Q,R,S,T卡片。

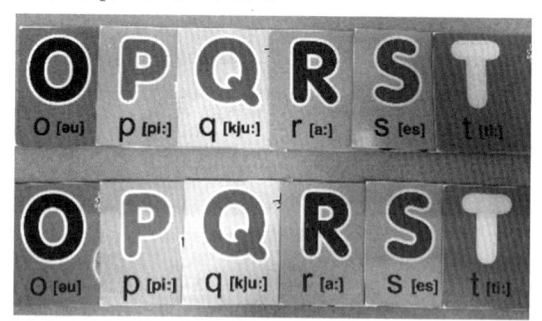

这组学生带领大家用字母卡片玩了一次他们设计的游戏,原来有序的字母卡片也可以利用刚才发现的秘诀玩魔术。

师:我这里还有两组卡片,大家看看能不能玩这个魔术?卡片内容为:"奶奶、妈妈、阿姨、姐姐、妹妹"和"爷爷、爸爸、叔叔、哥哥、弟弟"。

生:可以。

师:为什么呢?

生:因为奶奶对应爷爷,妈妈对应爸爸。他们也是可以对应的。

师:看来,我们可以利用一一对应的思想,创造更多的魔术!

【评析】通过"猜测—发现—尝试—归纳"总结这几个学习环节,学生已经掌握了这个魔术中蕴含的数学知识和数学思想。给学生时间去创造一个新魔术,是为了进一步激发学生的想象力和创造力,丰富其认知能力。通过展示,再次锻炼他们的演绎表达能力。最后,教师展示了两组不一样的卡片,虽然与刚才魔术中的相同数字的扑克牌不同,但是这两组卡片同样有人物之间对应的思想,扩展了学生思路,丰富了学生的学习资源。

四、拓展升华

师:我看同学们玩得挺开心的!短短的几十分钟,你们都变身为魔术师了!

师:看来,只要记住一一对应的位置与有序排列,我们可以创造更多的小魔术!数学,还是十分有趣的。怪不得,数学大师陈省身爷爷为我们题词——数学好玩!

师:数学不仅好玩,还有更广泛的应用。我们看:(出示课件)

大自然、建筑、音乐、蒙娜丽莎画像等,都藏着许多的数学奥秘,有兴趣的同学可以课下更加深入地探索!

【评析】本环节是对数学文化的一种升华。用数学的眼光来发现扑克魔术中的秘密,让学生体会到数学好玩,借此向学生们展示,数学不仅仅是加减乘除、写写算算,其实,它是一门基础学科,任何领域都离不开它。教学最后把精彩的图片展现给学生,再次激发学生的学习以及探究的兴趣。

【总评】

回顾本节课的教学,我认为这节课比较好地体现了数学文化的基本理念。纵观本节课的教学主要有以下3个亮点:

1.在探索中体会数学思想和方法。

上课伊始,教师利用神秘的扑克牌魔术表演,让学生先初步感知猜测魔术中的秘密,即位置数总是相差6,然后通过分解魔术步骤,发现两组牌的循环周期是6,验证刚才的猜测,并在教师引导下,发现有序排列也是魔术的秘诀;接下来,通过小视频的魔术揭秘,引导学生再次归纳总结出这个魔术的秘诀其实就是利用了位置"一一对应"这一数学思想;最后设计了一个新魔术,数学思想得以应用。

2.在活动中促进学生数学素养的提升。

整节课以"猜想—尝试—揭秘—应用创造"等一系列数学活动为主要学习方式,教师是学生活动的指导者和参与者。虽然知识点很简单,但学生能够在热烈和谐的游戏氛围中,积极参与,认真思考,乐于表达,真正地体验属于自己的学习,充分经历了数学知识的应用与创造,从中发展了推理能力、创新意识和应用能力。

3.在游戏中,感悟数学文化的真谛。

一个小小的扑克牌魔术,让学生实实在在感受到"数学好玩",以点带面,向学生展示了数学在各个领域的应用,学生感受到数学的美,体会了数学应用的广泛性、基础性。同时,也帮助学生建立了学习数学的兴趣。

这是一节体现数学文化的课堂教学。那么如何让学生运用知识技能在解决问题的过程中,更好地体会数学文化?这将是我们今后持续研究的课题。

16 "扑克与魔术"教学实录与评析

- 执教：杨　娟（重庆市两江新区金渝学校）
- 评析：罗春雪（重庆市两江新区金渝学校）

教学内容

西南师大版《数学文化》四年级上册第14课。

内容分析

本课是通过魔术的呈现形式激发学生的学习热情和求知欲，让学生在尝试破解魔术的过程中，学会大胆猜想、仔细观察、仔细思考、认真分析，感受一一对应思想，进而发现其中的数学规律，培养学生自主探索、合作学习的能力。所以说，我们的数学魔术课，是用魔术作为探知的线索，用魔术激发学生的学习兴趣，从而体验数学的趣味性，提高学生的动手操作能力，发展学生的数学思维。

教学目标

1. 通过魔术互动、交流探索、操作体验，理解本节数学魔术的原理，能够独立操作和设计该类型的魔术。
2. 经历数学魔术的探究过程，积累探究经验，感受一一对应的思想。
3. 体验数学的趣味性，提高学生的动手操作能力，培养自主探究和合作学习的能力并发展学生的数学思维。

教学重、难点

理解排列的规律，掌握一一对应的思想。

教学准备

课件、磁性扑克牌、合作探究单等。

教学过程

一、谈话导入，引出课题

师：孩子们，喜欢看魔术表演吗？如果让你用一个词语来形容一下魔术带给你的感受，你会用哪个词？

生1：神秘。

生2：神出鬼没。

生3：惊叹。

生4：莫名其妙。

生5：精彩。

……

（根据学生的回答，教师选择性地板书：神奇、神秘、精彩）

师：杨老师就是一位魔术师。我能够看穿你们每个人的心思，能知道你们心里在想什么。信吗？

师：那就给我一个机会，给大家表演一个魔术，好不好？

生（齐）：好！

师：今天给大家表演的是数学扑克魔术——读心术。（板书课题）

【评析】通过与学生之间的对话，既能让学生的情绪放松下来，又能引入主题，更重要的是可以渲染魔术课程所需要的神秘氛围，这样能够有效激发学生的学习兴趣与热情。

二、表演魔术，激发探究兴趣

1. 第一次表演，引发兴趣。

师：首先，我需要一个小助手。（请助手上台）

师：采访一下，你对"读心术"有怎样的感觉？

生：感觉不可能吧。

师：好吧，就让我们尝试一下！

生：好。

师：这里有12张扑克牌。首先需要你来负责切牌。跟你说一下切牌的方法，请大家也一起看一下。

用课件出示切牌方法：

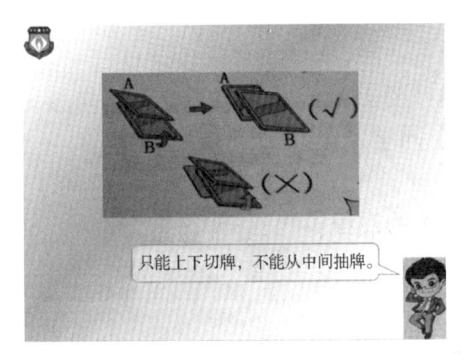

师：博士告诉我们，注意只能上下切牌，不能从中间抽牌。你懂了吗？（面对全体学生）你们懂了吗？

生：懂了！

师：那好，现在请切牌。（生切牌）

师：请把切好的牌给我。我把它们贴在黑板上（老师快速把12张扑克牌贴在黑板上）

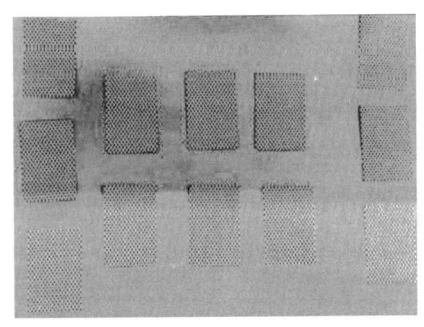

师：接下来你需要从这些牌中任意选一张牌，不能给我看。（生选出一张牌）

师：请你看着我的眼睛，心里默念你的牌，然后把牌背面向外贴在原来的位置。

师：好，你要想着那张牌啊，一直想着它，我才能找出和你数字相同的那张牌。

师：哦，我知道了，和你数字相同的那张牌在这里。老师选出一张正面朝外贴在黑板上。见证奇迹的时刻到了，请我的小助手翻开他选的那张牌。

（学生的惊讶声一片）。

师：掌声在哪里？（掌声响起）

师：谢谢大家！现在，你们想说点什么？（全场安静）

师：无话可说？

生（齐）：不是。

牛：老师，你是怎么找到和我数字相同的那张牌的呢？

师：你想知道，是不是？

生：对。

师：好！还想再选一张试一试吗？

生（齐）：想。

师：真想？

生(齐):真想!

2. 第二次表演,增加神秘感。

师:那好,我再请一个同学来选牌。

(指一名学生)

师:请你来。看懂刚才的过程了吗?

生:看懂了。

师:我能读懂你吗?

生:不可能!(全场笑声)

师:好吧,让我试试!

生选牌,和老师交流眼神,然后贴回去。最后老师选牌。学生再把他选的牌翻开。

教室里响起了热烈的掌声。

师:谢谢大家的掌声。

3. 换角色表演,激发探究欲望。

师:你们想来表演吗?

生:想。

师:接下来,再请一位同学来当老师,我来当同学,交换角色表演一下。(请一名同学上台)

老师先选牌,然后交流眼神,接着学生翻牌,最后老师翻开选的牌。(全场一片哗然)

师:为什么你们不能找到和我一样的牌?

生:老师肯定知道里面的秘密。

师:你们想知道吗?

生(大声回应):想。

师:那我得看看这节课你们的表现是不是能让我满意。

(此时,所有孩子都挺了挺胸,自觉地坐直了身体。)

【评析】首先,将数学魔术引入课堂的时候,没有急着去操作魔术的步骤,而是先和学生进行对话,看似无意,其实是希望通过这样的对话沟通,让学生感受到他们才是我表演成功的关键,而不是把学生当成有没有都无所谓的配角。其次,在魔术的表演形式上,安排了3次表演,给学生提供了更多观察和思考的机会,2次成功的表演增加神秘感,1次角色交换后的失败表演激发了学生的探究欲望,这样的安排对于魔术、对于教学两方面都有好处。

三、引导探究,破解原理

1. 大胆猜想。

师:请大家大胆地猜一猜,要成功地表演这个魔术,可能与扑克牌的什么有关。

生1:牌里的图案有关。

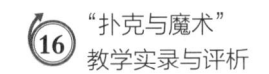

生2：切牌有关。

生3：摆的图有关。

师：带着这些猜想，我们一起来探索，到底跟什么有关，这里又藏着怎样的数学知识。

2.探索规律。

(1)牌面的规律。

师：孩子们，怎样才能一探究竟呢？

生：把牌翻开观察。

课件展示黑板上所有的扑克牌，让学生观察其中的规律。

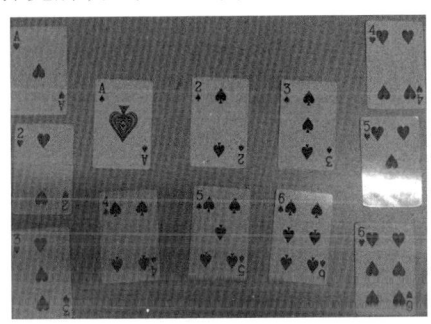

师：请仔细观察，你有什么发现？

生1：我发现总有两张牌的数字是相同的。

生2：我发现有6对数字相同而颜色不同的牌。

师：你们观察得真仔细，发现了魔术牌是由数字相同的6对扑克牌组成。(课件一一对应地展示出来)

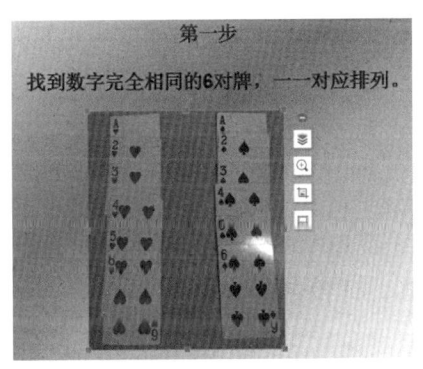

师：那在翻开牌之前，又怎么知道哪两张牌的数字是一样的呢？接下来，你觉得跟什么有关？

生：可能跟摆的位置有关。

(2)摆放位置的规律。

师：摆之前，我们的两组牌是怎样的？

生：合在一起的。

(课件演示第二步：合牌)

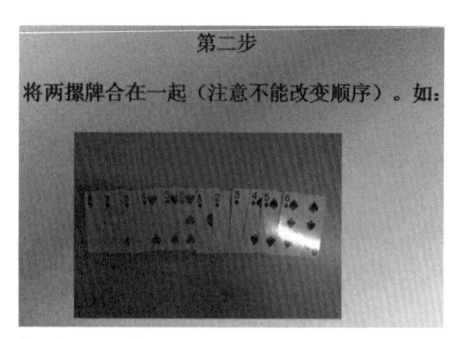

师:为了便于研究,我们合牌时注意不能改变顺序。

师:接下来,请看摆牌的过程。

(课件演示摆牌过程:先演示摆竖着的两列,再演示摆横着的两行。)

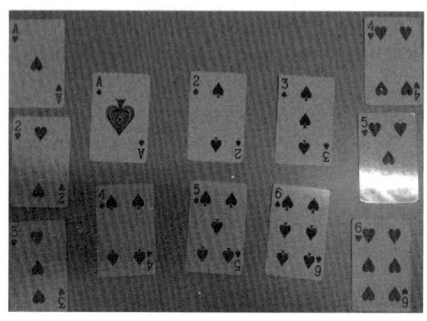

师:请仔细观察,看一看能有什么新的发现,然后和同桌说一说。

生1:我发现竖着的牌是按1~6的顺序摆成两列的。横着的牌也是按1~6的顺序摆成两排的。

生2:竖着两列,分别是1,2,3;4,5,6。横着两排也是1,2,3;4,5,6。

师:红心1在竖着的第一个,黑桃1在什么位置?(生:横着的第一个)

师:红心2? 黑桃2?

师:你发现了什么?

生:它们的位置是一致的。

师:喜欢你说的一个词,一致。也就是说这两组数的位置分别是一一对应的。

师:现在你知道老师是怎样找到它们的吗?

生:知道了。我觉得只要记着相同数字的位置就可以了。

生找出一一对应的扑克牌,两人一组进行练习。

师:请同学们把桌上准备好的牌,先按课件上的位置摆放好。然后两人一组,找出一一对应的扑克牌。

学生活动,老师巡视,及时纠错。

(3)变换摆牌图形,再次明确一一对应的必要性。

师:现在我把这12张牌摆成这个图案。请看。(老师摆,学生看)

演示:摆成桃心形状。师生合作找出一一对应的扑克牌。

师:你们还能找到对应的那张牌吗?

师:其实无论什么样的形状或图案都可以,前提是一定要按一一对应的关系来摆。

师:可是我们在摆牌之前,请小助手干了什么事?

生:切牌。

师:切了牌,顺序打乱了,怎么还知道是哪张呢?

(4)小组操作,理解排列中的规律。

出示操作(课件)要求:12张牌1,2,3,4,5,6,1,2,3,4,5,6。

将这12张牌分两摞上下来回切牌,然后完成以下题单,记录牌的位置。

我选择的扑克牌		
	第一次出现的位置	第二次出现的位置
切牌前		
第一次切牌		
第二次切牌		
第三次切牌		
……		
我发现:		

老师先指导表格的填写方法,然后学生独立完成,接着组内交流,最后再展示。

小组代表展示题单,发表观点。

组1:我们发现,不管怎么切,两张相同数字的牌位置相差6。

组2:我们发现,相同的数字之间相隔的数没变。

课件讲解规律。

(切牌前)　　　　1 2 3 4 5 6 1 2 3 4 5 6

(第一次切牌后)　3 4 5 6 1 2 3 4 5 6 1 2

(第二次切牌后)　6 1 2 3 4 5 6 1 2 3 4 5

演示:从12张中间分开。
师:前6张和后6张有什么发现?
生:完全相同,第1张与第7张总是一样。

　　　　1 2 3 4 5 6 　　1 2 3 4 5 6
　　　　3 4 5 6 1 2 　　3 4 5 6 1 2
　　　　6 1 2 3 4 5 　　6 1 2 3 4 5

师(小结):只要上下切牌,无论多少次,前6张与后6张总是一一对应的。

【评析】通过学校数学魔术校本课程的研究,我们发现魔术课中许多课型并不适合完全放手,让学生盲目、无序地探究。所以,我们经历了从扶到放,从无序到有序的过程,先是让学生根据多次学习魔术课的感觉去猜想,然后对学生的猜想进行梳理,再有序地从牌面的规律、摆放位置的规律进行探究。探究牌的摆放位置的规律时,其实是有些"艰难"的,但是老师也没有直接呈现答案,而是通过学生动手体验、独立思考、小组交流等方式,激发学生的探究欲,让他们在思维碰撞中找出规律。

四、总结归纳,拓展提升

师:现在我们一起来回顾一下魔术的整个操作流程。

课件演示,一步一步引导回忆。

第一步:找出一一对应的6对扑克牌,把两摞牌合在一起。(注意不要改变牌的顺序)

第二步:请一位助手切牌,注意只能上下切。

第三步:背面向外贴图案。

第四步:请助手翻牌。魔术师根据排列的规律找出相同的那张扑克牌。

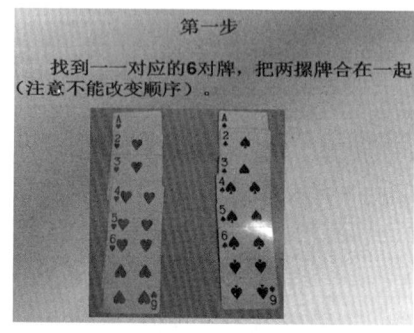

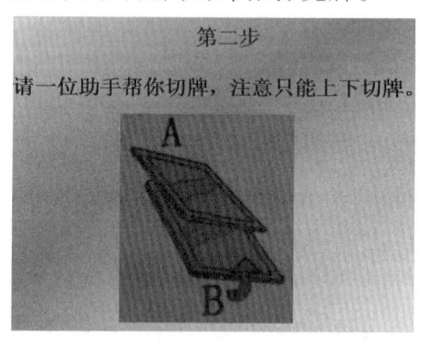

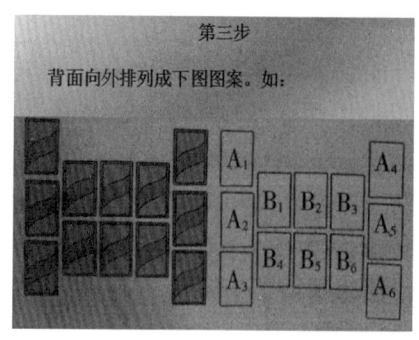

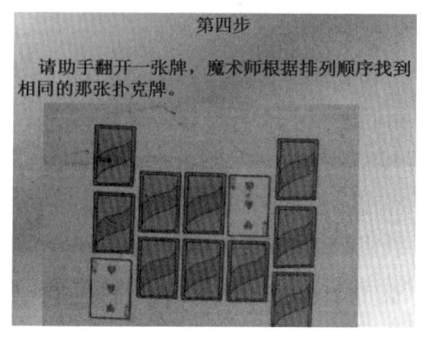

师:第一次看完这个魔术表演,是什么感觉?
师:那现在再看,是什么感觉呢?
生1:非常简单。
生2:有规律。
师:说明你拥有了一双数学人的眼睛,只有学过数学的人才能看出这里的规律呢!你看见这里面有什么规律了吗?
生(齐):一一对应!
师:现在,你们能完成这个魔术吗?
生(齐):能!
师:好!让我们一起来做一个魔术设计师。
(课件显示)

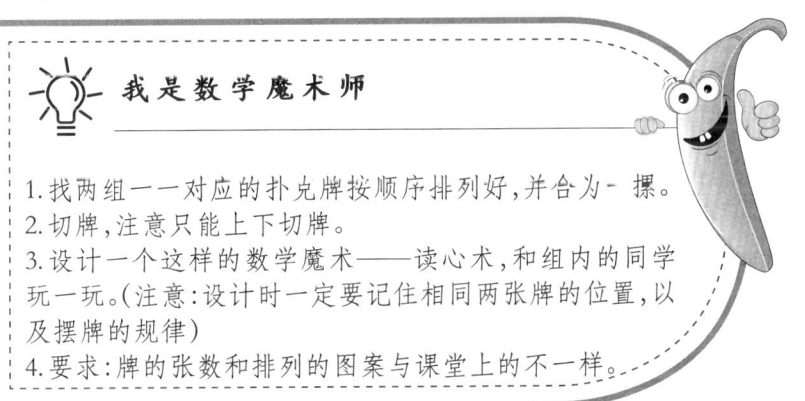

> **我是数学魔术师**
> 1. 找两组一一对应的扑克牌按顺序排列好,并合为一摞。
> 2. 切牌,注意只能上下切牌。
> 3. 设计一个这样的数学魔术——读心术,和组内的同学玩一玩。(注意:设计时一定要记住相同两张牌的位置,以及摆牌的规律)
> 4. 要求:牌的张数和排列的图案与课堂上的不一样。

学生展示,表演扑克魔术。
师:现在,你想用哪个词来形容魔术?
生1:好玩。(师板书)
生2:妙不可言!(师板书)
生3:简单。(师板书)
生4:规律。
师:时间过得真快,下课!

【评析】所谓"千金难买回头看",很多时候我们都忽略了经历的过程,然而最让我们受益的恰恰是这样的过程。让学生回忆对于图案最初的感受,以及现在学习之后的感受,让学生的前后感受形成鲜明的对比,对学生来说是一个极大的刺激,这样的刺激可以激发他们的学习兴趣,而且让他们感受到学习后的效果。魔术设计环节让学生体会到知识的应用,也培养了学生的创新意识。

【总评】

本节课从学生已有的知识经验出发,结合本校数学魔术校本课程的开发,通过魔术表演、探索魔术、设计魔术,培养学生合作能力、动手能力、创新能力和高阶思维能力,感悟一一对应的数学思想方法。本节课的教学体现如下特点:

1. 魔术互动,激发探索欲。

《数学课程标准》指出:"数学教学活动应激发学生兴趣,调动学生积极性,引发学生的数学思考。"兴趣是最好的老师。所以,开课通过师生互动的魔术表演,激发学生的好奇心和探索欲。开场进行了3次魔术表演,学生全场参与,让学生感受到数学魔术很神奇,激发学生的学习动力。让学生因为数学魔术而更喜欢学习数学,更喜欢学习数学的自己,这是我们最期望看到的。

2. 合理猜想,体会探究方法。

通过学校数学魔术校本课程的开展,我们发现学生起初在探索魔术规律的环节是盲目的,不知从何入手。而我们认为教给学生思考"如何去探索"比探索的过程更重要,所以,我们重视猜想的环节,多次数学魔术课程的开展,我们发现学生可以从盲目猜想到有序猜想,会自己设计探索规律的方式方法。

3. 思维碰撞,突破难点。

"小组合作"应该何时运用?由于数学课堂小组合作太多,需要我们反思什么时候合作是最合适的,我想应该是在难点和需要配合操作的地方。所以,探索数学魔术规律的环节,我们并没有立刻小组合作,而是先独立思考,解决自己单独能解决的问题,在理解排列中的规律这个难点时进行小组合作。

4. 操作体验,创作魔术。

这个环节通过"我是魔术师"的情境设计,让学生动手操作,自己创造魔术,在玩中巩固魔术的规律,并培养学生创造力。

17 "科克雪花"教学实录与评析

- 执教：唐慧荣（浙江省温州市籀园小学）
- 评析：陈加仓（浙江省温州大学城附属学校）

教学内容

西南师大版《数学文化》四年级下册第6课。

内容分析

"科克雪花"是"分形"的一个代表图形。分形几何是一门以不规则几何形态为研究对象的几何学，它不同于"欧氏几何"。本课利用等边三角形的画法、边的等分知识进行"科克雪花"画法的教学。画好一个"科克雪花"的雏形的同时，也要让学生感受到"分形"的特征及魅力。

教学目标

1. 通过观察、想象、讨论知道科克雪花的创造过程。
2. 经历数一数、算一算、辩一辩等过程，探索科克雪花的特征。
3. 初步感知分形特征，体会分形之美，渗透数学文化。

教学重点

探索科克雪花的特征，探索边、周长的变化规律。

教学难点

初步感知分形的特征。

教学准备

课件、学习单。

教学过程

一、提问引入，驱动探究任务

师：看到这个标题你有什么疑问？

生1：为什么叫科克雪花？

生2：和我们平时的雪花一样吗？

生3：科克雪花有什么特点呢？

师：1904年瑞典数学家科克，受雪花形状的启发，创造了科克雪花，后人以数学家科克的名字为其命名。

【评析】学生看到"科克雪花"这个课题就会有很多的疑问，先让他们说说自己的问题，一方面可激发学生的学习兴趣，另一方面在问题驱动下可以让教学更加有效。

二、探讨画法，初步感知特点

师：先来看看它是怎么创造出来的。这个图形有点复杂怎么办？

师：好，我们把它简化一下，这个图形是等边三角形。

师：在大脑中想象下，科克雪花是怎么从等边三角形一步一步创造出来的。

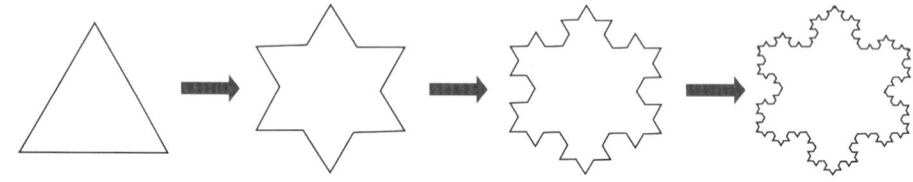

师：第一步要先画出等边三角形，接下来怎么画？

生1：可以再画一个等边三角形，进行旋转，再把它们重叠。

生2：还可以把等边三角形的一条边进行三等分，再从中间那里画一个等边三角形。

师：好，我们用动画演示一下。

生：第二条边、第三条边也重复上面的步骤。

生：接下来继续重复上面的步骤，重复几次就能得到科克雪花了。

【评析】将科克雪花画法的教学通过"简化"成学生熟知的等边三角形，再让学生"想象着画"，想象科克雪花是怎样从等边三角形演变而来的，最后再讨论科克雪花的"具体画法"，让学生充分感受到科克雪花是"不断重复性"的操作结果。

三、探究特征,发现变化规律

师:仔细观察,从第1幅图到第4幅图,发生了什么变化?

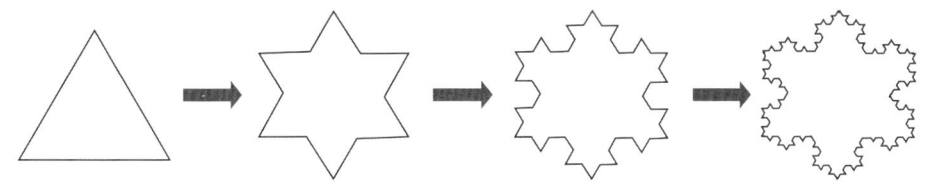

生:它们的边长、周长、面积都发生了变化。(教师板书)

(一)探索边数特征

1.学生自主数。

师:先来看看边的数量发生了什么变化。同学们拿出学习单,数一数,填一填。

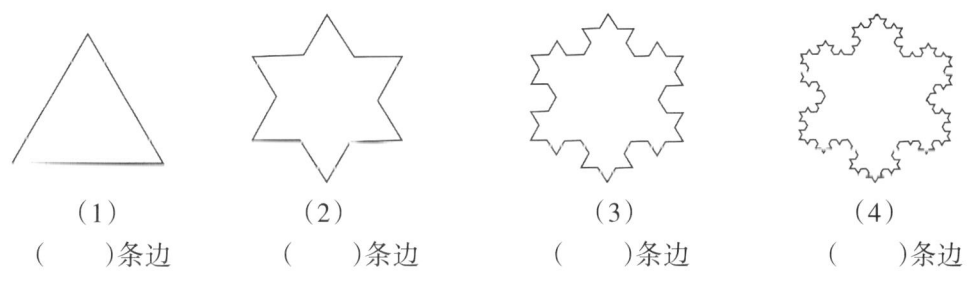

（1） （2） （3） （4）
（ ）条边 （ ）条边 （ ）条边 （ ）条边

2.学生汇报。

3.发现规律。

生:我其实没有数边数,我是发现了边数之间的规律,都是"乘4"的关系。

师:你是怎么发现这个规律的?

(1)方法一:数一数的办法。

生:我先数出前面几个图形的边数,再推测出第四个图形的边数是48×4=192。

(2)方法二:根据边数量的变化。

生:三角形的每一条边都变成了4条边。(动态演示)

生:所以第二个图形有3×4=12(条)边,第三个图形有3×4×4=48(条)边,第四个图形就有3×4×4×4=192(条)边。

师:第10个图有几条边呢?

生:有3×4^{9}条边。

师(小结):每变化一次,边数就变为原来的4倍。

(二)探索周长特征

1.学生自主算。

师:那它的周长又会怎么变呢?假设等边三角形的边长为9,数一数,算一算。

2.学生汇报。

(1)方法一:根据边长×边数。

生:算出每条边的长度,乘上边数就可以了。

师:边的数量我们刚才已经研究过,再看边的长度是怎么变化的?(教师动态演示)

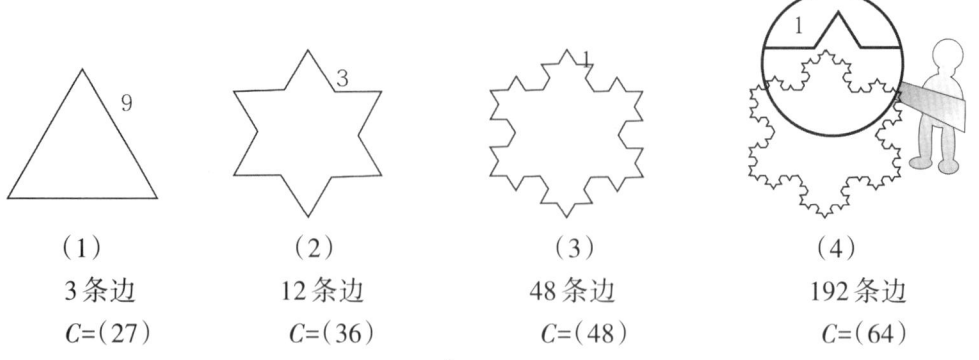

（1） 3条边 $C=(27)$

（2） 12条边 $C=(36)$

（3） 48条边 $C=(48)$

（4） 192条边 $C=(64)$

生:每变化一次,边长都变为原来的 $\frac{1}{3}$。

师:我们再计算出它们的周长。

(2)方法二:根据周长的变化。

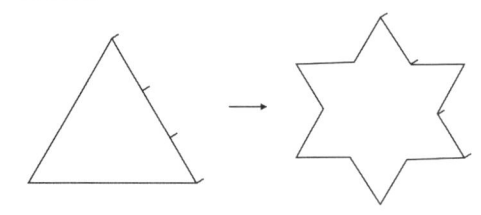

生:把前面一个图形的每条边都平均分成3份,到后面一个图形就变成4份,每条边的长度都增加了 $\frac{1}{3}$,周长也就增加了 $\frac{1}{3}$,所以后一个图形的周长就是前一个图形周长的 $\frac{4}{3}$ 倍。

师:那第10个图形的周长是多少?

生:第10个图形周长是 $9\times(\frac{4}{3})^9$。

师(小结):每变化一次,周长就变为原来的 $\frac{4}{3}$ 倍。

师:那如果一直变大下去,周长会变成无限大吗?

学生思考,并进行辩论,最后得出结论:周长会变成无限大。

(三)探索面积特征

师:一直这样变下去,它的面积会变成无限大吗?

生1:会,因为周长都在变大,最后面积就会变成无限大。

生2:不会,因为面积增加的部分越来越小了。

学生开始争辩,教师出示外接圆。

生:它的面积一定会比它的外接圆小,面积不会变成无限大。

【评析】学生在探究的过程中发现了边数、边长、周长的变化规律,其中周长的变化规律是最难理解的。大部分同学是利用边数×边长的方法来计算周长的,也有部分同学是

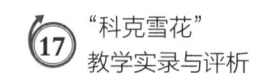

利用周长的变化特征来解答的,再将它们进行沟通内化。接着教师继续追问第10幅图边的数量、周长,让学生明白科克雪花就是按照一定的规律一直变化下去的。

四、欣赏分形,感受数学之美

师:你相信有这样的曲线吗?它所围的面积是有限的,但它的周长是无限的!

生:有,是科克雪花曲线。(动态演示)

师:你相信有这样的平面图形吗?它的周长趋近于无穷大,而它的面积则趋近于零。

生:有,是谢尔宾斯基三角形。(动态演示)

师:你相信有这样的立体图形吗?它的表面积趋于无穷大,而它的体积趋于零。

生:有,是谢尔宾斯基海绵。(动态演示)

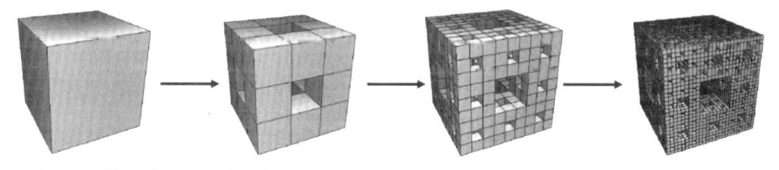

师:这3个图形被称为几何中的三大怪物,它们都是"分形"图。

师:你觉得什么是"分形"?

生1:重复前面的操作。

生2:不管放大多少倍,长都一样。

生3:它们的规律都是一样的。

师:下面请同学们来欣赏分形图形。(出示各种动态图)分形也称为大自然的几何。

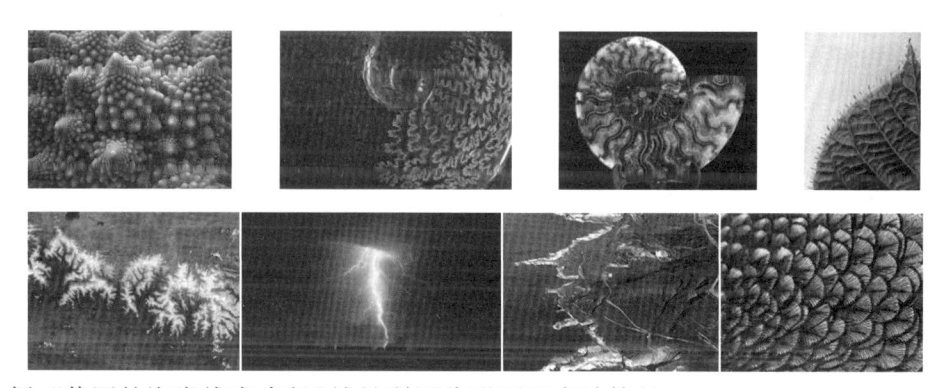

师:"英国的海岸线有多长"就是利用分形原理来计算的。

【评析】通过对"几何三大怪物"的欣赏,打破学生的几何思维,最后引出像这样的图形就是"分形"。接下来欣赏各种分形的动态图和大自然中分形的景象,在欣赏中感受分形之美,感受数学之美,激发学生以后进一步去探索、研究数学的兴趣。

五、总结提升,增强数学情感

师:分形为人们从局部认识整体、从有限认识无限提供了方法。它为我们的几何打开了一个新的世界,这个世界等待着同学们去探索发现。

【总评】

"科克雪花"是《数学文化》四年级下册的教学内容,教学目标旨在通过画科克雪花,感受其操作重复性的特点。对四年级学生来说,对科克雪花其他特征的探究还存在很大的难度,也无法更进一步感受"分形"的美妙。于是这节课唐老师在六年级进行教学尝试。整节课从画科克雪花到其特征的探索,再到分形的介绍和赏析,让学生一步步感知分形。

1. 注重画图的本质揭示,感受分形操作的重复性。

科克雪花画法的教学至关重要,它是引起后面规律性的本质所在,因此课堂教学中弱化了画图的技能,注重了画图的本质特征的探讨。

课堂中将科克雪花画法的教学分成了三步,第一步是"简化",第二步是"想象"着画,第三步是"讨论"具体画法。三步画法都在说明科克雪花变化的本质是从一条线段变成 $\frac{4}{3}$ 条线段,操作的过程用动态直观图演示,学生充分感受到了科克雪花是"不断重复性"的操作结果。后面出示的"几何三大怪物"也是如此,都是根据一定的要求,进行不断重复的操作得到的,凸显分形操作的不断重复性。

2. 注重知识的沟通联系,感受分形规律的一致性。

教学中注重知识的沟通联系,探究科克雪花特征的时候,将边长、边数、周长都进行了沟通联系。比如探讨周长的变化规律,可以利用周长=边数×边长的方法计算,也有部分同学是利用周长的变化特征来解答的,教学中将两种方法进行沟通联系,使更多的学生能理解其规律变化的本质,感受分形规律的一致性。

探究好科克雪花之后,继而引出谢尔宾斯基三角形、谢尔宾斯基海绵的形成过程,并让学生探讨它们之间的联系就是通过不断重复的操作,最后形成的图形具有某种特征的"无限性"。

3. 注重培养学生思辨能力,感受分形的有限性和无限性。

教学中重视学生学习的主动性,注重培养学生的思辨性。"一直变化下去,科克雪花的周长会变成无限大吗?"这个问题引起了学生思考,并展开辩论。有学生觉得不会变成无限大,因为雪花这么小;有学生觉得周长每次都增加 $\frac{1}{3}$,一直变下去就会变成无限大。后者辩论更有理,全班得出结论:会变成无限大。教师继续抛出问题:"如果一直变下去面积会不会变成无限大?"这时候辩论就更加激烈,不分上下。然后教师动态展示每一次面积增加的部分,让学生感受增加部分在慢慢变小,最后教师出示科克雪花的外接圆。这时候学生笑了:"不管科克雪花怎么变都在这个圆里面变,怎么会变成无限大呢?"在辩论中学生进一步感受到科克雪花的面积有限和周长无限。

18 "科克雪花"教学实录与评析

- 执教：康效萍（甘肃省定西市临洮县北街小学）
- 评析：毛朝辉（甘肃省定西市临洮县教体局小学教研室）

教学内容

西南师大版《数学文化》四年级下册第6课。

教学目标

1. 认识科克雪花，了解科克雪花的创造过程。
2. 了解等分线段和科克曲线的画法，体会科克曲线变化规律，尝试科克的创新思路。
3. 在活动中培养学生的观察、归纳、抽象、概括能力，渗透极限思想，从生活中发现数学美，从数学中找到生活美。

教学重点

了解等分线段和科克曲线的画法。

教学难点

经历科克雪花的创造过程，体会有规律的变化。

教学准备

雪花图片、铅笔、量角器、三角尺等。

教学过程

一、创设情境,激趣引新

猜谜语,出示雪花图片。

师:你们喜欢下雪吗?为什么?

生:喜欢,雪花很美丽。

师:雪花很美丽、很漂亮,如果把雪花放在放大镜下,可以发现每片雪花都是一幅极其精美的图案。这么多美丽的图案,你能看出它们是什么形状的吗?

生:雪花的形状是六角形。

师:是的,因此古人有"草木之花多五出,独雪花六出"的说法。今天我们就来研究与雪花有关的话题——科克雪花。(板书课题:科克雪花)

【评析】在导入环节,从雪花形状引出科克雪花,调动学生已有生活经验,体现数学来源于生活,引起学生探究科克雪花创造过程的求知欲。

二、自读教材,质疑思考

师:请同学们读一下课题,读了课题,你有什么问题?

生1:什么是科克雪花?

生2:科克雪花是雪花的一种吗?

生3:科克雪花是怎样来的?

……

师:有疑惑,能不能选择自己喜欢的方式来解决?

生:可以网上查资料,可以查阅图书,可以从课本中找到答案。

师:好的,请同学将《数学文化》翻到第26页,自学一下"科克雪花"这一课的内容,看看刚才同学们的困惑能不能得到解决。

【评析】通过阅读《数学文化》,了解本课所学内容,培养学生自主探索、思考问题及尝试解决问题的能力。

三、合作交流,探究规律

(一)了解什么是科克雪花

师:现在我们来交流一下你们的学习成果。读了课本之后,你了解到什么是科克雪花了吗?

生:1904年,瑞典数学家科克受雪花形状的启发,创造了科克曲线,也叫科克雪花。

(板书:科克曲线)

(二)了解科克雪花的创造过程

1. 小组合作,探究问题。

师(引导质疑):科克是怎样创造出科克雪花的呢?

生:用三角形创造了科克雪花。

师:任意三角形吗?

生:不是,是等边三角形。

师:用等边三角形? 为什么呢? 等边三角形有什么特点呢?

生1:等边三角形的3条边相等,3个角都是60°。

生2:用等边三角形图形的对称,完美。

师:你分析得有道理。是的,等边三角形也称正三角形。用正三角形如何创造出科克雪花呢?(引出科克雪花创造过程图)

师:对,秘密就在万事通告诉我们的这幅图里面,我们一起来看一看。

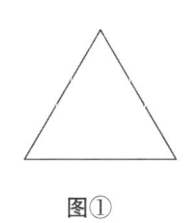

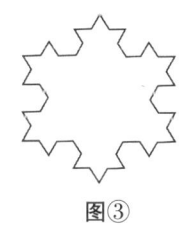

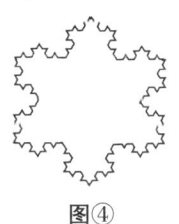

图①　　　图②　　　图③　　　图④

师:可以先在小组内交流一下你的想法,如果觉得光靠眼睛不够的话,可以在老师给你准备的作业纸附件1图上画一画,画线可以帮助你思考、分析问题。

生组内活动,自主动手操作解决问题。

2. 反馈交流,探索规律。

师:现在我们来交流一下大家的观察讨论结果,请大家说说科克是怎样创造出科克雪花的。

生:科克将正三角形的每条边上分出了一个小的正三角形。

师:观察得很细致。那么每条边上的小正三角形是如何分出来的?

生:将边长三等分。

师:分析得太透彻了,然后呢?

生:将三等分后的一边,在其中间的一段向外画一个等边三角形,就会得到如图②的图形。

师:你说得很有条理,给了我们一些思考,其他同学还有什么想法吗?

生:继续上面的步骤,重复几次就得到了科克雪花。

师:你说得有条理,很专业。谁还有不同意见?

生:我们将正三角形的三边分割变成六角形后,再继续上面的步骤,重复几次就得到科克雪花。

师:真了不起!

【评析】通过小组合作交流,探索科克雪花的创造过程,体会有规律的变化,在活动中培养了学生观察、归纳、抽象、概括的能力。

(三)经历科克雪花的画法

师:科克选用正三角形作为画雪花的基本图形,所以只要我们会画等边三角形,就可以画出科克雪花了。那么如何画正三角形呢?

生1:我知道,先画一个60°的锐角,角的两边限定一样的长度。再以这个角一边的端点为另个角的顶点,再画一个60°的角,就能画成一个正三角形。

师:来,请你当小老师,给大家示范一下如何画正三角形。

(生在黑板上示范画正三角形)

生2:我有更简单的画法。先画一个60°的锐角,角的两边限定一样的长度,然后将角的两边的端点连接起来,就构成了正三角形。

师:不错,方法更简洁,有兴趣的同学们可以试一试。那么如何把正三角形变成六角形呢?

生:把一条边三等分,在每边最中间的一段向外画等边三角形。

师:谁想上来试着画一画?

(师生协作完成)

继续上面的步骤,重复几次就得到了科克雪花。

师:请同学们自主在作业纸上完成科克雪花的创作。

【评析】学生通过动手画科克雪花,了解等分线段和科克曲线的画法,体会科克曲线的变化规律。

(四)展示作品,分享赏析

1.学生作品展示。

师:画出六角形的同学,在组内互相欣赏一下,看看谁画得更好,再交流一下你是如何画的。除了老师刚才用的画法,你还有没有其他方法?

学生作品展示。

师:看来同学们已经掌握了画科克雪花的方法了。如果利用计算机画科克雪花,会更快更准确,下面的步骤由我们一起在电脑上来完成吧!

2.赏析画的科克曲线。

师:观察一下科克雪花图,说说你发现了什么。

生:在图形的边上重复画正三角形的时候,边越变越短,边缘就越来越像雪花的形状了。

师:可以再分割下去吗?

生:可以无限分割下去,这样,图形的边就越来越短,图形的形状就越来越像雪花了。

师:是的,这样更接近曲线了,这也就是为什么叫它科克曲线的原因。

【评析】通过作品展示,享受成功的快乐。赏析画的科克曲线,让学生体会无限分割的图形美,并渗透极限思想。

四、拓展延伸,发展思维

1.从图①到图④,它们的边数和周长有什么变化?

师:观察图中边数的变化:图①有( )条边,图②有( )条边,图③有( )边。我发现:每一次变化,边数就变为原来的( )倍。

生:观察图中边数的变化,我们发现图①有3条边,图②有12条边,图③有48边。我发现:每一次变化,边数就变为原来的4倍。

师:我们再来思考一个问题,边数增加了,那么它的边数与周长到底发生了什么变化呢?与同桌交流一下你的想法。

生1:我们小组通过交流观察发现,图①的周长是三条边的长度,图②的周长比图③多出了一条边的周长。

生2:也就是说图②的周长比图①增加了周长的三分之一。

师:你的推理很有依据,如此说来,无限次分割图形的边,图形的周长将是无限长的。

生:老师,我明白了,也就是科克曲线的长度是无限长的。

师:是的,你很会思考问题。瑞典数学家科克就是用这种思想方法创造了科克曲线,这种数学思想就是"极限思想",在以后的学习生活中我们也都会用到这种思想方法。

2.画一画,玩一玩,想一想。

师:在正方形中描出每边的中点,连接中点画出正方形;再描出所画正方形每边的中点,连接中点又画出正方形。重复这样的步骤,然后看看所画的图形像什么,你发现了什么?

生自主交流设计。(可以跨越小组交流)

【评析】通过找边数与周长的变化,发现图形变化规律,让学生尝试科克创新思路。再通过画一画、玩一玩、想一想,给学生提供尝试科克创新思路的素材,发展学生思维。

五、总结升华,体验乐趣

师:这节课我们先后做了哪些事情?

(生分享收获)

【评析】通过分享收获,让学生进行活动反思,并让学生发现美,感受美,同时体验运用科克创新思路的乐趣。

【总评】

本节课立足于培养学生良好的数学思维能力,从学生的生活经验和知识基础出发创设问题情境,进行数学应用,从生活中发现数学美,从数学中找到生活美。整体看,本课的设计有如下几个特点:

1. **激发兴趣,落实主体。**

数学文化的研究增强和激发了学生学习数学的兴趣,本课通过观察、操作、交流、推理等活动,寻找科克雪花的创造规律,让学生在探究问题中获取知识,掌握科学的学习方法和思维方式,培养了学生的学习能力、实践能力、创新能力,落实了学生主体,提高了数学素养。

2. **层次分明,发现规律。**

整体看,教学以发现科克雪花的创造规律为主线,第一层先观察发现科克雪花是用正三角形作为基本图形进行变化的;第二层提示学生采用辅助线,观察发现如何将正三角形变成六角形;第三层,通过变化规律,总结归纳出科克雪花的创造方法。三个层次层层递进,让学生体会到科克曲线变化规律,并能尝试科克的创新思路。

3. **重于探究,助力思考。**

波利亚认为:"学习任何知识的最佳途径都是由自己去发现。"上课伊始,通过雪花的形状引入新课,让学生思考科克雪花是如何创造出来的,引发学生思考。学生在将正三角形变为六角形时,对于出现的不同画法,教师并没有马上下结论,而是通过实际操作,发现问题,这样更容易发现规律。再者,在边数与周长的探究中,基于前面环节的理性思考,学生很快分析得出无限次分割图形的边,所得图形的周长就是无限长的,渗透了极限思想。这样的探究过程能够真正助力学生的学习进程。

19 "神奇的小不点"教学实录与评析

- 执教：张 曼（江苏省南京市天正小学）
- 评析：王 军（江苏省南京市天正小学）

教学内容

西南师大版《数学文化》四年级下册第7课。

内容分析

数学知识本身来源于现实生活，本节课创设零零大仙与孙悟空比试情境，搭建学生联想的舞台，设计开放性问题使学生的思维得到放飞，让学生在探索问题的过程中，借助金箍棒和长枪的变化，感受小数大小变化的规律，有助于学生建构由感性到理性、由具体到抽象、再由抽象到具体的思考和理解问题的方式。这样既可加深学生对小数点位置移动会引起小数大小变化规律的认识，又可使学生的思维获得提高，建立数感。

教学目标

1. 理解并掌握在小数末尾添加"0"不改变小数的大小，以及小数点位置移动引起小数大小变化的规律。
2. 能应用小数点位置移动引起小数大小变化的规律解决相应的实际问题。
3. 通过由感性到理性、由具体到抽象、再由抽象到具体的思考和理解问题方式的建构，培养学生的数感。

教学重点

掌握小数点的变化规律。

教学难点

应用小数点的变化规律解释实际问题。

教学过程

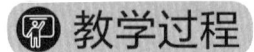

一、创设情境，导入新课

1. 感受小数末尾添"0"，数的大小不变。

师：孙悟空从龙宫里获得了金箍棒，一天，零零大仙拿着一根长1米的长枪去挑衅孙悟空。

课件播放动画。

零零大仙：我的"0"神通广大，在一个整数后面放"0"，就会把数变大。

零零大仙的长枪由1米变成10米。

孙悟空：你的"0"遇到我"小不点"，就不厉害了。

长枪由10米变成1.0米。

零零大仙：我再多加几个"0"，变成1.0000米。

学生哈哈大笑。

师：你们笑什么呀？

生：在1.0后面添再多的"0"也不会变大。

师：是啊，在小数的末尾添"0"数的大小不变。

2. 感受小数点移动的方向与小数大小变化的关系。

师：零零大仙很不服气，还要再比一次。

播放动画。

孙悟空：金箍棒变成12.5米。

课件演示"1.25"中小数点向右移动一位，变成"12.5"。

零零大仙：移动小数点我也会，我把小数点多移动几位，让你知道我的厉害，哈哈哈！

课件演示"1.25"中小数点向左移动两位变成"0.0125"。

师：同样是移动小数点，为什么金箍棒变长了而长枪却变短了？

生：一个是小数点向右移动，一个是向左移动。

师：看来，小数点移动的方向与小数的大小变化有关。

师：1.25米变成12.5米，小数点向哪个方向移动了几位？小数的大小有什么变化？

师：如果用一道乘法算式来表示原数和现数的关系，可以写成1.25×10=12.5（米）。

师：1.25米变成0.0125米，小数点向哪个方向移动了几位？小数的大小有什么变化？

师：我们可以用一道除法算式表示原数和现数的关系，可以写成1.25÷100=0.0125（米）。

师：小数点向右移动两位、三位或者向左移动，小数的大小会有什么变化？这种变化是不是有一定的规律呢？我们一起来研究。

【评析】孙悟空是学生喜闻乐见的人物，通过"0"遇到"小不点"厉害不起来的生动、有趣的故事情境，一下子就深深吸引了孩子的兴趣。学生在轻松愉悦的故事情境中感受数学的魅力，激发了他们的学习兴趣，同时引发深入的数学思考。

二、自主探究,发现规律

1.我研究。

课件出示学习要求:

①选择一个小数点移动的方向进行研究。

②小数点移动后数的大小发生了怎样的变化?用计算器算一算。

③小数点移动的规律是什么?在小组内交流自己的发现。

友情提示:可以用1.25,12.5,0.0125,也可以自己举一个例子进行研究。

【评析】探究的主体确定后探究的数完全开放,不仅可以生成多样化的学习素材,更是浓浓的以学生为本的理念的体现,在这种大空间下,学生获取的不仅仅是知识,更是对于数学研究方式的感悟和数学素养的提升。

2.我交流。

师:小数点向右移动会怎样?

师:你们发现了什么?还可以怎么说?

生:小数点向右移动一位,等于原数乘10;小数点向右移动两位,等于原数乘100;小数点向右移动三位,等于原数乘1000。

师:小数点向左移动会怎样?

师:你们发现了什么?还可以怎么说?把刚才的发现连在一起说一说。

生:小数点向左移动一位,等于原数除以10;小数点向左移动两位,等于原数除以100;小数点向左移动三位,等于原数除以1000。

3.我思考。

师:为什么小数点的位置移动会引起小数的大小变化呢?学数学时我们经常要想想为什么。

师:我们可以借助数位顺序表来思考。把1.25,12.5,125填入数位顺序表。

数位	百位	十位	个位	…	十分位	百分位	…
计数单位	百	十	一		0.1	0.01	

师:大家看这3个5分别在什么数位上,分别表示多少呢。

生:1.25中,5在百分位,表示5个0.01;12.5中,5在十分位,表示5个0.1;125中,5在在个位上,表示5个1。

师:小数点的位置移动后,数字所在的数位发生了变化,表示的大小也就发生了变化。

师：为什么小数点移动后，原来的数会扩大到原来的10倍，100倍，1000倍或缩小到原来的$\frac{1}{10}$，$\frac{1}{100}$，$\frac{1}{1000}$了呢？

生：因为相邻两个计数单位之间的进率是10。

【评析】新课程标准一直倡导"自主、合作、探究"的学习方式，教师通过"我研究""我交流""我思考"的方式给足了学生空间。这里既有开放的自主探究，又有小组的互动交流，学生在自主探究、交流合作中完善自己对规律的探究。同时，教师又创设了"我思考"的环节，让人眼前一亮，思考规律背后的数学本质，一下子就提升了探究的境界。

三、运用规律，解决问题

1. 我应用。

师：零零大仙也明白了这个规律，为了感谢同学们的帮助，他准备买一些棒棒糖请大家吃。一个棒棒糖0.85元，如果买10个需要多少元？

生：8.5元。

师：100个呢？

生：85元。

师：1000个呢？

生：850元。

师：你们怎么算得这么快啊？

师：这是零零大仙的采购清单，你能帮他算一算吗？

	单价	数量	总价
直尺	1.1元/把	10把	（　　）元
钢笔	（　　）元/支	100支	875元
橡皮	0.6元/块	（　　）块	60元

2. 我游戏：移一移。

板贴数字卡片2,3,5,7,0。

师：摆出一个数23.57，再移动小数点位置，说一说原数的大小有什么变化。

师：使23.57扩大到原来的100倍，小数点是怎样移动的？

师：将小数点先向右移动三位，再向左移动一位，得到的数是235.7，你知道原来的数是多少吗？

我（设计）：将小数点先向（　　）移动（　　）位，再向（　　）移动（　　）位，得到的数是（　　），你知道原来的数是多少吗？

3. 我了解。

播放新闻链接。

19 "神奇的小不点"
教学实录与评析

> 1967年4月23日,苏联著名宇航员弗拉迪米尔·米哈伊洛维奇·科马洛夫驾驶着联盟一号宇宙飞船胜利返航。当飞船返回大气层后,科马洛夫无论怎么操作也无法使降落伞打开以减慢飞船的飞行速度。地面指挥中心也采取了一切可能的措施排除故障,但都无济于事。最终飞船坠毁,宇航员遇难。事故之所以发生,就是因为之前的地面检查,忽略了一个小数点。

师:同学们,你们知道这个悲剧是怎么引起的吗？宇航员科马洛夫叮嘱女儿说:"你学习时,要认真对待每一个小数点。联盟一号今天发生的一切,就是因为地面检查时忽略了一个小数点……"这就是"一个小数点引发的悲剧"。

【评析】运用规律环节体现了浓浓的数学文化:"我应用"重在生活体验;"我游戏"重在玩转小数点移动;"我了解"则重在了解历史事件中小数点的重要性。每个活动层层递进,既有操作性,又有趣味性,设计独到。

【总评】

本节课从学生已有知识经验出发,精心创设的生动有趣的故事情境贯穿全课,在开放的探究中培养了学生的数学研究的热情与乐趣,在精心设计的数学活动中积累了数学活动经验,感悟小数点移动带来的数的大小的变化,发展了数感。本节课的教学体现如下特点:

1. 创设故事情境,激发学习兴趣。

《数学课程标准》指出:"数学教学活动应激发学生兴趣,调动学生积极性,引发学生的数学思考。"小数点的移动带来的小数的变化,由于是纯数字的操作,相对比较枯燥。而教师利用数学文化教材创设的孙悟空和零零大仙的较量,充满了童趣,让人忍俊不禁,同时在帮助零零大仙解惑的过程中引发学生深入的数学思考,并利用这个情境贯穿全课,激发学生的学习兴趣与探究欲望,从而学生的学习热情一下子就被激发,课堂气氛活跃,学习积极性高。

2. 注重自主探究,凸显学生观。

《数学课程标准》指出,认真听讲、积极思考、动手实践、自主探索、合作交流等,都是学习的重要方式。本节课中,教师非常注重自主探究和合作交流的学习方式,整节课的主体规律,完全给足了空间,让学生自主去探究:选择一个小数点移动的方向进行研究,可以向左,也可以向右。小数是自己写的,移动方向也是自己定的。同时又给予学生细致的指导:小数点移动后变成了什么数呢？它的大小有什么变化？在表格中对应的地方填一填,有困难的可以用计算器算一算。通过前后对比,利用计算器工具,这些都是学生研究的"脚手架",最后在小组里交流自己的发现,学生们快乐地交流、分享着自己的探究成果,有思考,有完善,有补充,给每个学生充分的探究与表达机会。这样的大空间,正是新课改以来一直倡导的学生观,以学生为本,从儿童出发的理念要体现在学习方式的变革上,学生成为学习的主体是这节课最大的亮点。

3. 追求数学本质,丰富数学内涵。

本节课,还让人眼前一亮的就是"我研究""我交流"之后的"我思考"环节。如果说前面体现了浓浓的文化味、探究味,那么这里则体现了浓浓的数学味,而追求数学本质、丰富数学内涵,则正是数学文化的体现。一般的教学设计让学生发现小数点移动带来的小数大小的变化后基本就结束了,而本节课,则带着学生更深入一步:为什么小数点的位置移动会引起小数的大小变化呢?这一步迈得让人忍不住要叫好。是的,学习数学我们经常要想想为什么,在让学生思考后教师又结合借助数位顺序表让学生去思考,给予了方向上的提醒,学生在数位顺序表上的再次深入探究,明确小数点的移动其实就造成了数字所在的数位不同,通俗地讲就是每个数字的数位位置变了,所以大小自然就变了。在我们的数学教学中,引导学生向前走一步,不仅是在追求数学的本质,更能丰富数学的内涵,体验数学的味道。

4. 精心设计游戏,逐步运用规律。

运用规律阶段,教师设计了"我应用""我游戏""我了解",分别从生活应用、游戏活动、历史资料三方面进行。首先,"我应用"让学生帮助零零大仙采购学习用品,在生活情境中轻松地解决实际问题,享受规律带来的便利;接着,"我游戏",学生在教师出题游戏、学生自我设计游戏、同桌相互游戏的活动中,轻松运用规律;最后在"我了解"的故事中,了解历史故事,体会小数点的重要性。这样的三个层次的活动,一改以往课内的枯燥练习,学生不仅兴趣盎然,而且各种不同形式的活动,都围绕小数点移动的规律进行,可谓匠心独运。整节课,学生学得轻松,探得深入,玩得愉快。

20 "标志设计的奥妙"教学实录与评析

- 执教：田 科（四川省宜宾市人民路小学校）
- 评析：李 冰（四川省宜宾市教育科学研究所）

教学内容

西南师大版《数学文化》五年级上册第1课。

内容分析

本节课的数学内涵主要包括：运用平移、旋转和对称等图形变换的知识，经历观察、操作、分析、创作等数学活动，体会数学与艺术设计的密切联系及数学的美学价值。

本节课的教学应安排在"图形的平移、旋转与轴对称"的学习之后。这时，学生已经能够运用平移、旋转、对称等方式，对基本图形进行变换并设计出简单的图案。可以说，"标志的设计"就是在"图案设计"的基础上进行的二次创作——对"图案"进行简化和美化并赋予一定的内在含义，即从图形到图案到标志的一个过程。因此，《数学文化》主要安排了三个内容：(1)认识标志：了解标志在生活中的广泛运用；(2)解析标志：了解标志的构成元素及设计方式，感受平移、旋转、对称等在标志设计中的运用；(3)设计标志：运用群化、分割、组合等构图方式设计标志，体会数学与艺术设计的密切联系。

教学目标

1. 了解标志产生的历史，知道几何图形是标志设计的主要构成要素，学会运用平移、旋转、轴对称等知识设计简单的标志。

2. 经历观察、操作、分析、创作等活动，体会数学与艺术设计的密切联系（图形的平移、旋转、轴对称）。

3. 感受平移、旋转、对称等在标志设计中的作用及数学的美学价值，培养学生的数学应用意识。

教学重点

能选用一个或几个基本图形通过平移、旋转、对称等方式设计出简单标志,并在此过程中体会数学与艺术设计的密切联系,感受数学的美学价值。

教学难点

能在标志设计中有意识地运用群化、分割、组合等方式构图,并赋予标志一定含义。

教学准备

教师准备多媒体课件,学生分组准备剪刀、卡纸、彩色铅笔等。

教学过程

一、追根溯源,初识标志

1. 引出标志。

(课前板书:标志)

师:对于标志,同学们一定不会感到陌生吧?生活中,你们在哪儿见到过标志?

学生自由举例,教师适时评价。

师:事实上,街道上、商场里处处都有标志,标志已经深深地融入我们的衣、食、住、行中,与我们的生活密不可分。

【评析】教师由"谈话"引入,与学生共同交流"生活中的标志"。通过交流使学生明白:标志和我们的生活密不可分。

2. 走近标志

师:那标志是从哪儿来的呢?下面,我们坐上时光穿梭机,一起走进标志的历史。

教师课件播放标志产生及演变的历史。(边播边互动)

标志的来历,可以追溯到上古时代氏族或部落的"图腾",如:女娲氏族以蛇为图腾,夏禹的祖先以黄熊为图腾,还有的以太阳、月亮、狼为图腾……

随着社会的发展,氏族或部落的图腾逐步演变成族旗、族徽,国家产生后,又演变成国旗、国徽。

古代,标志就已经有了分类,如路标、村标、商标、印信纹章等,从广义上说,这些都是标志。

到了现代,标志已被广泛应用于社会的一切领域,对人类社会的发展与进步有着巨大影响和作用。

【评析】引出"标志"后,学生自然而然地会产生疑问:标志是从哪儿来的?让学生经历标志的产生与演变的探索历程,就是对这一疑问的解答。同时在此过程中,还让学生体会标志与日常生活的紧密联系及标志的应用价值。

3. 识别标志。

课件依次出示以下标志,学生根据标志的构成元素及直观形象进行识别。

| 国际红十字会标志 | 北京2008奥运会会徽 | 美国国家读书研究会标志 | 曼哈顿银行标志 |

师:是的,标志会说话,一个简简单单的图形,我们就能知道它表示什么。标志是人们设计出来用于传递和交流信息的一种特殊的符号,它具有识别、象征、审美等功能,常常是文字、图形、记号或它们的组合。同学们,今天我们就一起来学习和研究"标志设计的奥妙"。

(补充课题:标志设计的奥妙)

【评析】学生根据标志的构成元素及直观形象进行识别,既体会标志的"识别功能",又感悟标志的象征功能(用"图形"传递特定的信息),进而引出"标志"的含义,激发学生想要深入了解"标志"的欲望。

二、主动探究,解析标志

1. 发现简洁美。

(以刚才课件出示的几个标志为例)

师:标志的产生与演变经历了一个漫长的历程。那标志又是怎样设计出来的呢?其实,标志的设计与我们的数学有着千丝万缕的联系。谁能用数学的眼光去观察、发现标志设计中蕴含的数学知识?

学生观察并汇报。通过学生间的相互补充,使学生明确:图形是标志设计的基础,标志的设计经常会用到数学上的几何图形,如圆、三角形、四边形、五边形、六边形等基本图形。

【评析】标志的设计首先要力求简洁。让学生主动去发现隐藏在标志中的数学图形,就是要让学生体会图形是标志设计的基础,这正是数学的简洁美在标志设计中的体现。

2. 感悟和谐美。

师:运用简简单单的数学图形就能设计出和谐美观的标志。如果把前面几个标志设计成下面的样子你觉得怎么样?(课件出示以下标志)相比较而言,你更喜欢哪种设计?为什么?

引导学生对比两种不同的设计并讨论,使学生明确:标志的许多创意来源于图形变换,运用数学上的平移、旋转、对称等方式,可以体现标志的和谐美。

【评析】标志的设计首先要力求简洁,但一味追求简洁又会让标志显得单调乏味。如果运用数学上的平移、旋转、对称等方式对基本图形进行变换,就能体现标志的"和谐美"。但标志的"和谐美"较为抽象,学生不易把握。因此,教师通过"对比"的方式展开教学,直观形象地显现出了标志的"和谐美"。

3.挖掘内涵美。
(1)群化。
师:图形的变换不仅能体现标志的"和谐美",也让标志的内涵更加丰富。像"奥运五环",它是通过圆形的平移和重复构成的五连环。你知道它通过这样的组合向我们传递了哪些信息吗?

学生自由发言,只要学生提到以下关键词就予以肯定:五大洲、团结、公正等。

师:像这样,对基本图形进行重复的构图方式叫作群化。群化是标志常用的构图方式之一,仔细观察这两个用"群化"设计出来的标志,你又有哪些新发现?

课件出示以下两个标志:

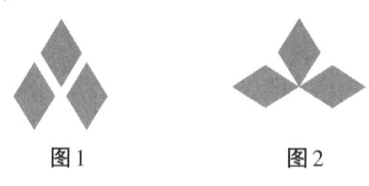

图1　　　　图2

学生观察后汇报:两个标志所选用的基本图形一样,数量一样,但群化的方式不同(图1是平移,图2是旋转),传递的内涵也不一样(图1像"火箭",给人以速度、向上的感觉;图2像"三角形",给人以稳定、可靠的感觉)。

(2)分割与组合。
师:群化可以表现标志的美,这几个标志又是怎样表现美的呢?请同学们翻到《数学文化》第3页,仔细阅读第3~4页的内容,在书上找一找答案。

学生看书自学后汇报自学收获,并尝试解释以上3个标志的设计方法。学生汇报时重点引导学生说清楚:选用了什么基本图形?运用了怎样的变换方式?

师:和同学们所说的一样吗?一起再来看一看。
课件播放介绍分割与组合的视频,学生观看。

【评析】标志的构图方式很多,群化、分割、组合是其常用的方法,也是其奥妙所在。

对以上3种构图方式的学习,主要采用了观察、对比、阅读、演示等方法,其目的在于让学生对标志的设计从形式和内涵上有一个较为全面的认识,为之后"设计标志"奠基。

三、自主尝试,设计标志

师:通过刚才的学习和探讨,你知道怎样设计一个漂亮的标志了吗?

引导学生结合板书说出:先选择一个或几个基本图形,再通过平移、旋转、对称等方式进行变换,最后赋予它一定的内在含义,就可以设计出一个漂亮的标志了。

师:我们已经知道怎样设计标志了,下面我们来举行一个标志设计大赛。先来看看设计要求。

课件出示以下要求:

以小组为单位,为自己的学习小组设计一个特别的标志——组徽。比一比,哪个小组的设计最有创意。在设计时请注意:

①选择一种或几种基本图形作为创作元素;

②运用平移、旋转、对称等方式对基本图形进行变换,也可以运用群化、分割、组合等方法进行构图;

③赋予标志一定的内在含义。

学生分组创作,教师巡视指导,完成后指名不同的小组上台展示汇报。重点让学生从以上三个方面进行解读。每个小组汇报完毕后,可让其他小组提提建议,或做出评价,教师适时引导和点评。

【评析】"设计标志"是对学生之前学习成果的检验,同时标志的设计还应紧扣学生的生活实际,"组徽"的设计就满足这一要求。教师首先通过比赛的形式,激发学生的创作热情;其次,通过动手实践及汇报展示,让学生充分经历标志的创作过程,体会数学与艺术设计的紧密联系及数学的应用价值。

四、拓展延伸,美化标志

师:同学们,其实标志的设计远不止今天我们所了解的这些,标志的设计还有许多创意,一起来看一看。

课件展示以下两个创意标志设计.

| 宜宾市人民路小学校校徽 | 五粮液标志 |

引导学生共同解析以上两个标志的创意所在。

师:随着标志在日常生活中的广泛运用,一门新兴学科——标志符号学应运而生,可以说标志的设计是数学与艺术的完美结合。课后请同学们运用刚才这些创意对自己小组设计的组徽进行二次创作,让它更美观、更和谐、更有内涵。

【评析】课堂永远只是学习的开始,如何将学生的学习引向深入并得以延续,是教师必须思考的问题。课堂尾声,教师首先通过学生熟知的两个创意标志的解读,将"标志的设计"引向深入;其次,通过对"组徽"的二次修改,将"标志设计"的学习由课内延伸到课外,极大地拓宽了学习的广度和深度,让课堂的结束成为另一种学习的开始。

【总评】

本节课紧扣学生的生活经验,深挖《数学文化》内容及其数学内涵,精心安排教学内容:从"生活中的标志"谈起引出标志,进而引导学生走近标志、识别标志、解析标志、设计标志、美化标志……并通过一系列观察、比较、分析、讨论、操作等活动,让学生充分经历标志设计的过程,体会数学与艺术设计的紧密联系及美学价值,培养学生的数学应用意识。本课兼顾了"文化味"与"数学味",并使二者有机融合,这是本节最大的亮点。本课的"文化味"恰恰是在探讨与发现标志的简洁美、和谐美、内涵美的思维活动中体现出来的。

1. 发现基本图形构成的简洁美。

教师通过提问"谁能用数学的眼光去观察、发现标志设计中的数学知识?"引发学生的积极观察与讨论,进而发现:图形是标志设计的基础,标志的设计经常会用到数学上的几何图形,如圆、三角形、四边形、五边形、六边形等,这正是数学的简洁美在标志设计上的体现。

2. 感悟图形变换体现的和谐美。

标志的设计首先要力求简洁,但一味追求简洁又会让标志显得单调乏味。于是教师通过上、下两组不同标志的对比,引发学生的思考:是不是越简单越好?怎样设计更美?让学生充分体会到:标志的许多创意来源于图形变换,运用数学上的平移、旋转、对称等方式,可以体现标志的和谐美。

3. 挖掘巧妙组合传递的内涵美。

标志的设计不仅要外形美观,还要内涵丰富。内涵是标志的灵魂,标志的内涵往往是通过图形的巧妙组合(平移、旋转、对称)传递出来的。群化、分割、组合等构图方式,既能满足外形美观的要求,又能让设计出来的标志传递出更多的内涵。因此,在接下来的教学环节中,教师引导学生通过观察比较、看书自学、观看微课、互动研讨等活动,领会标志设计时的构图技巧(群化、分割、组合),体会不同的构图方式可以营造不同视觉感受,传递不同的内涵信息,同时感受平移、旋转、对称等在标志设计中的作用及数学的美学价值。

最后,标志的设计必然是简洁美、和谐美、内涵美的完美结合。课堂尾声两个创意标志的展现(校徽和五粮液标志)及课后借鉴这些技巧对"组徽"进行二次修改,就是让学生去充分思考和体验如何将标志的美集于一身。至此,标志设计的"美"一览无余,课堂的"文化味"凸现十足。

21 "田忌赛马的对策"教学实录与评析

- 执教：李　如（重庆市南岸区珊瑚实验小学校）
- 评析：胡　庆（重庆市南岸区珊瑚实验小学校）

教学内容

西南师大版《数学文化》五年级上册第10课。

内容分析

对于"田忌赛马"的故事，部分学生在平时的课外阅读中已经有所了解，但不一定从数学的角度去做过思考。本节课的主要目的就是让学生学会用数学的眼光去分析这一对策，知道在实力稍弱的情况下，劣势的一方可以通过运用"以弱对强""后发制人"等策略反败为胜，从而渗透统筹优化的思想。同时在经历探索最佳策略的过程中，体会孙膑能够在众多策略中迅速找到这种获胜策略的智慧。对学生来说，学习优选法、对策论等是比较困难的，要使学生对所学知识有深入的理解，并激发他们学习的兴趣和欲望，除了把握好教学尺度，注重教学方法外，还应该尽可能地让学生通过游戏互动、动手操作、独立思考等学习活动亲身经历这一过程。

教学目标

1. 知道在实力稍弱的情况下，可以通过"以弱对强""后发制人"等策略反败为胜。
2. 经历探索最佳对策的过程，初步感受统筹优化的思想，体会策略的重要性。
3. 感悟对策论在各个领域的运用，能灵活运用对策解决生活中的相关问题。

教学重点

理解统筹优化的思想，并能运用统筹优化的思想解决生活中的相关问题。

教学难点

有序地列举出应对的所有可能,并从中总结出获胜的方法和前提。

教学准备

多媒体课件、扑克牌。

教学过程

一、历史引入,激发学生学习兴趣

公元前770年—公元前221年,春秋战国时期,群雄争霸。到战国后期,仅剩下七个实力较强的诸侯国,分别为齐、秦、燕、楚、赵、魏、韩,合称为"战国七雄"。(出示战国七雄割据图)齐国是当时较大的一个诸侯国。

(出示齐威王图片)

师:这是齐威王,他是齐国的第四位国君。

(出示田忌图片)

师:这是田忌,他是齐国的一名大将。

他们两个都很喜欢赛马。

师:一天他们相约比赛一场。他们赛马的故事被记载在《史记》中,就是有名的"田忌赛马"。

(板书:田忌赛马)

【评析】学习兴趣是一个人倾向于认识、研究获得某种知识的心理特征,是可以推动人们求知的一种内在力量。只有唤起学生的学习兴趣,学习才会真正地发生。开课伊始,教师抓住了学生喜欢听故事这一兴趣爱好,简短地从中国的历史讲起,既吸引了学生的兴趣,也使课堂具有了文化的味道。

二、过程再现,引导学生提问质疑

再现比赛情景。

(1)第一回合

师:比赛是三场两胜制,三场两胜是什么意思?

生:谁先赢得两场,谁就获胜。

师:对。比赛开始前,他们都把自己的马分成了上、中、下三等。

现在,比赛开始。

(播放视频)在观看现场比赛的时候,你们要当好裁判哦。

师：第一回合的第一场，他们都出了自己的上等马。裁判，你们判定的结果是什么？（生答：齐王获胜）；第二场，他们又都出了自己的中等马，结果是什么？（还是齐王获胜）；第三场，齐王和田忌都剩下等马，仍然是齐王获胜。

（2）第二回合

师：齐王大获全胜，田忌垂头丧气地走出马场。这时碰到了他的好朋友，著名的军事家孙膑。

孙膑是孙子的后代，他在战略、战术方面非常了不起。他对田忌说，我刚才看了你们的比赛，你每个等级的马比他慢不了多少啊！再来一场比赛，我有办法让你获胜。

第二回合开始了，齐王先出了上等马，猜猜田忌出的什么马。孙膑让田忌出了（下等马），齐王轻松获胜。第二场，齐王又出了中等马，这时田忌出了哪匹马呢？（上等马）。齐王很吃惊，但是此时他只剩下了下等马，田忌却还有中等马可用。第三场，田忌又获胜了。

师：在这个回合的三场比赛中谁取得了最后的胜利？（田忌）

师：齐王和田忌的马都还是原来的马，怎么这次田忌就反败为胜了？

同桌之间先小声讨论讨论。

请学生分享讨论的结果。

生：用最弱的马去消耗对手最强的马。

师：对，"消耗"这个词用得非常好。因为田忌最强的马比不过齐王最强的马，所以他就用最差的马去消耗掉齐王最强的马，从而保存实力，让自己的上等马、中等马在后面的比赛中发挥它们最大的价值。这种战术就叫"以弱对强"。

（板书：以弱对强）

【评析】学源于思，思源于疑。多数学生对田忌赛马这个故事本身是熟悉的，如何通过熟悉的故事来开启学生思维活动的大门，积极地引导学生去发现问题，让学生多思、善思、深思，这是需要教师努力探索的。于是，在观看了第二回合田忌反败为胜的比赛后，教师引导学生去质疑"齐王和田忌的马都还是原来的马，怎么这次田忌就反败为胜了？"这就大大激发了学生的好奇心和求知欲，学生在同桌合作以及集体交流中，大胆交流和表达自己的想法。至此，理解"以弱胜强"的对策也就"水到渠成"。

三、自主探究，挖掘数学思想方法

1. 用数学的方法解释问题。

师：我们也可以用数学的方法来分析这种战术。

如果用数字表示马的能量值，齐王的三匹马用9，7，5来表示的话，那么田忌的马的能量值就是多少呢？（生：8，6，4）

师：为什么用8，6，4？（生：田忌每个等级的马稍弱于齐王）对，孙膑看了第一回合的比赛，知道了双方的情况，在知己知彼的情况下，发现双方实力接近，所以他才在第二回合的比赛中调整了策略。

师：你能用能量值来复述第二回合比赛的过程吗？

生：齐王先出能量值为9的上等马，田忌就出能量值为4的下等马；齐王出能量值为7的中等马，田忌就出能量值为8的上等马；齐王出能量值为5的下等马，田忌就出能量值为6的中等马。最后获胜的是田忌。

师：想一想，在整个过程中，最关键的是哪一步。

生：用4对9。

师：虽然齐王的上等马有9的实力，但是当田忌用下等马4，那么齐王的上等马相当于只发挥了几的作用？

生：齐王的上等马只发挥了5的作用。

师：所以，齐王的马就由"9，7，5"变成了"5，7，5"。用"5，7，5"对"4，8，6"当然不占优势了。

师：你看，我们把数学方法用在了战术的分析上，真棒！

【评析】数学课堂要回归"数学"，有"数学味"。于是在得出"以弱对强"的策略后，教师引导学生用数字表示马的能量值，分析比赛的过程。借助"如果齐王的三匹马用9，7，5来表示的话，那么田忌的马的能量值可以用多少来表示？""当齐王用自己拥有9的实力的上等马，去对田忌的4时，齐王的上等马相当于只发挥了几的作用？"等问题直达数学的本质，在不知不觉中强化学生的数学思考。

2. 学习统筹优化的思想。

(1)同桌合作

师：田忌在孙膑的帮助下巧胜齐王，他非常佩服孙膑，但同时他又在想，当齐王出场的顺序不变，每次都是按照9，7，5的顺序来排的话，田忌的能量值为8，6，4的三匹马，除了4，8，6这种出场顺序，还有多少种不同的出场顺序呢？获胜方又分别是谁呢？

先静静地想一想，怎样才能做到不重复，不遗漏？

想好了的小朋友，就在你们的记录单上写下来。

(2)集体汇报

师：你们列出了几种出场顺序？(6种)

我们先看这两位同学列的。

生1：田忌1：4，8，6，获胜的是田忌。

田忌2：8，6，4，获胜的是齐王。

田忌3：4，6，8，获胜的是齐王。

田忌4：6，8，4，获胜的是齐王。

田忌5：8，4，6 获胜的是齐王。

田忌6：6，4，8 获胜的是齐王。

师：觉得他这种排列方式怎么样？

生1：虽然找全了，但缺乏顺序。

师：你建议他怎样调整一下？

生2:先让田忌固定出下等马4,有4,8,6和4,6,8两种方式;然后固定出中等马6,有6,8,4和6,4,8两种方式;最后固定出上等马8,有8,6,4和8,4,6两种方式。

	第一场	第二场	第三场	获胜方
齐 王	9	7	5	
田忌1	4	8	6	田忌
田忌2	4	6	8	齐王
田忌3	6	4	8	齐王
田忌4	6	8	4	齐王
田忌5	8	6	4	齐王
田忌6	8	4	6	齐王

师(问生1):你觉得这种方法怎么样?

生1:非常有序。

师:在这6种出场顺序中,有几种可以获胜?(生:只有1种)

在这么多的方法中,孙膑迅速找出了这种唯一的获胜方法,真厉害!像这样,对解决问题的所有可能性进行分析,全局考虑,并从中找出最好的办法,其实就是我们数学上的统筹优化思想。我们一起来读一读。

【评析】鉴于情境的完整性、系统性以及学生喜欢故事的特点,在学生用数学的方法分析了"以弱对强"的策略后,教师继续借助田忌赛马的故事,创设了比赛结束后田忌回去反思的情境,其目的是引导学生通过列举,深入分析各种可能性,在培养学生反思意识的同时,引导学生自己去经历和验证这一过程和结果,加深学生对统筹优化思想的理解,凸显数学分析的价值。

四、游戏活动,明确策略运用的前提

1. 体会"后发制人"策略的优势。

师:比赛完后,齐王也陷入了深深的思考:明明我每个等级的马都比他的强,怎么就输了呢?想了很久,他终于找到了失败的问题所在。他决定重战田忌。

师:这样,我来当齐王,谁来当田忌跟我比一下?

第一局:学生先出,教师获胜。

师:看来,齐王果然找到了自己失败的原因所在。谁再来挑战?

第二局:(学生不主动出牌)

师:你为什么不出牌?

生:我要等你先出。

师:你为什么要我先出啊?

生:你先出,我才知道该出什么牌。

师(问全班):你们都同意我先出吗?

教师先出,学生获胜。

师:看来啊,你们都知道了要想在实力接近的情况下获胜,还得有一个关键条件是什么?(生:后发制人)

师:田忌赢的那一次的前提是"后发制人"。所以在比赛之前,孙膑才告诉田忌,一定要让齐王先出,其实就是用了后发制人的策略。

【评析】这一部分设计继续贯穿了田忌赛马的整个故事情境,设计非常巧妙。"齐王"也通过反思,进而找到失败的根源。学生都有好胜心,教师利用学生的好胜心设计了师生对抗的游戏活动。经过几轮的对抗,学生在活动中自己悟出道理。他们发现:在实力接近的情况下,要想获胜,除了以弱对强,还得"后发制人"。

2. 运用策略。

师:现在老师再来换几张牌试一试。

师:老师给你们每个人的信封里都准备了三张牌,分别是:8,6,4。现在我们一起来比赛。

(1) 10,7,5

教师把"9"换成10。

学生运用策略取得胜利。

(2) 8,6,4—8,6,4

如果两个人手上的牌都是8,6,4,同桌比一比,是不是只有平局呢?

师:获胜的关键是什么?

生:谁后出谁获胜。

(3) 8,6,4—3,4,5

师:老师现在把牌换成3,4,5。仔细想一想,我还有获胜的可能吗?

生:没有,因为只是一张大于对方的最小牌。要想获胜,至少得有两张牌大于对方较小的两张牌。

小结:当实力相差很大时,胜负分明;当实力接近时,要后发制人,以弱对强。

【评析】游戏是人生不可缺少的活动,不管年龄、性别,人们总是喜欢游戏的。学科教学中引入游戏活动,不仅可以激发学生的学习兴趣,调动学生的学习积极性,而且能最大限度地发挥学生的内在潜能,能快速、优质地完成学习任务。这一轮的游戏,通过不断变换数字,让学生体验实力接近、实力相当和实力悬殊时的各种不同情况,丰富和发展了学生的认知,培养学生用辩证的眼光看待问题。

五、文化渗透,体会对策的运用

1. 介绍文化历史。

通过刚才的学习,我们掌握了彼此双方实力接近时怎样让自己获胜的策略。这就是数学中"对策论"的一部分。

师:想一想,在生活中还有哪些地方可以用到对策论。

生:象棋、乒乓球比赛等团体比赛。

师:对,在很多比赛中都有对策论的运用。我国劳动人民对于对策的认识有着悠久的历史,我们一起来看一下。(播放介绍对策论的视频)

【评析】帮助学生沟通知识和生活的联系,另外,在学生观看视频的同时,帮助他们了解对策论的历史,体会对策论的重要性以及在生活中的广泛应用。

2. 应用策略,解决问题。

策略在我们的生活中有着广泛的运用,比如我们熟悉的跳绳比赛。

师:学校的跳绳比赛正在进行,比赛规则是五局三胜。最后,我们(1)班和(2)班进行决赛。我们看一下两个班的成绩。(三(1)班稍弱)

两个班都想获胜,如果你是三(1)班的体育委员,你准备怎么做?

生:让三(2)班先出场,后发制人,以弱对强,只要有三局获胜就行。

师:如果你是三(2)班的体育委员,你准备怎么做?

生:让三(1)班先出场,只要比他出的大就行。

师:三(1)班想后出场,三(2)班也想后出场,如果你是裁判,怎么办呢?

生:抽签、掷硬币。

师:在一些大型的比赛中,为了公平,裁判员一般是要求双方同时出场,或是掷硬币来决定谁先出场,谁后出场。

【评析】数学文化的意义不仅在于知识本身和它的内涵,更在于它的应用价值。跳绳这道题目,在让学生尝试运用本节课所学策略去解决问题的同时,又通过提高问题的难度,由"三局两胜"变成了"五局三胜",考验学生知识的迁移能力。

六、课堂小结,渗透辩证思想

说说这节课,你都有哪些收获。

生:知己知彼,在实力接近的时候,要想获胜得后发制人、以弱对强。

师:其实,和"后发制人"相对的还有一种策略——先发制人。比如1939年二战期间,德国发动战争,用闪电战的方式迅速击垮了波兰,使波兰在10余天就全线崩溃,这就是战争史上著名的先发制人的案例。所以,究竟是先发制人,还是后发制人,还要根据情况,灵活选择策略。

【评析】课堂小结是课堂教学环节中的重要一环,它不仅可以帮助学生掌握具体的知识和技能,还可以促进学生认知结构的形成以及思想方法的提炼等。同时,在学生对"以弱对强""后发制人"策略进行总结的基础上,为了防止学生的思维定式,又融入了"先发制人"的策略,告诉学生"先发制人"也是一种策略,从小培养学生辩证的思维。

【总评】

本节课的学习首先从学生熟悉的"田忌赛马"故事入手；其次，通过研究孙膑的策略，得出"以弱对强"的策略；接着让学生通过自己的探索，感受统筹优化的思想以及孙膑的智慧；最后通过"齐王"的反思，得出要获胜，还得"后发制人"，层层递进，环环相扣。又在意犹未尽时，通过游戏，进一步激发了学生的学习热情，加深了对本节课数学知识的理解。本节课的教学主要体现如下特点。

1. 故事系统化，激发学生学习的积极性。

数学文化包含很多文化性很强的知识、思考方法等。本节课的教学，将数学知识的学习巧妙地融合在整个故事情境中。故事娓娓道来，吸引学生跟着故事去思考，去探索。从战国背景以及对齐王、田忌的介绍，到赛马过程的亲历，到孙膑的出谋划策，再到田忌的反思、齐王的反思，设计非常巧妙。故事的趣味性，也充分激发了学生参与的主动性与积极性。整节课学生兴致勃勃，积极参与。

2. 情境数学化，让故事回归知识的本质。

学生对于田忌赛马的故事已略有耳闻，对于为什么调换顺序，田忌就获胜的道理，本节课没有简单地停留在让学生知道"以弱对强"这一策略上，而是提出："让我们用数学方法来分析这种战术。"然后引导学生用数字来表示各自马的能量值，引导学生思考用数学知识解释其背后的道理。并让学生列出所有可能的出场方式，引导他们自主经历探索最佳对策的过程，初步感受统筹优化的思想，体会策略的重要性，由此培养其逻辑思维能力。

3. 练习游戏化，在玩耍中加深学生对知识的理解。

在故事告一段落，学生意犹未尽时，教师又设置了互动游戏练习，通过游戏，进一步激发了学生的学习热情，加深了他们对本节课数学知识的理解。同时，练习的设计也是层层递进，逐步拓展，包括了"实力接近""实力相当""实力悬殊"各种可能，让学生在各种可能中体会策略运用的条件和前提，培养了学生辩证的思维。

22 "田忌赛马的对策"教学实录与评析

- 执教:曾 艳(重庆市大渡口区实验小学)
- 评析:张 敏(重庆市大渡口区实验小学)

教学内容

西南师大版《数学文化》五年级上册第10课。

教学目标

1. 比较扑克牌点数的大小,让学生初步体会对策论方法在实际中的应用,感受对策在生活中的重要作用。
2. 尝试用数学方法来解决实际生活中的简单问题,使学生认识到解决问题策略的多样性,形成寻找解决问题最优方案的意识。
3. 初步培养学生的应用意识和解决实际问题的能力,初步感知对策这一数学思想方法。

教学难点

学生通过比较扑克牌点数的大小,初步体会对策论方法在实际中的应用,感知对策这一数学思想方法和体会运用策略所需的必要条件。

教学准备

多媒体课件、扑克牌。

教学过程

一、课前谈话,引入新课

师:同学们,你们知道跆拳道吗?(知道)对跆拳道有哪些了解,谁愿意来说一说?

生1:我知道跆拳道起源于韩国。

生2:我还知道跆拳道又叫元武道。

生3:跆拳道的最高带是黑带,最低的是白带。

师:看来同学们的课外知识很丰富,对跆拳道有这么多的了解。你们知道吗?在2015年的中韩跆拳道对抗赛中,中国队和韩国队欲各派黑带高手进行对决,中国队派出的3名队员的等级分别是8段、5段、3段,韩国队派出的队员的等级分别是9段、6段、4段,哪个队可能会赢得胜利呢?

生1:中国队。

生2:韩国队。

师:这样一一对应着观察,可以看出中国队的实力稍弱,但中国队如果想点儿办法,用点儿计策,还是有赢的可能。其实像这样以弱胜强,我国自古以来就有,今天我们就一起走进古人的世界,了解古人的智慧。(板书:对策)

【评析】上课伊始,教师与学生们亲切的课前谈话瞬间拉近了师生之间的距离,同时教师也了解到班上学生有学习跆拳道的,顺势请他们介绍了跆拳道的知识,为即将进行的新课导入做了巧妙而自然的铺垫。

二、活动环节

活动一:播放视频,唤起记忆

师:一说到以弱胜强,我们马上会想到哪个典故呢?(板书:田忌赛马的对策)我们四年级的时候在语文课上学习过田忌赛马的故事。数学课上我们了解了田忌赛马的排兵布阵,你们还有印象吗?接下来我们再一起来回顾一下吧。

(师播放视频,至孙膑献计为止)

【评析】本节课中教师关注了学生的认知起点,充分利用学生已有的学习经验,为学生提供发现问题、提出问题和自主解决问题的机会。因学生在人教版数学四年级下册曾学习过此内容,考虑到很多学生已经知道"田忌赛马"故事的结论了,因此教师把它定位于"应对策略基本清晰后的简单呈现,在联系沟通中内化策略",同时又十分自然地引出了策略名称。

师:田忌第一次和齐王赛马,为什么输了?

生:因为田忌每次出的马和齐王的马同等级,而田忌的马比齐王的马弱,所以输了。

师:孙膑为田忌献策后,田忌获得胜利了吗?第二次比赛,孙膑为田忌出的什么主意?

生:田忌获得胜利了。田忌用下等马对齐王的上等马,输了一局,用上等马对齐王的中等马,赢了一局,用中等马对齐王的下等马,又赢了一局,这样田忌三局两胜,赢得了比赛。

师:那田忌的马除了这种出场顺序,还有其他的出场方式吗?(有)你们还记得吗?请同学来说一说。

师:刚才同学的回答,你听清楚了吗? 现在我们通过表格来观察一下吧。

师:双方的对阵方式全部罗列完了吗? 你是怎么判断的?

	第一场	第二场	第三场	获胜方
齐王	上等马	中等马	下等马	
田忌1	上等马	中等马	下等马	齐王
田忌2	上等马	下等马	中等马	齐王
田忌3	中等马	上等马	下等马	齐王
田忌4	中等马	下等马	上等马	齐王
田忌5	下等马	上等马	中等马	田忌
田忌6	下等马	中等马	上等马	齐王

师:这个表格有序地罗列出了所有的对阵方式,也很直观。

【评析】故事是儿童喜闻乐见的、最感兴趣的学习素材。教师利用学生观看"田忌赛马"的动画视频,再现"田忌赛马"的精彩场面,唤起学生的记忆,把学生带进故事情节之中,让文本提及的主题情境更为形象、生动,然后让学生围绕"孙膑用了什么对策让田忌赢了齐王?"和"田忌所用的这种策略是不是唯一能赢齐王的方法呢?"两个问题,展开讨论与合作研究。最后,引导学生通过比较、反思故事中两次比赛的不同结果,感知对策论在实际生活中的应用,体会运用策略在比赛中的重要性,从而不由自主地进入探索"最优策略"的思考中。

师:像这样把解决问题的所有情况一一罗列出来,并从中找到最好的策略,是数学中一种很重要的思想。你们知道是什么吗?(统筹优化思想)

【评析】通过学生汇报田忌赛马所有的对阵方式,教师顺势将数学中的统筹优化思想渗透给学生,使他们在情境中"学",在解决问题中"悟",从而提高思维能力。

师:现在我们就借助古人的智慧,来帮中国队教练出谋划策,中国队想要获得胜利,应该怎样安排队员的出场顺序?

生:中国队用3段对韩国队的9段,输一场,再用8段对韩国队的6段,赢一场,接着用5段对韩国队的4段,又赢一场,最后三局两胜获得胜利。

师:你们真是了不起的小谋士,为中国队想出了好计策,使中国队在看似实力较弱的情况下获得了胜利。

【评析】引导学生再次回到开课时的跆拳道对抗赛的情境,让学生为中国队教练排兵布阵并畅谈自己的经验,这不仅能使学生依据田忌赛马策略模型解决问题,更能使学生深刻体会到数学和生活的密切联系。

活动二：运用策略,感知缺陷

师:看来田忌赛马的策略的确很棒,现在我们就一起用策略来玩"扑克牌"游戏。

【评析】通过前面几次的活动,学生容易有这样的误区,即"田忌赛马"策略是把万能的钥匙,只要掌握了它就所向披靡,战无不胜、攻无不克了。因此,教师提供了与"田忌赛马"同样结构的探究材料,以符合儿童年龄特点和心理特征的、儿童喜爱的"扑克牌"游戏,激起了学生的认知冲突,唤起学生的学习兴趣和强烈的求知欲,为学生积极参与后面的学习活动打下基础。

师出示两组牌。

师:你选择哪组牌?规则为比较双方点数大小,点数大的赢。红方:10,7,4,黑方:3,2,1。

师:谁可能会赢?(红方)黑方运用策略都不行吗?为什么?

生1:黑方不能赢,因为黑方全部都比红方小。

生2:黑方运用策略也不能赢,因为黑方最大的才是3,比红方最小的4都还要小,所以不能赢。

师:通过这个游戏,你有什么想告诉大家的?

生:如果双方相差太大,没有可能获得胜利。

【评析】学生通过第一次扑克牌游戏,经历了"实力悬殊,胜负分明"的过程,深切感受到这一策略并不是"必胜宝典",还是需要一定的前提条件。

师:看来并不是所有的情况都可以运用田忌赛马的策略来以弱胜强。黑方想要获得胜利,这组牌是不行的,那我们就将黑方的牌换一换。

师再次出示牌,红方:10,7,4,黑方:3,6,9。

师:现在黑方有获胜的可能吗?应该如何应对呢?

生1:黑方可以获胜,黑方用3对红方的10,用9对红方的7,用6对红方的4,这样就赢了两次,可以获得胜利。

师:对比观察第一组和第二组,黑方的牌都比红方的小,为什么第二组黑方有赢的可能呢?

生:因为第一组红方和黑方相差太大,黑方不可能获胜。而第二组,黑方只比红方小一点儿,而且9大于7和4。

(实力稍弱,运用策略,可以以弱胜强)

师:实力稍弱,是弱到哪个程度呢?我们一起来探究一下。请同桌两人合作,快速摆出以下的牌。

游戏规则:将黑方任意一张牌变小,还是黑方胜利,黑方可以变成什么牌?

师:规则看明白了吗?谁愿意来说一说有什么要求?

生1:将黑方的任意一张牌换小。

生2:黑方要获胜。

同桌合作,开始换牌,再上台汇报换牌结果并验证,师板书。

师:现在加大难度,敢挑战吗?

游戏规则:如果还是黑方胜利,那就要将黑方的3张牌全部变到尽可能小,黑方变成了什么牌?

生:将黑方的3换成1,6换成5,9换成8,黑方最小的牌是1。黑方用1对红方的10,用5对红方的4,用8对红方的7,黑方仍然可以获得胜利。

师:黑方的牌换小以后,仍旧获得了胜利,对比观察红黑双方的牌,你发现了什么?

生1:黑方必须要有比红方大的牌。

生2:黑方换小以后,仍旧有两张牌大于对方,用5对4,8对7。

师:说明在换牌的时候应考虑到对方有7和4,也就是要知道对方的牌,才可以想出运用策略的办法。

生3:黑方每次都是用最小的牌对红方的10。

师:看似以卵击石,其实这样做有什么作用呢?

生1:用自己最小的牌换取了一个对方最大的牌,使得对方没有最大的牌了。

生2:这样做使得红方没有牌比8更大了,这张最小的牌发挥了最大的作用。

看来你们能游刃有余地运用古人的智慧,想出以弱胜强的对策了。

【评析】在经历"实力稍逊,以弱胜强"的活动过程中,通过几次换牌,学生反复体验,不断感悟方法和策略,最后水到渠成。学生已经领会到了取胜的策略,思维得到了质的飞跃。

师:游戏继续下去,现在老师这里有两组牌(10,7,4和10,7,4),谁想和老师一起来玩一玩。

师:你们觉得结果会怎样?

生1:平局。

生2:都有可能。

师:到底结果怎样呢?我们一起来玩一玩,一次我先出牌,一次你们先出牌。

师:同样是这样的两组牌,为什么我和两位同学对抗却出现了不同的结果呢?

生:先出牌的不占优势,会输。

师:看来,在双方都知道田忌赛马策略的情况下,谁后出牌就会运用策略去战胜对方。

【评析】"实力同等,智者为王"师生比赛,学生在"意外"失败中"醒悟":一定要后出,才能见机行事。在这些活动过程中,学生思维活跃,善于发现、交流、提炼,在立与破中不断完善认识。

师:通过玩扑克游戏,我们发现运用田忌赛马的策略要具备什么条件呢?

生1:要知道对方的牌。

生2:要想获得胜利,就要后出牌。

生3：要有两张牌大于对方的牌，用最弱的对抗对方最强的。

师：你可以用我们学过的成语来概括一下吗？

生：知己知彼，后发制人，以弱胜强。

【评析】用成语来概括策略所需的条件，这既打破了学科的界限，体现了数学学科严谨简洁的特点，又使它能扎根生活的实际和文化的沃土，提升了学生的精神境界，体现了人文精神。

师：你们很善于思考和总结，发现了运用策略所需的条件。其实古代数学很早就对这一问题进行了研究，数学上有一门应用性非常强的分支学科——运筹学，其中有一个部分就是对策论，也称为博弈论。

师播放视频。

师：看完这些对话，你有什么感受呢？

生1：约翰·纳什真厉害，这么年轻就获得了诺贝尔经济学奖，他的传记还被拍成了电影。

生2：他们真厉害，这么早就对对策论有了研究。

【评析】因为对策本身是一个很抽象的概念，学生只有经历了知识的形成过程，才能建构新的知识体系，所以在本环节，教师用视频播放了对对策论研究有着深厚造诣的数学家的故事，渗透对策论的数学文化，激发了学生学习数学的兴趣和求知欲，更唤起了学生对科学的热爱和对数学知识的探索欲望。

活动三：远古近代，策略再现

师：数学文化真是博大精深，但其实古人和大师们的智慧并不是遥不可及，你在生活中发现哪些地方用到了田忌赛马的策略呢？

师：老师也收集了一些，让我们一起来分析判断一下，它在哪里用到了田忌赛马的策略。

师播放体操比赛的视频，让生分析判断哪里用到了田忌赛马的策略。

生：中国队先用自己年轻的队员对阵日本队的老将，而自己的老将保留实力，最后才出场。

师：生活中有很多像这样的比赛，都运用了田忌赛马的策略。是不是所有的赛事都可以运用田忌赛马的策略呢？我们再来看一段这样的视频。

师播放《中国好声音》的视频，学生分析是否用到了田忌赛马的策略。

生1：没用到田忌赛马的策略，因为队员是随机抽取的，而且导师不知道对方会派出什么样的选手来比赛。

生2：没有用到，队员是同时出场的。

师：所以导师汪峰就说道，与其去猜测对方会派出什么样的选手，还不如自己选好歌，练好自己的实力。

师：通过今天一系列的学习，你有什么感想对大家说一说？

生1：并不是所有情况下都可以运用田忌赛马的策略，是有一定条件的。
生2：我们在比赛时要用田忌赛马的意识来排兵布阵。
生3：策略并不是万能的，还是要靠自己的实力。
生4：田忌赛马的策略能让我们有以弱胜强的可能，我们要牺牲最小的去赢最大的。

【评析】田忌的这种策略在生活中还有哪些应用？在本节课的教学中，教师让学生变自行探究为欣赏分析，即教师提供没有运用和运用了田忌赛马策略的两段视频，让学生了解或描述具体对策，由此学生对田忌赛马对策的认识更为全面、立体。

师（总结）：今天，我们通过对"田忌赛马的策略"的再次学习与解读，我欣喜地发现同学们已经能用辩证的眼光看待问题，对事物的认识更全面而立体了。同学们，当我们处于劣势时，大家要有运筹帷幄、以弱胜强的策略意识与智慧，同时更重要的是不断修炼自身来提高实力，只有让自己不断强大起来才能成为真正的人生赢家。最后，老师送给同学们一句话，人生的意义不在于拿到一手好牌，而在于打好一手坏牌。

【评析】"随风潜入，育人无声"，要让学生在自然轻松的氛围中接受思想教育，这就需要教师认真钻研教材，充分发掘教材中潜在的德育因素，把德育教育贯穿于对知识的分析中。课堂不仅是学科知识传递的殿堂，更是人性养成的圣殿，课堂教学潜藏着丰富的道德元素，教师要有机渗透使学生在耳濡目染、潜移默化中受到道德熏陶，以达到德育、智育的双重目的。

【总评】

本节课涉及的内容是新人教版数学四年级上册第七单元"数学广角"例4的教学内容，而宋乃庆教授主编的《数学文化》是把"田忌赛马的策略"安排在了五年级上册，那么如何能利用学生已有的学习基础再用好这本《数学文化》，上出新意，挖掘出更深的内容呢？曾艳老师在这节课中，从以下几个方面给出了答案。

1. 以生为本，立足学生，创造性使用教材。

在本节课中教师没有被教材束缚，而是关注学生的认知起点，充分利用学生已有的学习经验，为学生提供发现问题、提出问题和自主解决问题的机会，让学生在经历感知策略、体验策略、优化策略、提升策略、应用策略、内化策略的过程中完成学习活动。教师以跆拳道比赛作为开课的引子，配合强有力的音乐一下子就吸引了学生们的注意。当看到中韩两国稍有差距的对阵情况时，如何帮实力稍弱的中国队排兵布阵，充满爱国热情的学生们立刻开始主动积极地动脑搜索办法。教师再顺势引出课题，与学生们一起用田忌赛马的动画短片唤起记忆，再次梳理出田忌赛马的策略及统筹优化的思想。教师能抓准学生思维的起点，促进学生数学思维能力的不断提升。

2. 匠心独具，给学生创设更具探究空间的学习情境。

对于策略模型的形成，只有正面的实例分析是不完整的，因此在此基础上进行典型的反例映衬就会进一步加深策略模型在学生头脑中的印象,同时也使学生的认知更加丰富,学习体验更加完整。"田忌赛马"不仅仅是一个故事,而且是一种策略。这一策略并不是"必胜宝典",还是需要一定的前提。"田忌赛马"获胜的必要条件有哪些?在教学中如果仅依赖"田忌赛马"的故事本身,不利于学生从对策论的角度进行探究。因此,教师提供了与"田忌赛马"同样结构的探究材料——让学生通过比较两组扑克牌(各三张)的大小,在活动中反复体验,不断感悟方法和策略,最后水到渠成。(1)在变换黑方一张牌时,让学生感受到最小牌可以变成比3更小的任何牌,以充分认识到黑方的最小牌只能去应对红方的最大牌,所以无所谓小到什么程度;当黑9只可以换成黑8,黑6只可以换成黑5时,学生能悟到这两张牌上的数必须要分别大于对方的牌,才能保证黑方可以三局两胜。(2)同时把黑方三张牌都变成最小,需要学生整体把握三张牌的大小和应对方法:小牌对最大牌,结果一定输,另外两张牌要保证赢。学生已经基本领会取胜的策略。(3)师生比赛,学生在"意外"失败中"醒悟":一定要后出,才能见机行事。在这些活动过程中,学生思维活跃,善于发现、交流、提炼,在立与破中不断完善认识。

3. 润物无声,重视数学文化的渗透。

整节课的教学,特别是教学过程的布局背后是将数学思想的感悟作为整体的依托。比如前半部分的扑克牌游戏,是对基本方法的感知;课中的聆听故事,分析故事背后的数学道理,是对基本策略的感悟;课尾对"中日体操团体赛"视频及《中国好声音》比赛视频的反思、分析,是对对策思想的升华,前后呼应,相融相生。在学生描述过程中,教师通过适时的提问"他的方法有什么地方值得我们借鉴?""这种取胜的方法有什么高明之处?"使学生在欣赏中进一步感受数学思想方法的魅力。这样的过程使学习成了一种乐趣,数学课成了活动的课堂、创造的课堂;使学生畅游在数学思想方法的海洋之中,既有认识上的冲击,又有方法的共享,学生很尽兴。

23 "温度的奥秘" 教学实录与评析

- 执教：陈 倩（贵州省贵阳市师范学校附属实验小学）
- 评析：张 莹（贵州省贵阳市观山湖区会展城小学）

教学内容

西南师大版《数学文化》五年级上册第11课。

内容分析

关于温度的教学内容是《数学课程标准》要求学生在第二学段掌握的，学生掌握基本知识后，教师可借助教授华氏温度和摄氏温度之间的转化传递人文价值和应用价值。在实际生活中，学生对摄氏温度也有一定的认识，但是随着现代社会与国际接轨，人们也需要认识到另一种常用的温度度量单位——华氏温度，并了解现实生活中海拔与温度之间的关系，进一步探索大自然的奥秘。

本课通过找规律、对数据的分析让学生探寻华氏温度与摄氏温度之间的关系，最后发现海拔与温度之间的关系，综合运用所学知识，解决生活中的简单实际问题，使学生进一步积累解决问题的经验，增强解决问题的策略意识，获得解决问题的成功经验，提高学好数学的自信心。

教学目标

1. 让学生通过找规律、分析数据知道华氏温度和摄氏温度之间的关系。
2. 利用海拔与温度之间的关系，综合运用所学知识，解决生活中的简单实际问题。
3. 使学生进一步积累解决问题的经验，增强解决问题的策略意识，获得解决问题的成功经验，提高学好数学的自信心。

教学重点

分析数据，推导出华氏温度和摄氏温度之间的关系。

教学难点

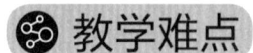

能够综合运用所学知识,分析数据,寻找解决问题的有效方法。

教学过程

(一)华氏温度和摄氏温度的奥秘

师:最近陈老师耳边经常听到这样一句话,他们说贵阳的春姑娘最近情绪有点不太稳定。这不,你瞧这天气一会儿冷,一会儿热的,很多同学都生病了。今天早上医务室就来了很多同学,想让校医给他们测量一下体温。瞧,他们来了。(PPT出示)

最先到的是他们几个人:波波、妮妮、天天和明明。波波测量结果是36.8 ℃,妮妮测量结果是37.1 ℃。妮妮就疑惑了,她的体温比波波高,是不是发烧了。

教师让学生提出疑惑:正常体温应该在哪个范围? 校医给出36.3~37.3 ℃都是正常体温这一答案。

最后到明明测量,明明的体温是97.7 °F,明明惊讶了。

师:他的体温怎么会这么高?

生:单位不同,这里是华氏温度。

师:什么是华氏温度呢?

随后教师介绍,让学生了解华氏度和摄氏度都是温度的度量单位。

师:现在我们认识了华氏度,知道了它是温度的一种度量单位,那现在能帮明明解决他的这个问题吗?

生:还是不行。

师(追问):要帮他解决这个问题,那我们必须得知道什么?

学生提出必须得知道华氏度和摄氏度之间的关系,转化之后才能判断。

【评析】创设问题情境,激发建模兴趣。生活原型中揭示的"事理"是学生的"常识",但是"常识"还不是数学,"常识要成为数学,它必须经过提炼和组织"。由于学生探究性学习的积极性和主动性很大程度上来自于充满问题的生活情境,因此课堂教学的学习内容、呈现方式应该贴近学生的生活实际。教师设置了生活中的情境,激发了学生的兴趣,让学生通过主动阅读信息、读懂问题情境,自己提出疑问并努力去寻找解决问题的方案,从而巧妙地引出本节课的核心内容。提供必要的学习材料,留出充足的时间和空间,组织学生主动探究,这样才能营造良好的学习氛围,促进学生创新能力的发展。

师(揭题):这就是我们今天要一起探索的内容——温度的奥秘,首先探索的就是关于华氏温度和摄氏温度的奥秘。(板书:温度的奥秘)

教师给出一张华氏温度与摄氏温度的对照表,让学生自主发现其中的关系。(发现1:两者的起始温度不同。发现2:摄氏度每增加1 ℃,华氏度就增加1.8 °F,这样推理下去摄氏度每增加 a ℃,华氏度就增加 $1.8a$ °F)

师:假如摄氏度为 a ℃,相应的华氏度应该是多少?

生:$(32+1.8a)$ ℉。

师:能不能用一个等式表示这样的关系?

生(总结):华氏温度=32+摄氏温度×1.8。(板书)

师:这个关系式是从这组数据中提取的,那么在其他组数据中是不是也同样存在着这样的关系呢?现在,我们就要对它进行验证。

教师给出多组数据,学生进行第一次验证:让其中一名同学从数据中任意挑选一个摄氏温度数据,全班同学根据刚才得到的关系式验证其华氏温度,随后同桌之间再次验证。接着,教师提出疑问:假如已知的是华氏温度,怎么求对应的摄氏温度呢?学生会提出用逆推的方法解决,根据这个方法进行第二次验证:让其中一名学生从数据中任意挑选一个华氏温度数据,全班学生根据刚才得到的关系式逆推验证其摄氏温度,随后同桌之间再次验证。多次验证得出等式的正确性。

师:我们已经找到了华氏温度和摄氏温度之间的关系,现在能帮明明解决他的问题了吗?

生:当然可以。(马上让学生进行转化,得出明明体温为36.5 ℃,体温正常)

师:明明的问题解决了,可是与他们 起来的小伙伴就坐不住了,妮妮和波波说他们也想知道自己体温所对应的华氏温度。你们能帮他们解决吗?

学生欣然接受。(出示PPT)学生独立回答,讲解计算过程。

	摄氏温度(℃)	华氏温度(℉)
波波	36.8	
妮妮	37.1	

【评析】引出数学问题,培育建模基础;通过"转化"的策略引导学生自主建构数学模型。从某种意义上来讲,自主建构数学模型的目的不单纯在于数学知识的掌握,还在于数学方法的掌握与情感体验的获得;通过自主建构获得"再创造"的体验,要想全体学生都能得到发展,就必须使全体学生都能主动地参与探究新知的过程,为他们创造一个独立思考的空间。学生观察和分析,在华氏温度和摄氏温度的相互转化过程中,初步感受函数思想,体会变量之间的关系,从而达到教学目标。

(二)动物体温的奥秘

师:刚才我们探究的都是有关人体温度的一些奥秘,那么动物有体温吗?接下来我们探索的就是关于动物体温的奥秘。(板书)

教师课前让学生查阅了相关的资料。

师:按照调节体温的能力可以将动物分为哪几类?

生:恒温动物、变温动物、异温动物。(板书)

师:什么是恒温动物?什么是异温动物?什么是变温动物?它们分别有哪些代表性动物?

学生汇报,教师展示。

师:恒温动物的正常体温范围是多少呢?

生:35~42 ℃。

师:恒温动物里谁的温度最低呢?

生:大象,35.5 ℃。

师:谁的温度最高?

生:鸟类,42 ℃。

师:我们人类属于哪种动物?

生:哺乳类动物或者恒温动物。

师:既然人类是恒温动物,我们就拥有了较为完善的体温调节机制,那是不是可以这样理解——我们是不是在任何温度环境下都可以通过调节自身的体温而得以生存?

学生提出反对意见:温度过高,人会被热死,温度过低,人会被冻死。

师:人热就会出汗,汗出多了会脱水,还会丧失大量的盐分,一旦脱水失盐,身体机能就会丧失,人就会死。温度过低同样也会丧失正常的身体机能,人也不能生存下去。所以当外界温度超出人体所能承受的极限时,人是不能生存下去的。

师:有这样一则新闻报道,报道说印度热死了几千人。我们的环境为什么会越来越暖?是什么原因造成的呢?

生:焚烧化石燃料,如石油、煤炭等,会造成全球气候变暖。

师:我们要想生活在适宜的环境里,就得更加注重环境保护,使全球变暖的趋势得到逐步缓解。

【评析】学生以学习小组或全班为单位通过提前查阅相关资料,了解到什么是恒温动物,什么是变温动物,什么是异温动物,通过相互交流实现知识互补和能力互补,达到共同进步。同时延伸人类焚烧化石燃料等造成全球气候变暖,让学生体会保护环境的重要性。

(三)海拔温度的奥秘

师:温度计可以测量人体的体温、动物的体温,那除了体温外,还可以测量什么呢?

生:气温。

师:是的。气温当中也有很多的奥秘哟。现在请同学们拿出阅读卡,仔细阅读,看看你们能从中知道哪些关于气温的奥秘。

教师提问检验学生的快速阅读能力。

(1)师:我们知道每天不同时间的气温是不同的,哪段时间气温最低?哪段时间气温最高?

生:日出前后气温最低,14~15时气温最高。

(2)师:有过爬山经历的同学知道,海拔越高,温度越低。这是为什么?

生:自地面向上,地球大气可分为对流层、平流层、中间层和热层等,我们生活在对流层中,大气的热量是地面辐射供给的,海拔越高,离地面越远,获得地面供给的热量越少,

温度就越低。(教师用PPT展示)

(3)师:其实,科学家已经对这方面进行了深入的研究并且得出结论——海拔每上升100米,气温就会下降大约0.6 ℃。(引出海拔每上升几个100米,气温就会下降大约几个0.6 ℃)

师(揭题):同学们刚刚说的这些就是我们今天要揭示的第三个奥秘——海拔温度的奥秘。

师:有了这样的结论(板书结论:海拔每上升100米,气温就会下降大约0.6 ℃),就可以帮助我们解决身边的很多实际问题。

师出示两道关于海拔温度的实际问题,学生自己解决。

【评析】当数学教学找到了与生活的连接点,把数学现象、规律用于生活实际问题的解决时,数学知识的学习就变得"通俗易懂"了。通过生活实例实现"温度"和"海拔"的自然连接。在引导学生解决问题时,教师善于"放",让学生运用自己喜欢的分析方法去大胆尝试、解决问题。果然,课堂奇花异放,学生在充分理解数量关系的基础上,解题思路明确,有效提高了分析问题和解决问题的能力。这个环节教学难点得到了有效突破,学生学得灵活,学得深入,学得快乐,并且建立了良好的知识结构,提高了认知能力,可以说取得了实实在在的教学效果,其过程中呈现出生活的味道。

【总评】

本节课从学生所熟悉的生活原型入手,创设了一个与学生生活常识有冲突的情境,从而激发了学生的兴趣,产生探究奥秘的欲望。教师能抓住本节课的教学重点及难点,以知识拓展为目标,以学生为主体,以问题为线索,以启发诱导为主,充分利用多媒体辅助教学,使这节课取得了较好的教学效果。其主要体现在以下4个方面。

1.让学生亲历问题的形成过程,产生探究欲望。

课始以"校医给学生测量体温"为话题,展现了数学知识——温度计量方法的多样性,在学生的"好奇"中渗透华氏温度产生的历史,其间穿插了物理学家华伦海特的趣闻轶事。因为在这些故事的主人公身上,不是无意义的琐事,也不是一些让人盲目追求的癖好,而是一些高贵的品质和令人称赞的能力,让学生对其敬仰,这些伟人也会因此成为学生的偶像,让学生有一个追逐的目标,进而对数学产生兴趣。同时,教师让学生交流人体生理常识,亲历问题的形成和发展过程,让学生感受数学世界的奇妙与丰富,感受数学问题来源于现实生活,体会数学的应用价值,进一步激发了学生的探究欲望。

2.拓展延伸,开阔学生视野。

由人体温度奥秘过渡到动物体温的奥秘,超出了学生的生活经验,因此需要查阅资料,但通过合作交流实现了知识和能力的互补,达到了共同进步的目的。教师还给学生准备了阅读卡——海拔温度的奥秘,这些环节使传统的课堂结构得到了有效的延展,发挥了数学课外读物、网络等媒体的引导和辅助功能。教师指导学生阅读,开阔了学生的视野,较好地激发了学生的学习兴趣,教会了学生学习方法,同时提高了学生数学语言水平、数学表达能力、逻辑思维能力、探究能力,而且为学生终身学习能力的培养奠定了基础。此外,教师积极提倡学生的个性化学习,使每个学生都能通过自身的努力达到各自可以达到的水平,实现素质教育的目标。

3.有机融合,引导学生树立正确的价值观。

教师以新闻报道——"印度热死了几千人"为话题,引导学生围绕"我们的环境为什么会越来越暖?是什么原因造成的呢?"展开讨论,达到了润物细无声的效果,体现了教育的终极目标——育人,帮助学生改正自身存在的各种陋习、不良品质,形成良好的个性修养,逐步培养学生正确的人生观,改变学生对人、物、事的认识,树立科学的世界观和价值观。

4.回归生活,感受数学。

数学来源于生活,也服务于生活,整节课教学素材的选取都围绕生活中的数学进行。在教学中,教师积极引导学生发现和总结实际生活中的数学知识,以此来增强学生的生活意识。学生在探索实际生活中的数学知识的过程中,增强生活意识,提升解决问题的能力。当数学教学找到了与生活的连接点,把数学现象、规律运用于生活实际问题的解决时,数学知识的学习就变得"通俗易懂"了。同时,注意教给学生分析数量关系的方法,有效提升学生的数学思维能力,鼓励学生积极主动地发现问题、解决问题,进而使学生的观察能力、探究能力和创新思维能力在探索学习过程中得到更加全面的培养与锻炼。

24 "我的游戏我做主"教学实录与评析

- 执教：龚真花（甘肃省定西市临洮县北街小学）
- 评析：康效萍（甘肃省定西市临洮县北街小学）

教学内容

西南师大版《数学文化》五年级上册第12课。

教学目标

1. 在游戏活动中探究随机事件的不确定现象，进一步认识客观事件发生的可能性大小。
2. 了解确定游戏规则的基本要求，学会运用数学知识设计游戏，培养学生合作学习的意识和能力，发展学生的创造性思维。
3. 鼓励学生运用数据体会随机事件，感受数学学习的乐趣与魅力。

教学重点

通过对数据的简单分析，进一步认识客观事件发生的可能性大小。

教学难点

会用数学知识设计游戏，发展学生的创造性思维。

教学准备

1. 黄色乒乓球36个，白色乒乓球36个，黑色乒乓球9个。
2. 不透明盒子9个。
3. 扑克牌2副。

教学过程

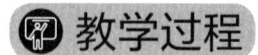

一、谈话导入,复习旧知

师:同学们喜欢玩游戏吗?

生:喜欢。

师:最喜欢玩什么游戏?这个游戏怎么玩?

生1:我最喜欢玩"老鹰捉小鸡"游戏,一个人是"老鹰",一个人是"鸡妈妈",其他的是"小鸡","鸡妈妈"护"小鸡"不让"老鹰"抓走。

生2:我最喜欢玩"石头、剪刀、布"游戏……

师:游戏不仅好玩,里面还有很多学问呢!今天,我们就来研究一下游戏中的学问。(出示课题:我的游戏我做主)

读题。

师:读了课题,你有什么想法?你认为这节课可能会学什么?

生1:玩游戏。

生2:设计游戏。

生3:可能性的问题。

……

师:谁来说一说生活中的可能性事件?

生1:太阳一定从东边升起。(板书:一定)

生2:公鸡不可能下蛋。(板书:不可能)

生3:明天可能会是晴天,也可能是阴天。(板书:可能)

师:说得真好,老师为你们点赞。其实生活中,有很多事情在发生之前,结果是不能确定的。

【评析】学生的学习必须以已有的知识经验为基础,课前复习以前的可能性知识,如"一定""不一定""可能""不可能"等知识,为学习新知打下了一定的基础。

二、合作探究,感悟体验

师:既然研究的是游戏中的学问,今天我们来玩一个"幸运闯关"游戏。没有规矩,不成方圆,玩游戏也是要有规则的,一起来看看游戏规则吧!

1.课件出示游戏规则。

A.摸球后把球放回袋子中。

B.连续摸两次,如果两次摸到球的颜色相同就幸运胜出。

C.注意炸弹!不论第几次摸到黑球(炸弹),游戏都会结束。

D.每个人有2次机会。

师:游戏规则都清楚了,那大家知道怎样就算胜出了吗?

生：两次摸到的球颜色相同就胜出。

师：怎样游戏就结束了？

生1：白黑、黄黑……

生2：黑。

师：想不想自己玩一玩？

生：想。

2. 组内摸球，师巡视。

师：如果让你自己摸的话，你觉得会是什么结果？在玩之前老师有几点要求。

课件出示：

①小组内轮流摸球，先猜再摸，摸的时候不许偷看。

②摸出一个球记录一次是什么颜色，然后把球重新放回盒子里摇一摇再让下一个同学摸。

③各组成员配合组长填好统计表。

④在游戏中做到不争不吵，做一个文明的好孩子。

师：能做到吗？

生：能。

师：好，同学们带着这两个问题开始游戏吧！

课件出示：

①我们大家都在摸球，摸的结果一样吗？为什么？

②按这个规则摸球，摸球结果能确定吗？都有哪些可能的结果呢？

3. 教师引导反馈交流。

师：现在我来采访一下同学们的摸球情况。你摸的是什么颜色？摸之前猜的是什么颜色？

生1：我摸的是1黄1白，摸之前猜的是2黄。

生2：我摸的是1黄1黑，摸之前猜的是2白。

生3：我摸的是1黑，摸之前猜的是1黄1白。

……

师：看来结果是不能事先确定的。

师：我们大家都在摸球，摸的结果一样吗？为什么？

生1：不一样，颜色不一样。

生2：不一样，可能性不一样。

生3：不一样，各种颜色球的数量不一样。

师：按这个规则摸球，摸球结果能确定吗？都有哪些可能的结果呢？

生1：不能确定，黄白、白黄。

生2：不能确定，黄黄、白白。

生3：白黑、黄黑、黑。

师：看来有这么多可能性，它们都有可能发生。

师:哪个小组来汇报一下你们的摸球情况?根据实验结果,你们组的同学摸的结果一样吗?你认为摸到哪种颜色的可能性大?摸到哪种颜色的可能性小?

生1:不一样,我们组第一个人摸到的是黄白,第二个人摸到的是白白……我们组认为摸到黄色的可能性大,摸到黑色的可能性小。

生2:不一样,我们组第一个人摸到的是黑,第二个人摸到的是黄黄,第三个人摸到的是白黄……我们组认为摸到白色和黄色的可能性大,摸到黑色的可能性小。

生3:不一样,我们组第一个人摸到的是白黑,第二个人摸到的是黄白,第三个人摸到的是黄黑……我们组认为摸到白色的可能性大,摸到黑色的可能性小。

师:看来摸到黑色球可能性小的意见是统一的,那白色和黄色呢?

生:摸到白色和黄色的可能性一样。

师:你们同意他的说法吗?

生:同意。

师:为什么?

生:白色球和黄色球的数量相同。

师:能把摸到黄色球、白色球、黑色球可能性的大小用一个数来表示吗?

生:摸到黑色球可以用1/9表示,摸到白色球和黄色球都可以用4/9表示。

师:19黄1黑这种情况呢?

生:摸到黄色球可以用19/20表示,摸到黑色球可以用1/20表示。

师:像刚才的游戏一样,我们生活中还有很多事,结果是不能事先确定的,所有情况都有可能发生,有多种发生的结果。在数学中把事件发生可能性的大小叫作概率。一般以一个0到1之间的数来表示事件发生的可能性大小,一定发生的事用1来表示,不可能发生的事用0来表示。

【评析】让学生在活动中学习数学,是新课标提倡的学习方式。本节课的特殊之处是创设学生熟悉的摸奖情境,让学生经历"猜测—体验—推想—验证"的过程,引导学生自主探索,让学生在活动中学习,获得愉快的数学体验,并在体验中有所发现、有所感悟、有所发展。

三、设计游戏,拓展运用

师:看来我们学到的知识还很有用,我们的游戏就是要我们做主,那你能利用可能性的知识,用这几张扑克牌在小组内设计一个游戏吗?

1. 独立思考:如何设计游戏。
2. 组内交流,小组内制订游戏规则。
3. 汇报反馈。
4. 自主选择扑克牌设计游戏。

【评析】让学生用"一定、可能、不可能"来自主制订游戏规则,设计游戏,使其感受到现实生活中蕴藏着丰富的数学知识,从而发散学生的思维,对学习情感的激发起了很好的促进作用。

四、总结感悟、分享收获

说一说今天的收获。

师：看来只要学好了数学知识，连设计游戏也是手到擒来的，希望同学们做个善于观察、勤于思考的孩子，在生活中发现数学，运用数学。

今天的课就要结束了，我们就要说再见了，说到"再见"，不知道以后我们可不可能再见面。我们见面的可能性是大还是小呢？

【评析】让学生做个勤于思考、善于发现的孩子，知道事件发生的结果是不确定的，也是对全课做了一个总结，起到了画龙点睛的作用。引导学生用数学知识去解释生活现象，使课堂延伸到生活，很好地沟通了数学和生活的联系。

【总评】

"可能性"是《数学课程标准》中统计与概率部分的内容，本课在结合第一学段有关内容以及随机现象和可能性的基础上，落实数学课程标准中关于"随机现象发生可能性"的目标要求，主要内容包括：感受简单随机现象及随机现象发生的等可能性，列举随机现象发生的所有可能结果，感受随机现象发生的可能性大小，用可能性分析并制订游戏规则。本课教学内容具有以下特点：

1.在"玩游戏"的过程中，认识并感受简单的随机现象和等可能性。

本课全部安排了学生亲身参与的游戏活动。认识随机现象时，如设计了"抛硬币"的游戏，让学生亲身体会，感受结果的随机性；再如，设计了"石头、剪刀、布"的游戏，让学生进一步感受随机现象，体会随机现象发生的等可能性，同时学会列出随机现象所有的可能结果；最后设计了"摸球"游戏，让学生在用等可能性的知识分析游戏规则不公平的背景下，尝试制订公平的游戏规则。

2.在实验、推断的过程中，感受随机现象发生的可能性的大小。

随机现象发生的可能结果无法准确预测，但随着实验数据的积累，随机现象结果发生的可能性还是有规律可循的。教学设计的"摸球"活动中，教师引导学生在三次实验结果的基础上总结出盒子里什么颜色的球多，摸出什么颜色的可能性就大，使学生亲身体验到随机现象发生的可能性有大小，学会对随机现象发生的可能大小做出定性描述，发展合情推理能力。

25 "毕达哥拉斯的故事"教学实录与评析

- 执教：张　丽（重庆市钢城实验学校）
- 评析：刘　凤（重庆市大渡口区实验小学）

教学内容

西南师大版《数学文化》五年级下册第1课。

教学目标

1. 了解毕达哥拉斯的个人经历和他在数学方面的成就，感悟数学家的人格品质，激发学生对数学家的崇敬之情。
2. 在自主探究、小组互学、整体展学的过程体验中，感受数学的神奇和价值，并感知学习方法。
3. 通过对数学家毕达哥拉斯资料的收集、整理、汇报，学会信息处理和表达交流。

教学重点

1. 渗透数形结合思想。
2. 从三角数、平方数、五角数中发现规律。

教学准备

1. 课前查阅资料，收集毕达哥拉斯的相关信息。
2. PPT。

教学过程

一、谈话激趣

师：你知道数学家是做什么的吗？
生：数学家是研究数学的人。

(课件出示)数学家就是以数学研究为职业,在数学领域做出一定贡献,并且其研究成果能得到同行普遍认可的一类群体。

师(课件出示):世界上最早的数学家——古希腊泰勒斯;世界上最早的女数学家——中国东汉时期班昭。

师:同学们还知道哪些数学家?

生1:高斯。

生2:华罗庚。

师:今天我们就一起去了解一位伟大的数学家、哲学家——毕达哥拉斯。

【评析】从"数学家是做什么的""你知道还有哪些数学家"谈起,自然地将学生带入数学文化的情境,拉近了学生与学习内容的距离,在世界上最早的数学家、中国最早的数学家、女数学家的简要介绍中唤起了学生对"数学家"的探究欲望,为学习的真正发生奠定基础。

二、小组互学

师:课前同学们已经搜集了有关毕达哥拉斯的信息,谁能说说你们是从哪些方面去了解毕达哥拉斯的呢?

生1:我是从毕达哥拉斯对数的认识来搜集的。(板书:数)

生2:我是从毕达哥拉斯在形数方面的研究来搜集的。(板书:形数)

生3:我了解的是毕达哥拉斯与黄金分割的故事。(板书:黄金分割)

生4:我了解的是毕达哥拉斯创立的学派——毕达哥拉斯学派。(板书:毕达哥拉斯学派)

生5:我了解的是毕达哥拉斯与勾股定理的故事。(板书:勾股定理)

师:同学们分别围绕毕达哥拉斯所创立的学派以及他在数学方面的成就搜集了关于他的资料,今天这节课我们就围绕这些内容进行学习。

师:同学们先在小组内将你们搜集的信息进行交流,然后我们再分组展示汇报。

【评析】学生通过对自己在课前自主搜集到的毕达哥拉斯的相关信息进行交流,感知"了解一个数学家,我们可以从哪些视角去切入",明确学习方法。同时,在交流中也促进学生学会表达、倾听、借鉴。如果此处教师能及时引导学生梳理"了解一位数学家的基本方法",效果会更好。

三、展学与研讨

师:刚才我们在小组内交流了搜集的关于毕达哥拉斯的信息,同学们准备得很充分,交流得也很激烈,现在就让我们一起在分享中走近毕达哥拉斯这位伟大的数学家吧!

1.毕达哥拉斯的个人经历。

师:老师课前已将你们制作的课件链接在我的课件上,现在请两位同学上台来汇报。

生1:毕达哥拉斯,生在约公元前580~前500年,是古希腊数学家、哲学家。

生2：毕达哥拉斯学派亦称"南意大利学派"，是一个集政治、学术、宗教于一体的组织，由古希腊哲学家毕达哥拉斯所创立。

师：听了这些介绍，你对毕达哥拉斯有什么印象？

生：毕达哥拉斯是一位追求数学真理，科学又严谨的数学家。

师：说得真好。

【评析】借助生平简介、奇闻轶事等，让学生整体感知毕达哥拉斯的形象，感悟数学家的精神，从而激发学生对数学家的崇敬之情。

2. 毕达哥拉斯对"数"的研究。

师：毕达哥拉斯在数学方面有很多的成就，我们先来看他在"数"方面的成就。（课件出示）哪个同学来介绍一下毕达哥拉斯对"数"的研究结论？

生1：毕达哥拉斯认为"万物皆数"。

生2：他认为"数是万物的本质"。

生3：毕达哥拉斯还对自然数进行分类。

生4：他按是否是2的倍数，把数分为奇数和偶数；按因数的个数把数分成合数、质数和既不是质数也不是合数的"1"。

师：通过课件和同学们的介绍，我们知道毕达哥拉斯一生都在研究数，他认为1~10这十个数字都有它们自己的含义。同学们，1~10这十个数中，你最喜欢哪个数？

生：我最喜欢数字9。

师：你为什么喜欢它？

生1：因为在中国古代，人们都认为9是最大的数。

生2：我最喜欢10，因为10包含了一切数目，是完满和美好的象征。

师：和毕达哥拉斯想到一块儿了，我们一起来看一下。

课件出示：

数的艺术　　毕达哥拉斯学派认为：
"1"是数的第一原则，万物之母，也是智慧；
"2"是对立和否定的原则，是意见；
"3"是万物的形体和形式；
"4"是正义，是宇宙创造者的象征；
"5"是奇数和偶数，雄性与雌性的结合，也是婚姻；
"6"是神的生命，是灵魂；
"7"是机会；
"8"是和谐，也是爱情和友谊；
"9"是理性和强大；
"10"包容了一切数目，是完满和美好。

3. 毕达哥拉斯关于"形数"的研究。

师：我们在小学二、三年级时就知道了人类很早就采用实物记数、结绳记数和刻痕记数等记数方式，人们在漫长的记数过程中逐渐抽象出数的概念。古希腊的毕达哥拉斯用摆放小石子的方法对"数"进行了大量的研究。谁来介绍一下他对"形数"做了哪些研究呢？

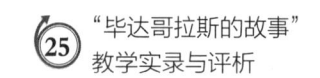

出示学生制作的课件：

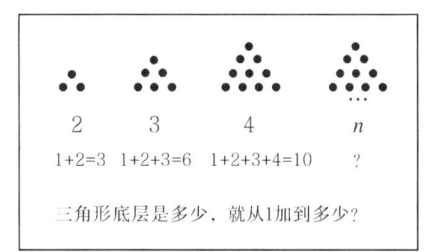

生1：首先让我们来看看三角数，图形下面的数字表示它底层的点的个数，大家知道第1个图形中点的个数是多少吗？

其余生（齐答）：3。

生1：第2个图形呢？第3个图形呢？

其余生（分别齐答）：6，10。

生1：你们是怎么看出来的呢？

生2：第1个图形是1+2=3。

生3：因为第1个图形是1+2=3，第2个图形最底层是3，所以是3+3。

师：你真棒！第3个图形呢？

生4：是1+2+3+4=10。

师：如果最底层有 n 个点，那么它一共有多少个圆点呢？

生5：$1+2+3+\cdots+n$。

师：对了，看来大家总结出了一个关于"三角数"的规律。

生1：下面我们再来认识平方数。你们能找到它们的规律吗？

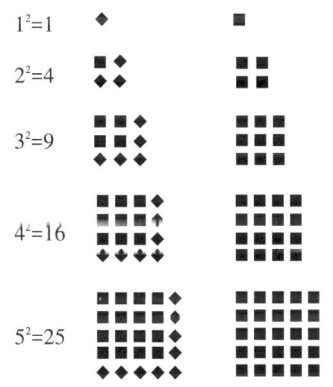

生6：第1个图形有1个方格；第2个图形有2层，每层有2个方格，共4个方格；第3个图形有9个方格。

生7：第4个图形有16个方格。

生8：第5个图形有25个方格。

师：想一想，谁能分析它有什么规律。

生8：第1个图形有1个方格，就是1×1；第2个图形就是2×2，等于4个方格；第3个图形就是3×3，等于9个方格。我们依此类推，就能算出它们分别有多少个方格。

师：同学们能根据从左边图形找到的规律，求出右边这个图中方格的个数吗？每层有 n 个，有 n 层。

生9：应该是 n×n。

生10：方格数量也就是 n^2。

师：你们真是太棒了！

生1：接下来我们再来看五角数，你们能找到规律吗？

学生4人一组，观察、思考、讨论，寻找规律。学生分组探索时，教师相机指导学生可以把图形中的点用线段连起来。

师：这些点连起来后，就形成一个个形状不同的图形，原来有些数也可以用形状体现。

4. 毕达哥拉斯与勾股定理。

师：接下来我们再来了解毕达哥拉斯与勾股定理。

（生1：下面我们来给大家介绍毕达哥拉斯与勾股定理的故事）

（课件同步出示）

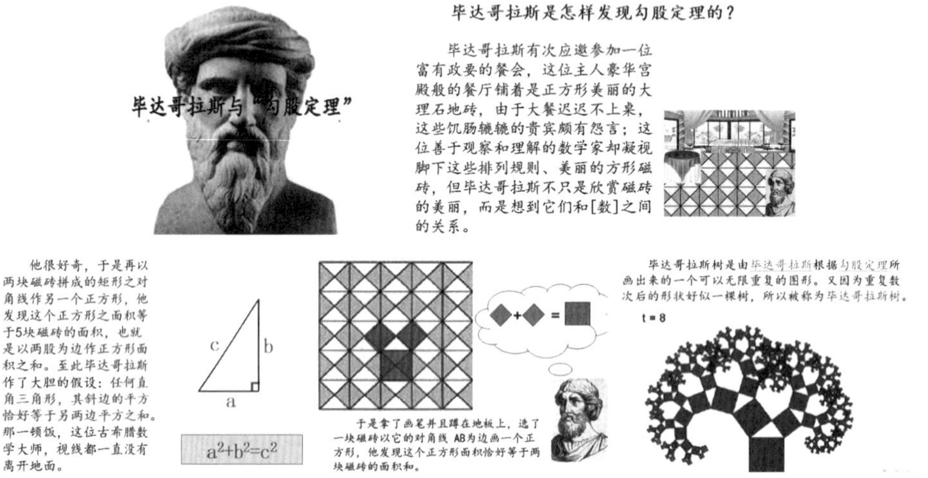

生1：毕达哥拉斯有一次应邀参加一位政要的餐会，这位主人家豪华的餐厅铺着美丽的正方形大理石地砖……

生2：毕达哥拉斯树是毕达哥拉斯根据勾股定理所画出来的一个可以无限重复的图形。又因为重复数次后的形状好似一棵树，所以被称为毕达哥拉斯树。

师：对他们的讲解，有什么疑问或补充？

生3：我知道为什么又叫勾股定理了。

师：有什么方法可以验证呢？（师借助课件介绍拼图方法）

师：任意直角三角形，其斜边的平方恰好等于另两边的平方之和，这个定理大家到初中才会学，但是现在我们用拼图的方法发现了这个规律。其实在重庆科技馆也有这样的一个实验。（出示科技馆的动态验证勾股定理的视频）

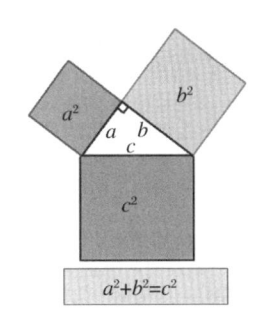

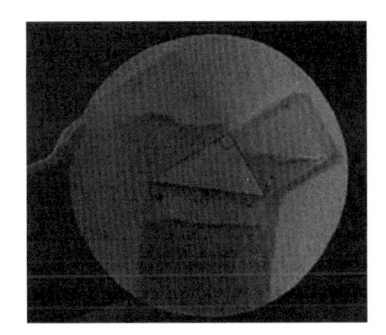

师(总结)：毕达哥拉斯对"形数"的研究，将数用几何图形来呈现，这种方法叫作"以形解数"；而对于勾股定理的研究，他将几何图形用数来呈现，这种方法称为"以数解形"。毕达哥拉斯这种将形和数结合起来解决问题的思想方法，称为"数形结合的思想"，在我们的数学学习中也经常用到。(板书：数形结合)

5. 毕达哥拉斯与黄金分割。

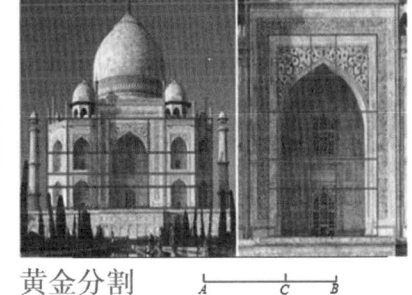

生：下面我给大家介绍的是"黄金分割"。首先来看有关黄金分割的图片吧……(课件同步播出，略)

【评析】聚焦数学家与数学，重点展示小组对"毕达哥拉斯在数学领域上的研究成果"的学习研讨情况，一方面让学生在讲述与倾听、体验与思考、辩论与反思中促进数学思维的发展，感受数学的魅力与价值，另一方面也让学生在"展学"中感悟数学家锲而不舍的研究精神以及他们对人类社会发展所做出的伟大贡献，最大效能地发挥数学家对学生情感态度价值观的引领作用。

6. 毕达哥拉斯在其他领域的成就。

师：毕达哥拉斯在其他方面也颇有研究，比如音乐、哲学。

(课件出示)

音乐
　　毕达哥拉斯是音阶的发明人。据说他在听见铁匠铺打铁发出的高低音时,产生了音阶的灵感。

哲学
　　据说毕达哥拉斯是第一个使用"哲学家"这一名词的。他强调社会公正的重要性,其实,他是道德哲学的开创者,比著名的道德哲学家苏格拉底早很多年。

四、故事导理

师:对毕达哥拉斯有了这么多的了解,你认为毕达哥拉斯是一个怎样的人?你有什么想说的呢?

生1:我觉得毕达哥拉斯非常伟大,他不仅在数学方面有成就,在音乐和哲学方面也有很大的成就,他是一个多才多艺的人。

生2:我觉得毕达哥拉斯的这些发现都源于他善于观察和思考。

师:同学们通过自主阅读、信息收集、小组互学、全班交流,基本了解了数学家毕达哥拉斯的故事,下面老师把自己最喜欢的一个故事和大家分享。(师借助PPT讲述"教穷人学几何"的故事)

师:其实,老师想要告诉大家的是,世界上有的东西很宝贵,一经授予他人,就不再归你所有,如财富、权力。但你能通过学习从别人那里获得知识,而教授你的人却不会因此失去了知识。

(课件出示)生齐读:只要你努力学习,你就能得到而又不会损害他人,并可能改变你的天性。

师:感谢毕达哥拉斯带给我们这么多的思考!如果同学们还意犹未尽,下课之后还可以继续去图书馆查阅更多关于毕达哥拉斯的资料,或者应用这样的学习方法,再去走近更多的数学家,我想你们的收获会更多!

【评析】首尾呼应,再次整体感知毕达哥拉斯的形象,引导学生畅谈感想,辅以教师的及时引导,画龙点睛,深化学习主题。

【总评】

《毕达哥拉斯的故事》属于数学文化之"数学家与数学"板块,张老师准确把握课程内容性质,引导学生在学习活动中真实地体验了数学味、数学文化味。

1. 准确把握课程内容,育人目标定位恰当。

作为数学文化课,"数学家与数学"的教学如何定位?张老师较好地把握了"数学家与数学"板块的教学定位,即"自主阅读""了解人物""感悟品质",并立足学情,准确地制订了本次教学活动的教学目标：一是了解毕达哥拉斯的个人经历和他在数学方面的成就，感悟数学家的人格品质，激发学生对数学家的崇敬之情；二是在自主探究、小组互学、整体展学的过程体验中，感受数学的神奇和价值，并感知学习方法；三是通过对数学家毕达哥拉斯的资料的收集、整理、汇报，学会信息处理和表达交流。同时，紧扣教学目标，张老师较好地开发、重组了《数学文化》内容，使之更加适合小学生的数学学习。

2. 改变学习方式，促进学生自主了解数学，学会学习。

当今的学生接受新生事物快，对外界信息的容纳量大，迎接挑战的主动性也强，传统地把学生禁锢在课堂、单纯局限于教材内容的学习活动已远远不能适应其蓬勃的生长态势。因此，教师作为学习活动的组织者，就需要适度让位，真正相信、尊重学生的主体学习力。张老师在本次教学活动中，关注学生的心理发展特点，将学习阵地拓展到课堂外的家庭、图书馆、网络等，通过"课前自主搜集信息—课初组内交流互学—课中展学共研共享—课末分享点拨提升"四个环节的活动设计，让学生经历体验，让学生讲述聆听，让学生思考辨析。在环环相扣的体验中，在学习共同体的作用下，学生学会信息的收集整理，学会合作共享，也促进了数学思维的发展。课堂上自主的学习方式、丰富的学习内容、多样的表达技巧、良好的信息技术技能、自信的言行举止、张扬的个性特征，充分诠释了"学习真正发生""一切皆有可能"！

3. 关注数学文化的感悟和熏陶，重视数学家的故事在学生情感态度价值观领域的引领作用。

为了有效引导学生感受数学家锲而不舍的科学探究的精神，引导他们去感悟数学家的人格品质，张老师设计了两次追问，由表及里地激发学生对数学家的崇敬之情。

26 "巧破数阵图"教学实录与评析

- 执教：董 雪（辽宁省大连市金普新区金润小学）
- 评析：徐 爽（辽宁省大连市金普新区金润小学）

教学内容

西南师大版《数学文化》五年级下册第9课。

内容分析

把给定的一些数，按一定的要求或规律填在特定形状的图形中，这样的图形叫作数阵图。大部分学生能通过反复尝试的方法填写数阵图，但在抓住关键位置、寻找数阵图中的规律等方面，还需要教师的点拨指导。本课"巧破数阵图"，从5个数的数阵图开始，环环相扣，要求学生学会分析数阵图的内在规律——先填写中间位置的数，再按步骤求解，让学生在自主学习的过程中体会到数阵图的奥妙所在。

教学目标

1. 通过填写5个数、7个数和9个数的数阵图，寻找规律，掌握填写数阵图的方法。
2. 了解九宫图的起源，初步认识九宫图及其特点，会正确填写九宫图。
3. 通过思考、探究、讨论等数学活动，提高学生思维的灵活性和开放性。在寻找规律，破解数阵图的过程中，提升学生数学运算和逻辑推理的数学核心素养，感受数学的独特魅力。

教学重点

找出规律，掌握填写数阵图的窍门。

教学难点

根据九宫图的特点填写九宫图。

26 "巧破数阵图"
教学实录与评析

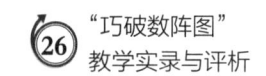

教学准备

课件、风车。

教学过程

一、欣赏歌曲,谈话导入

师:中央电视台的《大风车》节目,你们一定都很喜欢看吧,里面有一首特别好听的歌曲,我们一起来欣赏一下吧。

(课件播放《大风车》歌曲,和学生一起打节拍)

师:老师的手中就有一个风车,怎样让它转起来呢?

(学生用手拨动或使劲吹)

师:风车做的是什么运动?

生:旋转。

师:它是怎样旋转的?

生:它是绕中心点转动的。

(课件出示风车旋转动画)

师:看啊,旋转的风车多美啊,它们就是这春风里一朵朵不停旋转、随风舞动的花。今天我们就跟随着旋转的风车,一起走进"数阵图"。(板书:巧破数阵图)

【评析】用熟悉的歌曲导入,让学生在欢快轻松的氛围中开始学习,亲切自然地调动了他们的学习兴趣。将数阵图和风车联系起来,让本课内容变得更加有趣,学生也能更好地理解中间位置的重要性。

二、尝试探索,寻找规律

1.填写 5 个数的数阵图。

(课件出示图片)

师:看这个风车,它是由 1 个中心和 4 个叶片组成的,共 5 个空。现在我们要将 1~5 这 5 个数字填入空中。谁来读题目要求?

生:用 1,2,3,4,5 填空,要使得横行 3 个数的和等于竖列 3 个数的和。

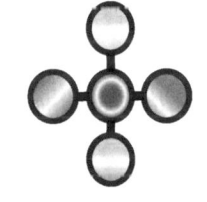

学生独立尝试解答,教师巡视并让学生到黑板上书写答案。

师:请这几个同学说说是如何想的。

生:3 是中间的数,我就将 3 填在了中间位置。其他的 4 个数,最大的 5 和最小的 1 相加等于 6,剩下的 2 和 4 相加等于 6。

师:1~5 中,哪些数能写在中间位置?

生：1,3,5可以写在中间。

（板书：1,2,3,4,5。并将1,3,5做标记）

师：像这样将一些数字填入图形中并使它们满足一定的约束条件，这类问题就是"数阵图"。刚才我们已经破解了5个数的数阵图，现在要来挑战7个数的数阵图。

2. 填写7个数的数阵图。

（课件出示图片）

学生自读题目要求，并尝试解答。

（用1,2,3,4,5,6,7填空，使得每条直线上的3个数之和相等）

教师巡视并请学生到黑板上书写答案。

师：哪些数可以写在中间位置？

生：1,4,7可以写在中间。

（板书：1,2,3,4,5,6,7。并将1,4,7做标记）

师：根据刚才我们已破解的数阵图，你发现了什么？

生：中间和两头的数可以写在中间位置。

师：为什么呢？

学生先独立思考，再将想法说给小组的同学们听一听。

生：如果4写在中间，则1+7=2+6=3+5=8；但是如果2写在中间，那么1+7=8,3+6=9,4+5=9，则不满足条件。

师：其实，我们还可以通过对称性来理解。如果4写在中间，则左右各3个数，对称。如果6写在中间，左面5个数，右面1个数，则不对称。

师：我们在学习破解数阵图的过程中，还感受到了对称之美，数学就是这样的奇妙！

【评析】本环节先让学生合作交流自己的发现，总结规律，再从对称性这个全新的角度，理解中间数的特征，锻炼学生归纳总结的能力，培养了学生的数感，提高了学生思维的开放性。

3. 制作填写9个数的数阵图。

师：7个数的数阵图大家都会填了，那9个数的呢？

生：会填！

师：那你们会不会自己出题，自己来画数阵图呢？

学生独立绘制9个数的数阵图，教师巡视。

学生展示数阵图，汇报答案。

4. 填写九宫图。

师：这是刚才我们自己画的9个数的数阵图。在这个基础上老师要再增加一些要求，使得每条直线上的三个数之和相等。

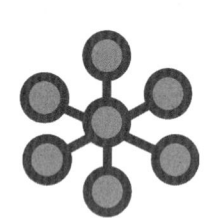

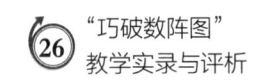

(课件演示出现四条直线)

师:这就是数学上非常著名的九宫图,谁来读题?

生:用1,2,3,4,5,6,7,8,9填空,横着的3个数相加,竖着的3个数相加,斜着的3个数相加都等于15。

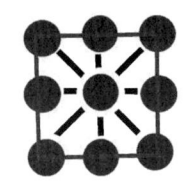

师:大家一定都迫不及待了吧?赶紧试试吧!

学生独立尝试,教师巡视,教师请学生到黑板上书写答案,师生共同验证。

师:这就是九宫图。其实早在古时候就有了九宫图的传说。

(课件出示河图、洛书的传说资料及九宫图的记载)

5. 探索九宫图的奥秘。

师:现在大家一定都会填九宫图了吧!可是,为什么要这样填呢?有没有其他方法呢?下面就让我们一起来探索九宫图的奥秘吧!

(课件出示九宫图图片)

师:请认真观察每个数的位置,你们有什么发现?

生:5在中间,偶数都在四个角上,其余位置是奇数。

师:你的发现太了不起了!其实,这和它们的运算次数有关。

(课件出现线段,形成米字格)

师:根据题目要求,3次横着的运算,3次竖着的运算,2次斜着的运算,共8次运算。看,这个图形像什么?

生:米字格。

师:在米字格上分布着1~9这9个数字,最重要的是哪个位置?

生:中间位置。

师:中间位置的数参与了几次运算?

生:4次。

师:是啊。中间的这个点也正好是这4条线段的交点。

师:角上的4个数参与了几次运算?

生:3次。

师:其余位置呢?

生:2次。

师:题目要求3个数的和是15,你能找到这样的3个数吗?试着将它们写出来。

学生先独立书写,再同桌交流,最后全班汇报。

生1: 1+9+5=15,2+8+5=15,3+7+5=15,4+6+5=15。

生2: 2+4+9=15,2+6+7=15。

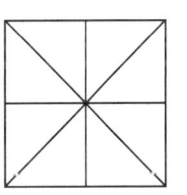

生3：1+6+8=15，3+4+8=15。

师：请你认真观察，5参与了几次运算？

生：4次。

师：哪些数参与了3次运算？

生：2，4，6，8。

师：哪些数参与了2次运算？

生：1，3，7，9。

请学生在黑板上再填一次九宫图。

让学生闭眼在脑海中自己填写一遍。

【评析】先让学生了解九宫图的起源及填写方法，满足了学生的好奇心；再通过自主探究哪3个数的和是15，让学生发现其中的算理，感受探究九宫图奥秘的独特乐趣。

三、思维延续，全课总结

师：九宫图中还藏着一个小奥秘呢！题目要求和是15，那么，和为什么是15？和一定是15吗？这个问题留着大家课下去思考、去解决，好吗？

生：好！

师：今天的巧破数阵图就学到这里了，最后，让我们一起再欣赏一下《大风车》这首歌曲，看着歌词，大家试着唱一唱吧！

【总评】

对于五年级的学生来说，数阵图的内容十分吸引人，他们也具有足够的能力去发现规律，灵活运用。本节课的教学体现了如下特点：

1. 教师善于创设情境。

教师在教学过程中创设的情境，目标明确，不断地为学生提供挑战的机会。本课内容构思巧妙，循序渐进，由5个数的数阵图到九宫图，知识点设计连贯，环环相扣。学生在抽丝剥茧、层层展开的过程中，不断获得解决问题的成就感，建立学好数学的自信心。

2. 教师精心设计了教学课件。

本课教学课件制作精良，充分发挥了多媒体技术在课堂教学中的重要作用，大风车的旋转、米字格和九宫图的形成等，如花似锦，引人入胜，而且都非常贴近学生生活，不仅能够充分激发学生的学习兴趣，更有利于学生对所学知识的牢固掌握。

3. 教师的教学语言富有感染力。

教师的教学语言也是至关重要的，教师不但要用准确的数学专业用语，让学生听懂、理解知识，而且要有及时的课堂评价，随时关注学生的情感，多用表扬、鼓励来调动学生学习的积极性。在本课的教学中，教师以民主、平等的态度、方式和情感去了解学生、关注学生，让学生打开心扉与教师产生共鸣，正所谓"亲其师而信其道"。在"自主、合作、探究"的教学模式下,教师教得扎实、生动,学生学得主动、有趣。学生在"玩"的同时,发现数学的魅力,进而喜欢数学,不断提高了数学核心素养。

4.师生互动环节引人入胜,氛围融洽。

教师大胆突破教材原有的框架,活用教材,将大风车的旋转贯穿于课堂教学始末,让学生个性得到了张扬,首尾呼应的歌曲《大风车》欢快活泼,起到了画龙点睛的作用。在教学中,教师循循善诱,使学生跟着一起动脑、动手,且让学生去大胆发表自己的意见,根据学生的心理发展特点,注重培养学生学习数学的兴趣,激发了学生的求知欲,提高了课堂效率。

27 "标签大反转"教学实录与评析

- 执教：唐　婧（重庆市沙坪坝区树人小学）
- 评析：邓永华（重庆市沙坪坝区树人小学）

教学内容

西南师大版《数学文化》五年级下册第14课。

内容分析

陈省身说："数学是一门演绎的学问，从一组公设，经过逻辑的推理，获得结论。"作为与抽象、建模并称数学三大基本思想之一的"推理"，是数学核心素养的重要部分，是人们学习和生活中经常使用的思维方式。掌握比较完善的逻辑推理能力是儿童智力发展的重要环节和主要标志，因此，《数学课程标准》特别指出："推理能力的发展应贯穿于整个数学学习过程中。"

小学生的推理能力，是他们在教育影响下、在学习实践中逐步发展起来的。推理可以分为直接推理和间接推理，四五年级之间是学生直接思维发展的加速期，他们开始具备基本成形的间接思维能力。这一阶段推理教学能恰为及时、适势地促进学生思维发展。

为主动撬动培养学生推理能力的杠杆，我特别进行了三方面的深入思考与研究：

1. 在这第二学段的教学中，学生对于推理本质的理解、方法的掌握，应该达到什么样的程度？

2. 如何让学生既有兴趣又有成效地参与推理学习，深刻感悟推理思想？

3. 如何把推理与广泛的生活结合起来，使学习成果实实在在地具有可迁移性？

为此，我们确定了情境任务驱动、亲身经历推理、结合概括提升的主线，利用"标签大反转"多环节连锁推理的素材进行"做数学"的学习化设计，引导学生在学本的推理活动中，移步移景式寻找推理入口，梳理推理路径，总结推理方法，拓展推理视野。

教学目标

1. 能够运用排除、假设、找矛盾等方法有条理地思考、推理，能够清晰、有条理地表达

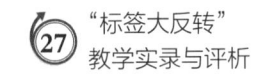

自己的推理过程,发展推理能力。

2.经历连锁推理的过程,积累推理的活动经验,感悟推理的有序、严谨。

3.体会推理广泛的应用价值,学生积极思维的学习品质,增强学好数学的信心。

教学重点

经历连锁推理的过程,积累推理的活动经验,并能运用排除、假设、找矛盾等方法有条理地思考、推理。

教学难点

能够运用排除、假设、找矛盾等方法有条理地思考、推理,并能够清晰、有条理地表达自己的推理过程。

教学过程

一、从较简单的问题中形成初步的推理体验

活动一:罪犯是谁?

视频(名画的丢失):博物馆里收藏有大量稀世珍品,每一件都价值连城。一天,当人们来到一幅世界名画前,发现无价之宝不见踪影。

师:警方发现有三名嫌疑人A,B,C,他们一人穿蓝色、一人穿黑色、一人穿灰色衣服。A没穿蓝色;B既没穿蓝色,也没穿黑色。而监控显示,罪犯是穿黑色衣服,那谁是罪犯呢?

生:A是罪犯。因为B既没穿蓝色,也没穿黑色,那么B穿的是灰色,A没穿蓝色也不可能穿灰色,那A就穿的是黑色。

师:像刚才这样从已知信息逐步推出结论的过程就是推理。为什么从"B既没穿蓝色,也没穿黑色"这条信息开始推理?

生:因为从这句话中就能确定B穿的是灰色,而从其他信息中不能确定。

师:也就是从它能推出唯一的结果,帮助我们继续分析,这就是推理的突破口。(板

书:找突破口)同学们,他在推理的过程用到了什么方法?

生:排除法。

【评析】创设学生喜欢的情境让他们牛刀小试,获得初步的推理体验与成功感,以激活思维,更好地调动孩子们参与的积极性,并且学会推理的策略——找突破口。

二、在复杂问题中运用假设、尝试、调整等进行推理

活动二:打开城堡大门(标签大反转)

师:警方来到了藏画的古堡门口,发现门口放有三个罐子和一张留言条。留言条中写道:这里有三个棋罐,分别装有黑色、白色和黑白混合的棋子。现在,棋罐上的三个标签全都贴错了,请从其中一个棋罐中摸出一颗棋子,然后正确推断出每个棋罐装着什么颜色的棋子。只要把标签全部纠正过来,门将自动打开。"这三个标签都贴错了",这里的"贴错"是什么意思?

生:标签与罐子里的棋子颜色不对应。

师:那应该从哪个罐子里摸一颗棋子?又怎样推理出三个罐子分别装的是什么棋子?(出示课件)大家独立思考一会儿,然后小组讨论,最后在罐子里摸一颗,验证你们的想法是否正确。

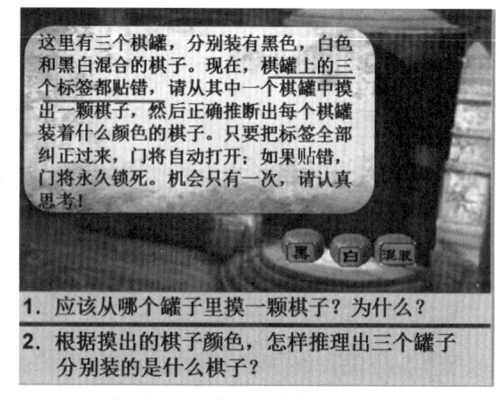

小组汇报:我们选择从贴"混装"标签罐子里摸,因为混装里面只可能是黑色棋子或白色棋子,如果摸出黑色棋子,里面就全是黑色棋子;如果摸出白色棋子,就全是白色棋子。现在我们摸出的是黑色棋子,说明"混装"里都是黑色棋子。贴"白"标签的罐子里只可能是黑色棋子或混装,但是已经不可能是黑色棋子,所以只能是混装。那么最后的贴"黑"标签的罐子里装的只能是白色棋子。

生1:请问大家有什么疑问或补充的?

生2:为什么不能从贴"黑"标签的罐子里摸呢?

生1:因为贴"黑"标签的罐子里,可能是白色棋子,也可能是混装,如果摸到白色棋子,有可能这个罐子里全是白色棋子,也可能里面是混装,就不能确定。

师:刚才这组同学解释得非常清楚了,如果从混装里摸出的是白色棋子,又怎么推理呢?谁愿意来试一试?

生3：如果我们摸出的是白色棋子，说明"混装"里都是白色棋子。贴"黑"标签的罐子里只可能是白色棋子或混装，但是不可能是白色棋子，所以只能是混装。那么最后的贴"白"标签的罐子里装的只能是黑色棋子。

师：那同学们的推理是否正确呢？我们打开罐子来验证一下。果然和同学们推理得一模一样，太棒了！

师：回顾整个推理过程，我们先依次尝试，找到突破口。再根据得到的结论分析推断（板书：分析推断）。如果推不下去时，就要调整（板书：尝试调整），直至得到最终结果。

【评析】教师教学中尊重学生学习方式的差异，提供多样的推理学习路径，让学生经历自主探究、合作交流、质疑释疑的过程，形成严谨的连锁推理体验，特别关注学生如何推想，注重策略方法的梳理和提升，促进深度思考，同时，特别培养学生"回头看"的意识，引导他们注重思想方法的体悟。

三、运用找矛盾实现推理方法的进一步优化

活动三：画像在哪里

师：既然我们已经推理清楚了，去打开这扇门。打开门后，有3个箱子，箱子旁边也有留言：画像就在其中一个箱子里，其余两个装有炸弹。每个箱子上各有一句话，三句话中，只有一句是真话。你能凭自己的本事找出画像吗？

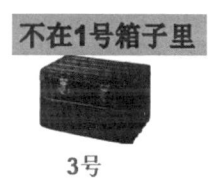

在1号箱子里	不在2号箱子里	不在1号箱子里
1号	2号	3号

学生先独立思考，再小组讨论。

生：我们小组认为在2号箱子里。假设在1号箱子里，那1号是真话，2号也是真话，只有一句真话，就矛盾了，所以不在1号箱子里。假设在2号箱子里，只有3号是真话，符合要求。最后假设在3号箱子里，2号、3号都说的是真话，矛盾。所以只能在2号箱子里。

师：其他同学的想法呢？

生：我们也认为在2号。

师：好，那我们就打开2号箱子看一看！恭喜大家，冲破重重关卡，终于找到了丢失的画像！回忆一下，解决这个问题时，同学们用到了什么方法。

生：假设法。

师：有同学先从整体上分析这3句话，发现画像在1号箱子和画像不在1号箱子这两句话是矛盾的，从矛盾的地方入手，通过找矛盾更加快捷地找到了真相。

【评析】练习设计注重层次性和趣味性，满足学生好奇、好胜的心理，结合推理方法的梳理和优化，把学生的思维引向深刻、灵活和全面，发展学生的推理能力。

四、推理的广泛应用

师:推理是人们学习和生活中经常使用的一种思维方法。除了破案,你知道推理还在哪些方面有着巨大的作用吗?我们一起来了解一下。

视频介绍:推理在天文、气象、地质、医疗、数学等方面的广泛应用。

师:我们以后遇到问题,要学会用数学的眼光去观察现实世界,用数学思维思考现实世界,用数学的语言表达现实世界,你会发现更多美好的事物、更多有趣的活动,体验更多丰富多彩的生活!

【评析】将推理从纯粹文字表达的问题分析,引向更广泛的社会生产生活大视野,进一步提升学生的学习欲望。

【总评】

本课从学生已有的思维方法、能力基础出发,用大情境将各环节精心串接成一个故事链,引导学生主动参与、自主探究,分析、推理得出结论,积累推理的活动经验,感悟推理的思考方法,培养了学生的观察、分析与推理等能力。

本课的教学体现如下特点:

1. 营造情境,引人入胜。

全课以模拟寻找丢失的名画导入,并以案件侦破中抓捕嫌疑人、搜索藏匿点、找回名画的三个环节构建起令学生兴趣盎然的研究情境,让好奇心引发探究欲,进而展开推理的课堂学习。

2. 做思展导,以学为本。

全课对推理的每一层次的研究,都立足于学生的"学",如课中第二环节对"黑、白、混装"三个罐内装了什么棋子的推断,教师精心设计了活动记录单:从哪个罐子摸一个?怎么推理?用核心问题指导学生独立自学,同时,尊重学生学习方式的不同,提醒学生可静想、可思后议、可操作,让学习落实到每个学生个体身上。小组互学中,学生互相对照订正,统一意见,整理思路,学的质效有了提升。展学中,学生上台侃侃而谈,讲解头头是道,相互置疑补交,加之教师画龙点睛的导学,学本结构组织课堂呈现出学生"学",十分精彩。

3. 分步提炼,拓展思维。

在教师的精心预计和引领下,学生通过自主思考、自主分析、自主探究,体悟教学思想方法、经历问题解决过程,他们的思考品质在一波又一波的思维碰撞中得以提升。教师确定了情境任务驱动,学生亲身经历推理、结合概括提炼这一主线,利用"标签大反转"后进行的多环节连锁推理的素材进行学习化设计,帮助学生移步移景式寻找推理入口、梳理推理路径、总结推理方法、拓展推理视野,将学生思维引向深刻、灵活和全面,使他们的思维能力得到长足的发展。

28 "一封读不懂的信"教学实录与评析

- 执教：张　炼（重庆市沙坪坝区南开小学）
- 评析：张　鹏　黄　东（重庆市沙坪坝区南开小学）

教学内容

西南师大版《数学文化》五年级下册第15课。

教学目标

1. 掌握密码信的破解方法和密码表、密码信的制作方法。
2. 在探究方法的过程中体验图形的旋转在生活中的应用价值，感受方格与数之间的一一对应关系，渗透对应思想。
3. 在活动中体验数学的趣味性，提升思维品质，培养探索精神。

教学重点

掌握密码信的破解方法和密码表、密码信的制作方法。

教学难点

探究密码表的制作方法。

教学准备

1号信封：密码信一封，配套密码表一张。
2号信封：标好数、可挖孔的6×6方格纸一张，空白6×6信纸一张。
每组组长：标好数、可挖孔的6×6方格纸一张，记号笔一支。

教学过程

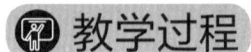

一、情境引入

师:孩子们,张老师班上的一个学生用6×6的格子给你们写了一封信,你们读懂了吗?

师:这是一封读不懂的密码信。

【评析】 小小一封信,激发学生的好奇心和强烈的求知欲,让学生们迫不及待想解开其中的奥秘,这就是该情境设计最大的目的所在。

大	识	,	家	你	会
有	的	们	礼	好	王
一	,	我	物	丁	,
是	给	,	请	与	大
家	我	很	四	。	希
望	三	联	认	班	系

二、探究活动

(一)活动一:破解密码信

1. 独立尝试。

师:想要读懂这封密码信,需要一样工具。

师:请大家从1号信封里拿出密码信和密码表,尝试破解这封信的内容。

2. 抽生展示。

生:大家好,我是四(3)班的王一丁,很希望认识你们,请与我联系,会有礼物给大家。

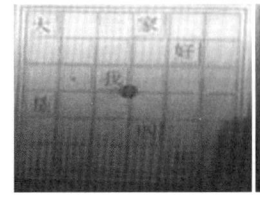

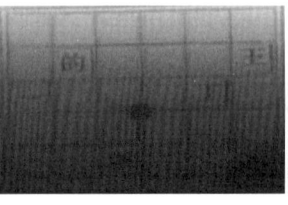

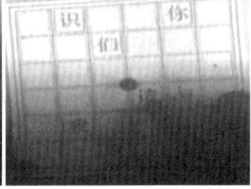

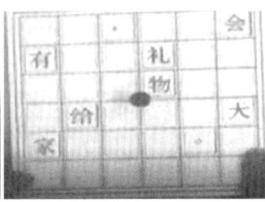

3. 启发思考。

(1)方向。

师:破解密码信时,密码表是怎样运动的?

生1:是按逆时针方向旋转90°来破解的。

生2:是按顺时针方向旋转90°来破解的。

师:到底是顺时针方向还是逆时针方向呢?

师:没错,是按逆时针方向进行了旋转。

(2)密码表一共使用了几次?每次破解几个字?一共破解了多少个字?

师:破解密码信,一共使用了几次密码表?

生1:3次。

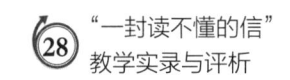

生2:4次。

师:到底几次?我们来看一看。

师:每一次可以破解几个字?

师:一共破解了多少个字?

生:36个字。

4.小结。

师:每次使用,密码表的每个空格都对应了密码信的一个字。4次一共破解了36个字。这样,我们就破解了密码信。

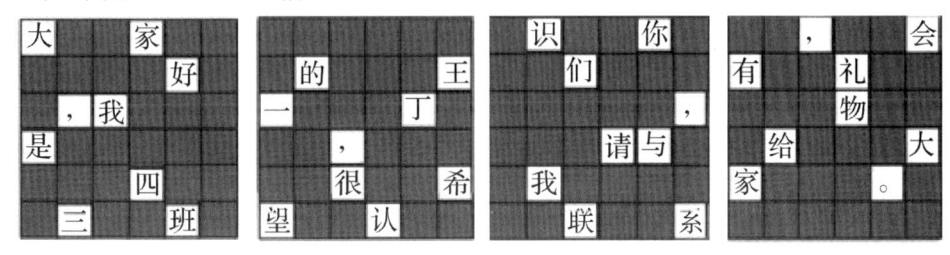

【评析】张炼老师在这个环节让全体学生都参与探究活动,先让学生独立尝试破解密码信;然后抛出"密码表一共使用了几次?每次破解几个字?一共破解了多少个字?"这三个问题让学生思考;最后在老师引导、点拨下明白破解密码信的方法,让学生充分体会图形旋转在生活中的应用。这样的教学设计充分体现了"先学后教,以学定教"的精神,既充分发挥了学生在活动中的主体性,又体现了教师对学生活动的引领作用,实现了教学效果的最优化。

(二)活动二:制作密码表

师:要想写密码信,咱们得制作一份独特的密码表。怎样制作呢?

1.编号。

(1)自学密码表的制作方法。

(2)板书两步重要步骤。

师:通过自学,我们知道了制作密码表第一步要做什么,编好号后接着要做什么。

(3)课件启发。

师:那编号和挖孔究竟藏有什么学问呢?(课件演示转圈)

师:怎样编号呀?

生:从方格的最外侧开始并朝里面一圈一圈地编号。

师:对!我们要从外到内一圈一圈有序地写数。

师:这编号有什么学问吗?你还有什么发现?

生1:每次都是顺时针方向编号的。

师:编号的顺序你发现了,还有吗?

生2:它是6×6的格子。

师:请看!最外圈,1到5,1到5,1到5,1到5。第二圈,1到3……最内圈。

师:为什么每圈都要标4组相同的数?

生沉默。

师:看来这个问题值得思考,请大家在4人小组内交流。

生:因为我们刚才破解这封密码信,密码表旋转了4次,所以我们要标4组。

师:旋转了几次?

生:3次。

师:我们使用了4次密码表,但密码表只旋转3次。所以我们要在每圈标上4组相同的数。现在我们借助最外圈的1到5再来感受一下!

(4)小结:由于密码表要重复用4次,每圈要写4组相同的数。

2.挖孔。

(1)小组讨论。

师:编好了号后就要做什么?

生:挖孔。

小组讨论:挖几个孔,这些孔挖在哪儿。学生圈出要挖的孔。

师:请组长拿出大信封中的那张标了数的方格纸,小组讨论一下。

(2)生展示。

组长1:我们组一共挖了9个数的孔。第一圈我们挖了1,2,3,4,5这5个数的孔,第二圈我们挖了1,2,3这3个数的孔,第三圈我们只挖了1这1个数的孔。

组长2:……

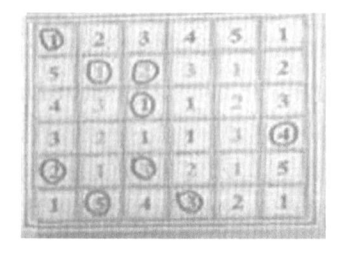

(3)对比、找共性。

师:同学们,他们两个组都挖了几个孔?

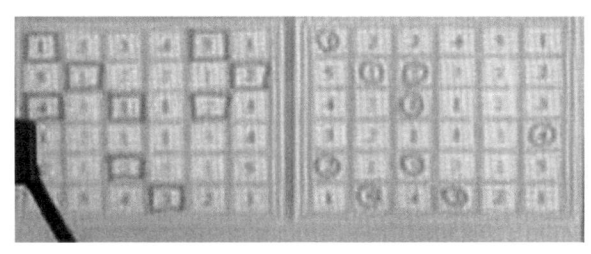

师：我们来看看，最外圈他们挖的是哪些数的孔？共几个？

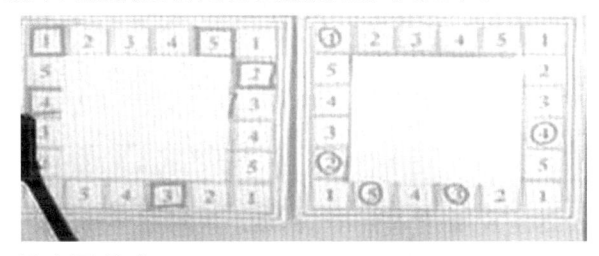

师：第二圈几个？最内圈几个？

师：5+3+1=9（个），也就是9个了。

师：这9个孔的位置都不一样，但他们挖孔的方法有什么共同之处呢？

生：他们在最外圈都挖了5个孔……

师：也就是，每圈每个数只挖一次。（板书：每圈每个数只挖一次）

（4）反馈。

师：请看，他是不是每圈每个数只挖了一次？

师：看到这幅作品，你有什么想法？

生：我认为虽然所挖数的位置不同，但只要每圈都挖了一次相同的数，也是对的。

生：这样太容易被破解了！

3. 学生制作密码表。

师：请在2号信封里的方格纸上圈出你想要挖的9个孔。

师：是不是按照每圈每个数只挖一次来圈的？

师：请你快速挖出这9个孔。

师：我们怎么用密码表写密码信呢？

生：把密码表放在信纸的上面，在挖出来的孔里面写字。先写完前面这9个字，然后把密码表按逆时针方向旋转90°，再在空白的地方写字，接着再旋转再往下写。

师：他是按照把密码表按逆时针方向旋转来写的，咱也可以试试？

【评析】这个探究活动中，张老师通过学生自学、小组讨论、全班展示、质疑补充、教师引领等环节帮助学生深入、透彻理解制作密码表的过程与方法，突破学习难点。确定挖孔的个数和位置是制作密码表的难点，学生观察图形思考"挖几个孔？这些孔挖在哪儿？"。学生通过观察、思考、讨论，发现：第一圈挖5个孔，分别有数字1，2，3，4，5，第二圈挖3个孔，分别有数字1，2，3，第三圈挖1个孔，就是数字1，孔的个数一共是5+3+1=9（个），使重点问题迎刃而解。最后，学生们总结发现"每圈每个数只挖一次"这一重要原则。

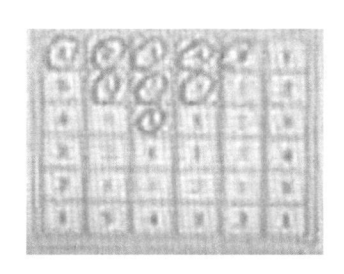

(三)活动三:写密码信

1.学生写密码信。

2.展示密码信。

师:这封密码信,谁来破解?

生1:不能破解。

师:为什么你的密码表破解不了他的密码信?谁能破解?

师:有请这封信的写信人为我们破解。

师:看来,密码表和密码信要一一对应才行!所以你在寄信时,要同时寄出你写信的密码表。

3.延伸。

师:如果想说的话很多,而在这张6×6信纸上没写完,怎么办?

生:把格子画多!

师:由此我们就想到用7×7,8×8等方格纸(课件同步展示7×7,8×8方格纸……)。这里面藏着的奥秘留给大家下去研究吧!

【评析】在这个环节,张老师首先是让学生独立写信,让学生明白按逆时针方向旋转、顺时针方向旋转写信都行,引导学生体会写信方法的多样化;接着展示密码信,学生通过辨析明白只有密码表和密码信一一对应才能破解密码信,体现了数学中一一对应的数学思想。

三、全课小结

师:今天的数学课好玩吗?你都玩了些什么?

师:同学们,今天我们运用了图形的旋转和一一对应的思想研究了密码表与密码信。

四、知识链接

1.录音介绍历史上最早的密码信:《腰带字母》。

课件配图播放用剑鞘读出腰带上的文字。

2.视频播放:电视剧《美人心计》片段。

师:在一些影视剧中,也有密码知识的运用。

播放视频并在《吕氏春秋》上定格:风平浪静。

【评析】张炼老师安排了两段视频——最早的密码信"腰带字母"、电视剧《美人心计》片段。在众多与密码信相关的资料中选择这两个资料,是因为它们与这节课学习的内容联系非常紧密,有异曲同工之妙,让学生直接体会到密码信在军事、生活中的应用价值,以及图形的旋转在实际生活中的应用价值。

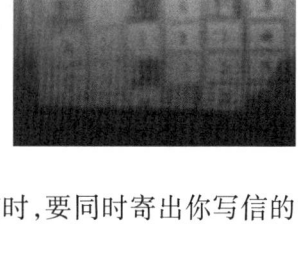

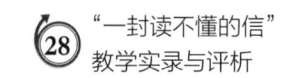

3.送书。

师:同学们,密码学在生活中的运用非常广泛。送大家几本书,如有什么疑问,可以联系张老师。这联系方式可要运用今天所学的知识才能破解哟!

【总评】

新课程标准中认为数学是一种文化,数学文化是由数学知识、思想方法、数学史、数学美等组成。所以数学文化的教学在知识技能教学的基础上,还必须注重数学文化的渗透,也就是要求数学教师对学生进行数学思想、数学精神等的教育。这节课上张老师从破解密码信、制作密码表、写密码信三个重要活动把图形的旋转和一一对应的数学思想融入其中,使学生对数学的认识不仅仅停留在数学知识、技巧的推敲和逻辑的推导上,同时也使学生了解到数学对社会发展和人类文化发展的影响,了解数学在科学中的地位,帮助学生形成动态的、正确的数学观。在整节课的教学过程中,张炼老师秉承数学文化、丰富数学内涵、渗透数学思想的数学教学理念,让学生通过对数学文化的学习,真正理解数学、喜欢数学、热爱数学。

29 "一封读不懂的信"教学实录与评析

- 执教：杨君玲（重庆市梁平区梁山小学）
- 评析：颜　红（重庆市梁平区梁山小学）

教学内容

西南师大版《数学文化》五年级下册第15课。

内容分析

图形的平移、旋转是在学生认识了平移、旋转现象基础上，对图形运动的再一次研究。教学中学生能在方格纸上认识图形的平移与旋转，并且能操作、会表述。对于其在生活中的应用，学生尚停留在"能从图形的平移、旋转以及轴对称的角度欣赏生活中的图案，并在方格纸上运用它们设计简单的图案"。因此，需要让学生进一步感受图形的平移、旋转更为广泛的应用。

本课"一封读不懂的信"就属于数学知识应用类别的故事，蕴含着应用图形的平移、旋转解决数学问题的数学内涵和一一对应的数学思想。教师通过"引出密码信""破解密码信""制作密码表""撰写密码信"等系列活动，让学生体验数学的趣味性，感受数学的应用价值，培养数学应用意识。

教学目标

1. 了解密码信，能读懂密码信，会制作密码表、撰写密码信。
2. 运用图形变换的原理探究密码信的制作原理，感悟一一对应的思想。
3. 经历制作密码表、撰写密码信、探究制作原理的全过程，感受数学好玩、神奇、有用，培养对数学的热爱之情。

教学重点

读懂并创作密码信，感受数学学习的乐趣。

教学难点

探究密码表小孔的位置规律,体会方格与某个数的对应关系。

教学准备

学生自学本课内容,并完成自学提示单;教师收集学生自学图片,制作多媒体课件。

课前谈话

师:昨天,杨老师漫步校园,随手拍到几张图片,一起去看看。

(课件播放校园风景图)

师:校园风景很美,但最美的风景还是校园中的人。昨天,同学们给我发送了自学时拍的照片,让我们去发现最美的你。

(课件播放学生自学掠影,定格"专注让你如此美丽")

师:让我们带着这份专注,走进今天的数学课堂。

【评析】通过课件播放熟悉的校园风景图和学生课前自学掠影,有利于吸引学生的注意力,让学生以积极的状态参与学习,重视学生良好习惯的养成,为直接揭示课题做铺垫。

教学过程

一、开门见山,揭示课题

师:今天,我们一起来研究"一封读不懂的信"。

教师板书课题。

【评析】课前已经安排了学生自学了本课的内容,并尝试制作一封密码信。这封读不懂的密码信已不再神秘,开门见山揭示课题,给人以简洁明快的感觉。

二、小组分享,交流读法

(一)初识密码信

(课件出示一封密码信)

师:通过昨天的自学,你知道这是一封怎样的信?

生:通过昨天的学习,我知道这是一封密码信,它由两张纸组成,一张是用来写文字的,另一张是用来打孔,让我们看懂这封信的。

师:你的回答不仅声音响亮,而且很完整!

师:正如这位同学所说,这封读不懂的信其实是一封密码信(板书:密码信),让我们能看懂这封信的那张表就是密码表(板书:密码表)。

(二)读懂密码信

1.组内分享。

师:借助专门的密码表就能读懂密码信。现在,请大家在小组里分享你制作的密码信。

小组活动。

教师巡视,收集典型作业,准备展示交流。

2.展示交流。

师:哪位同学愿意为我们展示一下你的密码信?

生1:把密码表放在密码信的上面,就可以通过密码表上的小孔读出信的第一句"吴玥佳你好!你在星";然后把密码表按顺时针方向旋转90°,就可以读出下一句"期六有没有时间来我";再把密码表继续这样旋转就可以读出后面的两句"家里玩?可以打羽毛""球玩电脑……好吗?"

师:从他的展示中,你有没有发现读懂密码信的关键点?

生2:要旋转密码表。

生3:我补充,每次旋转90°,可以按顺时针方向旋转,也可以按逆时针方向旋转。

生4:我发现只旋转了3次,第一次没有旋转。

师:第一次是怎样的?

生4:第一次应该是平移密码表,让密码表与密码信重合。

师:是的,通过平移和旋转密码表(板书:平移、旋转),让密码表的小孔与密码信的文字对应(板书:对应),就能读懂密码信。

【评析】学生在课前学习中,已经了解了这是一封用密码写的信,需要用密码表破译密码方可读懂。课中,教师让学生经历从"组内分享"到"展示交流"的全过程,满足了更多学生智慧分享的愿望,同时在交流碰撞中帮助更多学生懂得破译密码信的方法,初步感悟蕴含其中的数学内涵(图形的平移、图形的旋转)和数学思想(对应思想)。

三、聚焦问题,探寻本质

(一)引发质疑

师:通过自学,同学们会制作密码表、能读懂密码信了。在自学时,你遇到了哪些困难?还有什么疑问吗?

生1:我在自学的时候,知道密码表需要挖9个孔,我也挖了9个孔,但是在写密码信的时候还是没有成功,我不知道为什么?

师:你这个作业昨天已经发给我了,对吧?一会儿我们来分析。

生2:为什么只能挖9个孔呢?

生3：不一定，我的密码表就只挖了6个孔，也写出来了一封密码信。

师：嗯，我也收到你的作品了，我们一会儿再分享。

生4：为什么密码表旋转之后，读到的密码信内容没有重复的？

生5：在制作密码表的时候，为什么要按照从外到内的顺序依次编号呢？

师：很佩服同学们，能够边学习边思考。只有这样，才会有新的问题产生。要知道，提出问题比解决问题更难。

【评析】 学生在自学和尝试制作的过程中遇到了不少困惑，也有很多问题需要讨论，教师通过提问知道学生疑在何处、困在哪里，方能有的放矢。这也是本课"先学后教、以学定教"设计理念的具体体现。

(二)分析释疑

师：让我们来对比分析这几份作业，看看能否帮助大家解决这些疑问。

1. 第一次分析，发现密码表孔的数量相同，位置可以不同。

展台演示3封密码信及密码表。

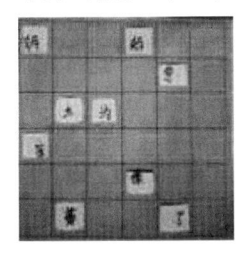

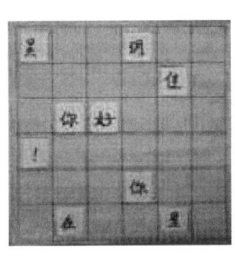

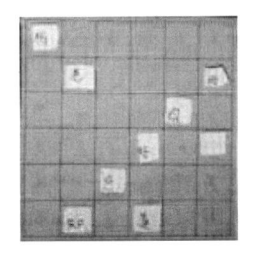

师：观察这3张密码表，有什么相同，又有什么不同。

生1：我发现，它们相同的地方是都挖了9个孔。不同的是，前两张挖的孔和书上的一样，第3张挖的孔不一样。

师：昨天布置自学作业时，杨老师说过，允许模仿、鼓励创新、不怕出错。第3张就是创新的结果。看来密码表挖孔的位置可以不一样，但数量必须相同，对吧？很会观察！

师：继续思考，能用第3张密码表去读懂前两封密码信吗？你有什么想法？

生2：第3张密码表肯定不能去读前两封信，但是前两封信所用的密码表是可以互换的，因为密码表是相同的。

生3：我有补充，写信的人和读信的人所使用的密码表必须是一样的，否则就读不懂对方写的信了。

师：看来，密码表和密码信必须配套使用才行。

【评析】 先研究后展示的实质是教育思想和行为的转变。问题是思维的起点，分析问题、解决问题的过程也是创造性思维的过程。3封密码信及对应密码表研究材料的展示，促使学生发现制作密码表不仅与孔的数量有关，还与孔的位置有关，每张密码表都只能破译与之对应的密码信。

2.第二次分析,在对比中发现本质:孔的位置不能重复。

师:刚才这位同学说,他的密码表也挖了9个孔,但是在写密码信的时候还是没有成功,这是怎么回事呢?我们一起来看看。

课件演示前一位学生提供的9孔错表。

师:仔细观察,先独立思考,然后再把你的想法在小组内交流。

小组交流,教师巡视。

师:哪位同学愿意分享你的发现?

生1:我发现,他这9个孔,有些是重复的。

师:请到讲台上来指给大家看。

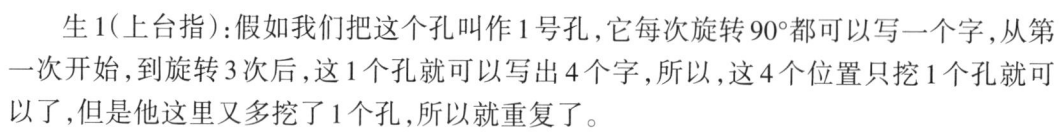

生1(上台指):假如我们把这个孔叫作1号孔,它每次旋转90°都可以写一个字,从第一次开始,到旋转3次后,这1个孔就可以写出4个字,所以,这4个位置只挖1个孔就可以了,但是他这里又多挖了1个孔,所以就重复了。

师:为了方便大家观察和思考,我们给他刚才指的这个小孔编上1号,每次旋转90°,旋转3次试试看(在6×6的方格纸上操作)。果然如他所言,密码表每次旋转后这个孔总能找到一个不同的字和它一一对应,所以,这个编号为1的位置就只能挖一次。那其他位置呢?

课件演示编好号的方格纸。

师(小结并板书):从刚才的演示中我们发现,在6×6的方格纸上,外圈要挖掉编号为1,2,3,4,5的5个孔,中圈挖掉编号为1,2,3的3个孔,内圈挖掉编号为1的1个孔,一共挖掉9个孔。这样,通过平移、旋转,就可以用密码表上的9个孔读出密码信上的36个字。看来,密码表上的9个孔的确不能乱挖,每个编号只能挖一次,才能让密码表旋转之后,每个孔都能与一个字一一对应。

板书如下:

密码信: 6 × 6 = 36

平移、旋转

密码表:
$\begin{matrix} 5 \times 4 = 20 \\ 3 \times 4 = 12 \\ 1 \times 4 = 4 \\ 9 \times 4 = 36 \end{matrix} \Big\} 36$ 一一对应

师:试试看,你能判断出下面这几张密码表问题出在哪里吗。

课件出示下图:

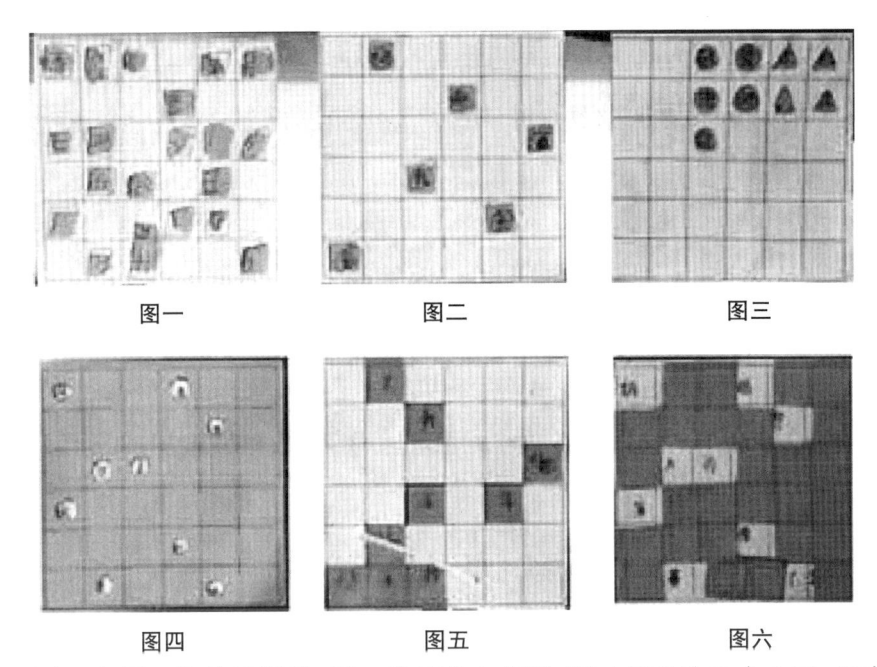

29 "一封读不懂的信"
教学实录与评析

图一　　　　　　　　图二　　　　　　　　图三

图四　　　　　　　　图五　　　　　　　　图六

生1：图一和图二都是错误的，图一挖的孔太多了，图二挖的孔又太少了，只有6个。

生2：图三的9个孔连在一起，别人一眼就能看出写的什么内容，就不叫密码信了。

生3：我觉得后面三张都不太好，图四的孔挖得太小了，不好写信，最后两张把格子都挖断了。

师：看来，挖孔既需要思考，也需要技巧。回头看看你的密码表还有哪些需要修正的地方，课后去完善。

课件出示图二：

师：刚才有同学说图二挖的孔太少，只有6个，这个表是错的。有不同看法吗？

生4：我觉得不一定，他这6个孔，不是也读出了6个字吗？只不过旋转之后读不完36个字而已。

师：真是这样吗？我们请这封信的作者自己来演示她的作品。

学生在展台演示，学生齐读信的内容，教师圈出每次读到的字。

（信的内容：杨雨洁我亲爱的朋友你好吗这个星期天我去你家孙琦佳）

师：你能告诉大家，你在制作的时候是怎么想的吗？

生：我的密码表只挖了6个孔，只能读出24个字，其他位置我就随便写些字，别人也就猜不出来信的内容了。

师：大家有什么问题想问她吗？

生5：你这6个孔是随便挖的吗？

生：肯定不是，还是要先编号，根据编号选数字，每一圈的数字也是不能重复的。

师：看来，只要孔的位置不重复，即使孔的数量不够，也是可以写出密码信的。你这么有创意的想法，真棒！

师：如果我要用7×7的方格纸制作密码表，在挖孔的时候又要注意什么呢？对比一下，你有什么发现？

生6：用7×7的方格纸制作密码表，最里面的那个方格不能挖，不然旋转之后这个孔不是每次读1个不同的字，而是要读4个同样的字。

师：这样的话，密码表每次使用的时候，孔和字就不是一一对应了。说得真好！

生7：我发现，如果每边的格子数是单数的话，最中间的那个格子都不能挖，不然旋转的时候就会重复。

师：总结得很好！

【评析】学生在逐步深入的探究中不断获得成功的体验，增强了继续探索的信心。研究不成功的9孔密码表，推动学生在独立思考后，积极参与小组讨论和全班分享。师生之间、学生之间多通道、多层面、多向性的信息交流，帮助更多学生更好地认识、理解制作密码表时怎样给正方形格子编号，哪些位置该挖孔，哪些位置不挖孔；多个问题密码表研究材料的集中呈现，让学生进一步发现密码表中孔的大小、孔的位置、孔的数量都会影响密码信的制作；研究成功的6孔密码表和用7×7的方格纸制作密码表，开拓了学生的视野，有利于培养学生的创新能力……多次探究密码表的制作，让学生深刻体会了图形变换的原理在制作密码表中的作用，使教学难点"探究密码表小孔的位置规律，体会方格与某个数存在一一对应关系"得以突破。

四、引发追问，渗透文化

师：学到这里，关于密码信，你还想了解什么？

生1：我想知道，用圆形的纸能不能制作密码表？

师：这个问题老师真还没有思考过，不过咱们下课可以去尝试一下。

生2：我想知道是谁发明了密码信？

生3：我想知道密码信还有什么作用？

师：让我们穿越历史去了解更多关于密码信的知识吧。

课件播放图片，介绍历史上最早的密码信——腰带情报。

课件播放图文，介绍密码及密码学在战争、外交及日常生活等各个领域的运用。

师：一封读不懂的信，从课前到课中，让我们感受到的不仅仅是数学的神奇、好玩（板书:神奇、好玩),密码信的广泛应用更让我们体会到数学的有用(板书:有用)。

【评析】儿童具有好奇、好问的特点,具有探究的天性。这种天性只有通过教师的引导才能转化为对数学探究的热爱和兴趣。在课堂上教师给学生提供了丰富的、神奇的感性材料,开放的学习空间,打开学生的思路,促进学生思维向深度和广度拓展,使数学文化的渗透润物无声。

五、现场赠书,拓展延伸

师:今天我们研究的密码信只是密码学中的冰山一角,更多有趣、好玩、神奇、有用的知识藏在书里面,送给大家两本少儿科普读物:《破译神奇密码信》《密码全攻略》,希望同学们对密码和密码信能有更多了解。

【评析】少儿科普读物的赠送寄托了老师希望学生能运用数学的眼光观察现实世界、用数学的思维分析现实世界、用数学的语言表达现实世界的心愿。课已尽、意无穷,只有乐于学习才会不断受到优秀文化的熏陶。

【总评】

本节课遵循学生认知规律和心理特点,采用先学后教的教学方式,让学生真正主动参与探究学习,充分发挥学生学习的积极性和主动性,有效地培养学生主体独立学习、实践的能力,激发学生主动探索的精神和创造潜能。本节课的教学体现如下特点:

1. 以生为本,激发学生主动学习的动力。

心理学家布鲁纳强调,学生学习的内部动机是学习过程的真正动力。本节课教师重视发挥学生学习动机在学习过程中的作用:教学内容以富有挑战性的课题"一封读不懂的信"引起学生的关注;教师充分发挥《数学文化》的优势,让学生课前在自学提示单的引导下,先自学《数学文化》,《数学文化》语言通俗易懂,富有童趣,大量生动传神的漫画和详尽具体的图表,增强和激发了学生学习的兴趣;采用先学后教的教学方式,让学生在课前自学中初步感受密码信的神奇,在尝试制作密码信的过程中有发现、有困惑……学生主动学习的动力得以激发,教师开门见山揭示课题,不仅给人以简洁明快的感觉,而且关注学生急切探究的欲望。

2. 先学后教,开启更多学生智慧的潜能。

《基础教育课程改革纲要(试行)》强调:教师应尊重学生的人格,关注个体差异,满足不同学生的学习需要,使每个学生都能得到充分发展。

学生课前自主学习,整体感知,依赖自己的建构为课中学习储备一定的知识经验。教师心中装着学生,为他们创造民主的课堂交流环境,使学生在思维碰撞中再次认识密码信,在利用密码表破译密码读懂密码信的活动中进一步感受图形的平移、旋转更为广泛的应用,初步体会方格与字符一一对应的关系。相互尊重、平等交流,最大限度地满足了更多学生数学学习的需求,最大限度地开启了更多学生智慧的潜能,使他们感受到学习数学的乐趣。

3. 质疑释疑,培养学生主动探索的精神。

学生尝试制作密码表、读懂密码信的自学经历让学生从数学表象深入数学内涵的挖掘。在实践的过程中一系列疑问的产生激发了学生探究的欲望,为进一步探索密码表的制作提供了丰富的研究材料,增强了探究的实效性。

教师精心选择了源于学生自学中产生的研究素材:不成功的9孔密码表、成功的6孔密码表、多个问题密码表,引导学生利用图形变换的原理,发现密码表小孔的位置规律,体会方格与某个数存在一一对应关系。学生在探究中不断获得成功的体验,不断增强探究的信心,促使学生进一步探究用7×7的方格纸制作密码表。

整节课,"引出密码信""破解密码信""制作密码表""撰写密码信"等系列活动,保证了学生学习的主体地位,充分发挥了学生学习主体的作用,提高了学生的探究能力,培养了学生主动探索的精神,提高了学生的数学素养。

30 "拯救野生东北虎"教学实录与评析

- 执教：孙 莹（黑龙江省哈尔滨市继红小学校）
- 评析：杨瑞松（黑龙江省哈尔滨市教育研究院）

教学内容

西南师大版《数学文化》六年级上册第1课。

教学目标

1. 在解决拯救野生东北虎的具体情境中，理解用分数乘法等知识解决问题的意义，掌握分数乘法的计算方法，渗透转化的数学思想。

2. 经历自主探索、合作交流，在解决实际问题过程中，提高学生信息收集的能力以及发现和提出问题、分析和解决问题的能力，提升获取信息、积极思考、发现问题、合理解决问题的数学素养。

3. 激发学生保护野生东北虎、保护大自然的欲望，体会保护环境的重要性；感受人与自然的和谐相处，体会数学在生活中的应用价值；提高学生关爱动物、尊重生命的意识。

教学重点

理解用分数乘法等知识解决问题的意义，渗透转化的数学思想。

教学难点

用分数乘法解决问题的方法。

教学准备

课件、题卡。

教学过程

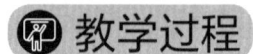

一、尝试发现

1. 播放新闻视频。

师:前两天,老师在网上关注到一则有关东北虎的新闻。观看视频后谈谈你的感受。

(播放视频:2011年10月27日,一具东北虎尸体在黑龙江省密山市一水库边被村民发现)

生1:东北虎很可怜,我们应该保护它们,而不应该伤害它们。

生2:死因和人类捕杀有关。

师:同学们都有保护野生动物的意识,我们应该学会与大自然和谐相处。

2. 再看一条信息,谈感受。

(课件出示:东北虎是我国国家一级保护动物。2008年,东北虎被评为"全球十大最濒危的稀有动物物种"之一)

师:东北虎的数量日益减少,拯救它们迫在眉睫。这节课我们就以"拯救野生东北虎"为主题上一节数学课。(出示课题)

【评析】用一则关于东北虎的新闻视频导入,引发学生对野生动物的关注,激发学生探究的欲望,顺势引出本节主题。同时,培养学生发现问题、提出问题的能力。

二、探究形成

师:要想拯救东北虎,我们得先了解它,你想了解它哪方面的信息?

生1:我想了解东北虎吃的情况。

生2:我想了解东北虎住在哪儿,目前的数量是多少。

师:也就是要了解东北虎的生存现状,把大家提的问题梳理一下,就是"吃"和"住"的问题。

(一)研究"吃"

1. 野生东北虎的食量。

师:野生东北虎吃什么呢?

生:肉。

(课件出示:东北虎一天的食量约是自己体重的 $\frac{1}{20}$。一只成年东北虎重约300 kg,那它一天要吃多少千克食物呢?)

师:怎么解决呢?请先独立思考,写出过程,再跟同桌交流。

学生板演。

汇报:

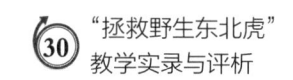

（1）300÷20=15（千克）。

生1：把老虎的体重平均分成20份，求1份用除法。

师：这里把谁看作单位"1"？用一条线段表示老虎的体重，也就是单位"1"。$\frac{1}{20}$表示把单位"1"平均分成20份，其中的一份，就是求单位"1"的$\frac{1}{20}$是多少。

出示线段图：

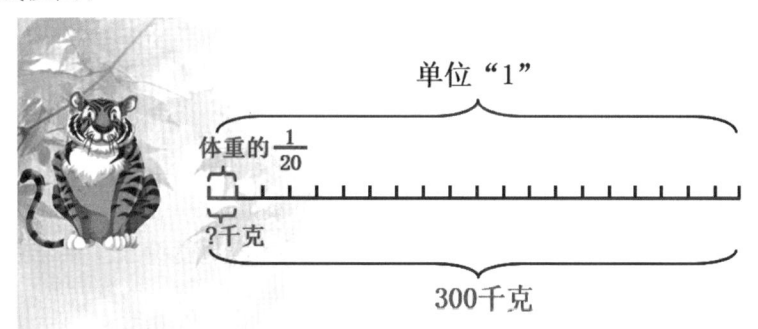

师：我们可以借助线段图来帮助理解。他是把分数的问题转化成了除法问题。

（2）$300 \times \frac{1}{20} = 15$（千克）。

生：求一个数的几分之几用乘法。

师：别忘了约分，约分能使计算简便。

师：东北虎一天能吃15 kg肉，这东北虎食量挺大啊！

2. 野生东北虎都吃些什么？（出示信息）

东北虎主要捕食鹿、羊、野猪等大中型哺乳动物。一只中等大小的东北虎每周约需要一头成年梅花鹿大小的有蹄类动物的肉量。

照这样计算，它一年大约需要52头成年梅花鹿或等量食物。

3. 野生东北虎的食量转化成草来计算。

师：被东北虎捕食的这些动物又吃什么呢？以鹿为例，鹿吃什么呢？

生：吃草。

师：老虎和草有什么关系吗？这只东北虎一天所需要的肉食，需要多少千克的草来转化呢？

生独立解决，板演，汇报。

生1：草的$\frac{1}{10}$是肉的质量，也就是肉的质量是草的$\frac{1}{10}$，所以，草的质量是肉的10倍，15×10=150（千克）。

生2：草的 $\frac{1}{10}$ 的质量是15 kg，求单位"1"。$15 \div \frac{1}{10} = 150$（千克）。

师：已知一个数的几分之几是多少，求这个数，用除法计算。
虽然东北虎吃的是肉，但从某种意义上看，相当于吃的是草。

4. 野生东北虎食量转化成草地来计算。

师：草又长在哪儿？这些草又需要多大面积的草地呢？
生独立计算，板演。
生：$150 \div 0.2 = 750$（平方米）。
师：750平方米大约有15个教室这么大。

5. 总结提升。

师：关于研究"吃"，你有什么发现？
师：东北虎吃肉，肉是草转化的，草又需要草地来种植，这就构成了生态系统的食物关系。

6. 出示信息，口答。

师：接下来从下面这条信息里，你又能发现什么？
（课件出示：目前俄罗斯森林有蹄类动物密度为5只/平方千米，而中国土地面积仅是俄罗斯的 $\frac{1}{5}$）

师：每平方千米东北虎才能找到1只有蹄类动物，说明了什么？供给东北虎的食物太少了，野生东北虎不够吃啊！

【评析】自主探索、合作交流，在解决问题过程中，培养学生分析问题、解决问题的能力。引导学生关注食物链，渗透转化思想。

（二）研究"住"

师：想自己探究一下吗？请大家根据老师提供的两个信息，独立解决。

一只雌性东北虎的领地面积约为5000平方千米，而一只雌性东北虎的领地面积是雄性的 $\frac{5}{12}$，一只雄性东北虎的领地面积约是多少平方千米？

半个世纪前，我国适合东北虎栖息生存的森林有20万平方千米左右，而现在已大大减少，仅是原来的 $\frac{1}{10}$。现在东北虎的栖息地面积比原来约减少了多少万平方千米？

生1：求单位"1"用除法。
师：1200平方千米大约相当于4个贵阳观山湖区的面积。能看出东北虎活动区域范

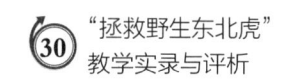

围大,需要足够的空间。

生2:减少了18万平方千米。

师:这又有多大呢? 大约相当于贵州省的面积。可见,东北虎的生存空间急剧减小。照这样发展下去,会导致什么结果呢?

生:野生东北虎濒临灭绝。

(三)数量少

师:大家知道目前我国野生东北虎有多少只吗?(先猜一猜)

目前全球野生东北虎仅存不到500只,主要分布在俄罗斯远东地区和中国东北森林中。中国野生东北虎栖息在黑龙江省和吉林省东部的长白山区,数量不足总数的$\frac{1}{25}$,中国目前野生东北虎的数量是多少只?

$$500 \times \frac{1}{25} = 20(只)$$

生口算。

(四)造成原因

师:东北虎的数量日渐减少,究竟是什么原因导致这种现况的呢?(出示折线统计图)

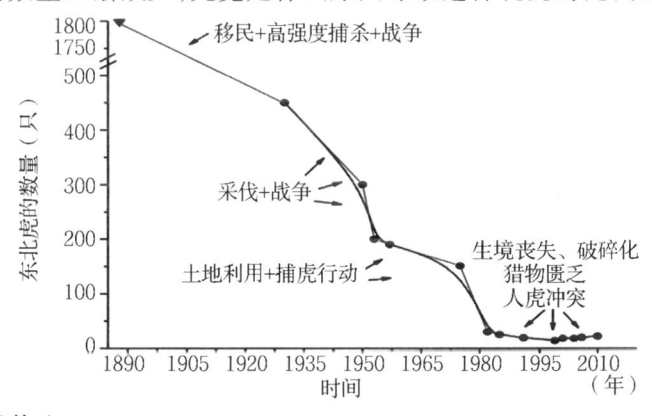

师:你看懂了什么?

师:野生东北虎的数量急剧下降,归根结底是人为造成的。近几十年,野生东北虎的数量变化较为平缓,由此可以看出随着我国经济社会的发展,人们的环保意识有了较大提高,开始重视保护生态环境。

【评析】在解决问题的过程中,教师融入了大量的相关信息使学生认识到造成我国东北虎濒危的根本原因是生态破坏导致了野生东北虎栖息地急剧减少。又直观呈现折线统计图,将学生的思维层层引向深入,也为下面制订保护东北虎的措施这一环节做了铺垫。

三、联想应用

1. 采取措施。

师:请选择你喜欢的做一做,先提问,再解答。

拯救措施:

(1)据调查,1998年,中国森林面积1.34亿公顷,现在是当时的1.2倍。

(2)吉林省森林公安局2014年查处盗猎案件约300起,2015年发生的此类案件数量是2014年的$\frac{9}{10}$。

(3)2012年我国政府把32头成年鹿放归吉林省汪清山林,计划在2022年使该地鹿的数量比2012年多$\frac{9}{16}$。

(4)世界最大的野生自然保护林园——哈尔滨林园,号称"千虎之园"。计划每年把其中$\frac{1}{250}$的虎放归自然。

生:植树造林、打击盗猎、放归猎物、放虎归山等措施。

师:不仅中国人在行动,国际上也非常重视生态平衡。

[课件出示:国际上将每年的7月29日定为"全球老虎日"。2011年7月29日,国家林业局(现中华人民共和国自然资源部下设的国家林业和草原局)正式启动实施"中国野生虎恢复计划"。]

师:我们在实行恢复计划中看到了拯救野生东北虎的希望。

2. 保护意义。

师:我们为什么要拯救野生东北虎呢?(课件出示信息)

野生东北虎处于食物链的顶端,保护野生东北虎能有效地控制当地食草动物的数量,维持生态系统的平衡,保护人类赖以生存的自然环境。

师:一句话,只有人与自然和谐相处,才能保护好我们的生存环境。

3. 小结学习方法。

师:这节课,我们在解决问题时都用到了哪些数学知识?

生：分数乘除法、小数乘除法、折线统计图。
师：希望同学们以后都能善于利用数学知识解决生活中更多的实际问题。

4.拓展与应用。
师：关于东北虎还有很多知识，感兴趣的同学可以课下了解。

四、全课总结

师：拯救野生东北虎，实际上就是在保护我们赖以生存的美好家园，希望同学们能从我做起，从小事做起，保护环境，人人有责。

【总评】

"拯救野生东北虎"一课，教师在带领学生了解我国野生东北虎发展状况的基础之上，用科学的方法分析了动物与自然之间的关系密不可分，人类的生存也与动物息息相关。我们一直强调人与自然的和谐发展，也一直在向着这个方向努力。教师引导学生通过自主探究、评价交流的学习活动，用分数乘除法等知识解决问题，渗透转化思想，从而培养学生分析、比较、综合、概括的能力。

1.突破传统教学模式，教学思路独特新颖。

教师把整个学习过程放手给学生，让学生小组合作，全员参与，共同探究，由感性认识上升到理性认识，让学生参与知识获得的全过程。

2.重视学生在学习过程中的参与程度，关注他们的处境和感受。

本节课结合教师自己家乡的地理特点，利用大量有关野生东北虎的现实信息，引领学生用数学知识解决问题，借助真实的数据感受现实意义。让学生经历自主探索、合作交流，在解决实际问题的过程中，提高信息收集的能力，提高发现和提出问题、分析和解决问题的能力，提升学生获取信息、积极思考、发现问题、合理解决的数学素养。

3.注意到数学知识与现实生活之间的联系，关注学生的生活经验。

整节课贯穿了野生东北虎的现实信息，引领学生用数学知识解决问题，不仅激发了学生学习数学的兴趣，调动学生用数学眼光看问题、用数学思维思考问题，更促进了学生环保意识的增强和社会责任的培养。

31 "破译美的密码"教学实录与评析

- 执教：陈　艳（重庆市江北区新村实验小学校）
- 评析：孔　燕（重庆市江北区新村实验小学校）

教学内容

西南师大版《数学文化》六年级上册第6课。

内容分析

"破译美的密码"的实质是认识黄金分割比，了解黄金分割比的应用价值。多个版本的数学课标教材都在六年级上册编排了"认识比"的相关内容，并且都在"你知道吗？"这一板块中对黄金分割比有了简单介绍，但仅限于让学生做初步认识。通过本节课的教学，学生对"黄金分割比"应该有更加全面而又深入的认识，并会用一双"智慧"的眼睛去发现生活中的黄金分割比。基于这样的认识，我把教学分为发现美、探究美、寻找美、创造美四个环节，同时为学生的学习提供丰富多彩的美的素材，让学生充分认识"黄金分割比"，会发现"黄金分割比"，了解"黄金分割比"的发展历史，感受"黄金分割比"在古今中外的广泛应用。

教学目标

1. 经历发现美、探究美、寻找美、创造美的教学过程，认识黄金分割比，培养数感和应用意识。
2. 经历猜想、验证、归纳等数学活动，培养学生良好的数学思维品质。
3. 让学生在探索交流的过程中获得成功的体验，增强自信心，同时感受数学美，体会数学的应用价值。

教学重点

能找到生活中的黄金分割比，创造黄金分割比。

31 "破译美的密码"
教学实录与评析

📋 教学准备

计算器、学习单。

📝 教学过程

一、欣赏美景,揭示课题

师:同学们喜欢旅游吗? 如果你认识这些地方,就大声叫出它们的名字?
课件出示建筑图片。
生:上海东方明珠塔。
生:自由女神像。
生:印度泰姬陵。
师:这些建筑都给你怎样的感觉?
生:美。
师:像这样美的建筑还有很多,(出示著名建筑)它们都有一个共同的美的密码,今天这节课我们就来破译它。由于时间关系,这节课我们重点研究这三个建筑。

【评析】世界上有很多美的事物,但人们的审美观有所不同。同样的事物,有的人认为美,有的人却认为不美。所以,陈老师在众多美的事物中精心挑选了被世人公认的几个著名的美丽建筑,一方面为研究黄金分割比提供了良好的素材,另一方面又从开课伊始就牢牢吸引学生的眼球,激发了学生探究美的奥秘的欲望。

二、探索奥秘,发现黄金分割比

1.提出研究方法。
师:这是东方明珠塔的设计模型,如果把它设计成这样,你们感觉怎样?
生:不好看。
师:那设计成这样呢?
生:还是不好看。
师:为什么设计成后面两幅图就不好看了呢?

（生谈发现）

师：看来，东方明珠塔设计成这样，上、下两部分的长度是有一定关系的。到底有怎样的关系呢？我们用比的知识来研究它吧。

2. 初步感知0.618。

师：这是东方明珠塔的相关数据，请同学们先写出它的上部分和下部分的比，以及下部分和全长的比，并算出比值，除不尽的保留三位小数，明白了吗？

生：上部分和下部分的比约是0.618。

生：下部分和全长的比约是0.618。

师：观察比值，你发现了什么？

生：我发现都是0.618。

师：自由女神像和泰姬陵呢，猜一猜会是什么结果。（也是0.618）

师：0.618到底是一个怎样的数呢？我们一起来了解一下。

$\dfrac{上部分}{下部分} \approx 0.618$

$\dfrac{下部分}{全长} \approx 0.618$

$\dfrac{上部分}{下部分} \approx 0.618$

$\dfrac{宽}{高} \approx 0.618$

3. 播放微课，理解概念。

师：通过刚才的介绍，你知道了什么？（生根据所学回答）

师：现在你能说出东方明珠塔哪部分和哪部分的比是黄金分割比吗？

师：自由女神像和泰姬陵呢？

师：其实，刚才大家找的这些比都是较短部分和较长部分的比。比值都约是0.618。这样的比就叫黄金分割比。

【评析】人的认知通常有两个不同的过程，一是从特殊到一般，二是从一般到特殊。与之对应的有两种不同的推理形式，一种是归纳推理，一种是演绎推理。而陈老师在这里采用的就是符合教育规律的不完全归纳推理。通过计算三个建筑较短部分与较长部分的比，学生经历了猜想、验证、发现，最后得出结论的过程。利用微课介绍相关概念后，又回到三个建筑来帮助学生理解概念、巩固基础知识。

三、小组合作，寻找黄金分割比

1. 舞台上的黄金分割比。

师：原来，美的密码就是黄金分割比。主持人在舞台上所站的位置也常常位于舞台的黄金分割点处。如果把舞台的长度看成一条线段,你能指一指主持人的站位大约在哪儿吗?

生:我认为大约在中间再往右边移动一点儿位置。

师:他在舞台的右边找到了0.618。还有不同的吗?

生:我认为也可以在这儿。

师:看来,0.618就是比一半多一点儿,大概就在一条线段的$\frac{2}{3}$处。

2. 合作找黄金分割比。

师:你也能找出下面这些图片中的黄金分割比吗?前后来四人一组找一找。

(1)松鼠

生:我们发现松鼠所在位置的后部分和前部分的比是黄金分割比。

师:这位同学在不经意间就发现了拍照的秘诀。(出示)摄影专家建议,拍照时,将拍摄的主要对象放在画面的接近三分之一处,会使画面更具美感。

(2)蝴蝶

师:你们在蝴蝶身上找到黄金分割比了吗?

生:我们组认为翅膀张开后的宽和长的比是黄金分割比。

师：确实通过测量和计算，蝴蝶翅膀张开后的宽和长的比是黄金分割比。

师：如果我们把蝴蝶的四周像这样连接起来，就会形成一个长方形。宽和长的比约是0.618。这样的长方形叫"黄金矩形"。

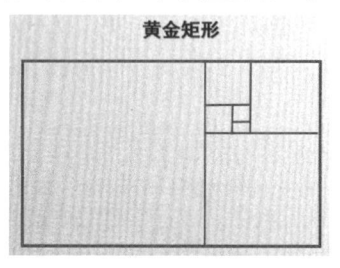

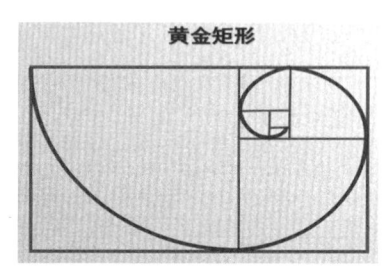

（结合课件介绍黄金矩形的神奇之处）

师：世界上，有一个著名的建筑与这些黄金矩形神奇地吻合。它就是希腊的国宝——帕特农神庙。

师：继续看下去，如果把每个正方形的顶点像这样顺次连接起来，会形成一条美丽的曲线，这条曲线叫黄金螺线。（出示大自然中有黄金螺线的事物）

（3）蒙娜丽莎

师：这幅画，你们从中找到黄金分割比了吗？（生交流汇报）

师：其实，这幅画还有很多黄金分割比，比如鼻尖到下巴的长度与脸长，脸宽和脸长，还有脖子以上部分和以下部分。所以，达·芬奇被誉为最擅长用数学知识绘画的大师。

【评析】当学生理解了黄金分割比后，还要让学生具有一双会发现"黄金分割比的眼睛"。陈老师首先通过全班齐找舞台上的黄金点，让学生在互动质疑中发现0.618其实就是比0.5多一点，培养了学生的数感。有了数感，学生才能用这样的眼光去寻找其他事物中的黄金分割比。所以，学生在后面找一些事物身上的黄金分割比时表现得很好。同时，三个素材的选择也暗含深意：通过松鼠照片的黄金分割比介绍了拍照的技巧，通过蝴蝶身上的黄金分割比引申出黄金矩形、黄金螺线，通过蒙娜丽莎的黄金分割比拓展了知识——绘画中的黄金分割比。

四、欣赏阅读，追溯黄金分割比的起源

师：还想见识更多的黄金分割比吗？（播放微课）

师：有什么感受？

师：黄金分割比的应用这么广，它到底是谁发现的呢？（生阅读资料，交流所得）

黄金分割比的起源和发展

关于黄金分割比的起源，大多人认为是公元前6世纪古希腊的毕达哥拉斯发现的。

公元前4世纪，古希腊算学家欧多克斯是第一个在数学史上系统研究黄金分割的人。他提出的计算黄金分割最简单的方法，是计算斐波那契数列1,1,2,3,5,8,13,21…，前一项和后一项的比值越来越接近0.618。

公元前300年前后，欧几里得撰写的《几何原本》成为最早的有关黄金分割比的论著。

师：关于毕达哥拉斯发现黄金分割比还有两种不同的说法。（介绍两种说法：一种传说是由打铁的声音发现的，另一种是研究图形时发现的。）至于到底是怎么发现的，由于时间太久远，无从考证。

【评析】生活中的黄金分割比还有很多,陈老师精心挑选了植物、动物、建筑、绘画、音乐等各个方面的素材制作成微课,让学生在优美的旋律中进入黄金分割比的大世界,带给了学生美的震撼!然后,陈老师还利用阅读、交流等形式为学生介绍了黄金分割比是如何被发现、研究的,增强了课堂的文化底蕴,培养了学生的数学素养。

五、运用所学,创造黄金分割比

师:你们觉得人的身上有黄金分割比吗?(生根据经验回答)

师:以身高为标准,如果谁的黄金分割点在肚脐这个位置,那么他的上半身和下半身的比值就约是0.618,这样的身材被称为黄金身材。你觉得陈老师是不是黄金身材?

师:要判断陈老师是不是黄金身材,需要知道哪些条件?

生:上半身和下半身的长度。

师:(出示数据)帮我算一算。

师:有没有什么办法快速拥有黄金身材?

生:穿高跟鞋。

师:到底多高呢?(生算,上台讲解)

师:8.8 cm,大约这么高。谢谢你们!

黄金身材

上半身长度:下半身长度≈0.618

上半身长度:64.5厘米
下半身长度:95.5厘米

陈老师穿多少厘米高的高跟鞋可以拥有黄金身材?

【评析】学以致用、举一反三是数学教学应有的教学目标。在巩固练习环节,陈老师以让学生改做练习题的形式,创设了为老师设计高跟鞋的环节。这一环节集生活性、趣味性、互动性、拓展性、思考性于一体,不但巩固了本节课的基础知识,而且提升了学生的认识,把整节课推向了高潮。

六、全课总结

师:回顾一下,今天这节课,我们学习了什么,有什么收获或感受。(生谈)

师:听到学生有这么多收获,老师很开心。希望同学们继续用黄金分割比的眼睛去观察世界,你会发现更多的美。

【总评】

　　本节课的教学内容属于数学知识认识类别,有关黄金分割比的知识,学生通过数学教材中的"你知道吗"有了一些了解,但仅限于初步的认识。而数学文化中的"破译美的密码"更让学生对黄金分割比有了更加全面而又深入的了解。陈老师在这一节课中精心挑选素材,设计丰富的活动,让学生经历发现美、探究美、寻找美、创造美的系列过程,丰富了对黄金分割比神奇的感受。同时,学生通过对黄金分割比的大量感知,体验到数学与生活、艺术、建筑、自然完美交融,既开阔了视野,又培养了数学素养,增强了文化底蕴,是一堂精彩的数学文化课。

32 "货比三家不吃亏" 教学实录与评析

- 执教：陈厚智（重庆市大渡口区实验小学）
- 评析：刘　凤（重庆市大渡口区实验小学）

教学内容

西南师大版《数学文化》六年级上册第12课。

教学目标

1. 通过了解商家纷繁复杂的促销活动，学生能够数学化地思考问题，做出有效的选择。
2. 学生在分析、解释、交流、应用的活动中，感受数学的价值，培养数感，增强应用意识。

教学重点

会解释、比较各种促销策略，能正确区分"满省"与"满送"的差别。

教学难点

在众多促销策略中，能根据需要进行有效选择。

教学准备

课件、计算器。

教学过程

师：同学们，你跟谁一起逛过商场？跟妈妈逛商场有什么特点？跟爸爸一起购物又有什么特点呢？有没有独自去商场购物的经历？

【评析】生活经验是儿童数学学习的重要资源。上课伊始,教师从学生感兴趣的话题说起,从学生熟悉的生活经验出发,既拉近了新知与学生的距离,激发了学生学习的积极性,也便于准确把握学生学习的"起点"。

一、情境引入

师:"六一"儿童节快到了,小丽的爸爸妈妈想给她买一条裙子当作礼物。我们跟随他们的脚步去百货商场A看看。

(播放视频:小丽一家逛商场,来到一家童装店(一律七折)。小丽:我喜欢这条裙子。爸爸:我们去付钱买吧。妈妈:不着急,我们再去多看几家吧。)

师:你明白妈妈说"多看几家"的意思吗?

生1:妈妈想多比较几家,万一还有更便宜的。

生2:可能其他商场在做活动,会更便宜。

师:看来,妈妈说多看几家,做到"货比三家不吃亏"。(板书课题)

【评析】通过视频唤起学生的购物记忆,以"妈妈为什么要多看几家"的设问让学生利用已有经验来分析、理解,自然入课,也让学生初步地感知了"货比三家不吃亏"。

师:大家课前去商场做了调查、收集,你们了解到有哪些常见的促销活动?请在4人小组里交流一下。

学生汇报。(打5折,满200省60,满300送150等)

(视频出示教师收集到的促销信息:打折2个、满送2个、满省2个、买一送一、一件8折二件7折,满抵,打折与满省)

师:商场这么多的促销活动,你觉得最常见的有哪几类?

生:打折,满多少送多少,满多少省多少,买几送几(随机板书:打折、满送、满省、其他)

师:商场有这么多的促销活动,难怪小丽妈妈说要多看几家。

【评析】课前开展商场促销活动调查,培养了学生用数学的视角看世界的意识和信息搜集的能力;课堂上的交流、汇报,在生生互动中让学生理解了各种促销活动的含义,也进一步感知到"货比三家"的必要性。

二、购物体验

(课件呈现:小丽一家走出百货商场A,来到百货商场B,这里的促销活动是满200省80;百货商场C的促销活动是满300送300。)

师:同一款裙子,三个商场的促销活动不一样,你会选择到哪一家买呢?

你可以借助计算器来算一算。(学生用计算器计算)

师:谁来分享你的选择?

学生汇报,课件出示算式。

师：回顾刚才小丽一家购物的过程，小丽首先选定心仪的裙子，这就是她的"需要"，然后通过货比三家进行"比较"，最后做出了自己的选择"决策"。（贴板书：需要—比较—决策）这就是我们购物的一般步骤。

师：经历了这次购物，你想对小丽的爸爸说点儿什么呢？

生：在买东西时，不要那么着急做决定，要做到货比三家。

师：你们建议小丽的爸爸要货比三家，那"货比三家"比什么呢？

生：比价格，比促销活动，看哪家更划算。

师：价格的差异，很多时候来自于商家不同的促销活动。如有的是打折、有的是满多少送代金券、有的是满多少直接省现金。（板书连线）

【评析】通过多媒体课件的情境创设，学生模拟性地体验着购物全过程，进而归纳出购物的一般步骤：需要—比较—决策。数学和学生生活实际的衔接，使学生感到生活中处处有数学，学起来自然、亲切、真实。

三、明辨促销

师：要做一个智慧的消费者，还需更深入地了解商场常见的促销活动。

1. 将满送转换为折扣。

师：没有选择"满300送300"这个活动，是因为没有达到满送的条件。可前几年某商场才推出这个活动时，吸引了大量的消费者，商场里人山人海，有人在说，"满300送300"难道是不要钱吗？（课件呈现问题）想一想，把你的想法说给同桌听一听。（板书：满300送300）

学生汇报。

生1：要钱，假如这件衣服260元，不足300，就还是要付260元。

生2：假如一样东西580元，满300送300，还要付280元。

生3：我认为他说得有问题，这样东西580元，满300送300，不是付280元，应该付580元，送300元的代金券。（板书：原价580元，付580元，送券300元）

师：还有什么疑问或补充吗？

生4：我想补充一下代金券只能下次使用，本件东西不能使用。

生5：我想问如果东西600多元，是不是就送600元的代金券？

生6：是的，满几个300元，就送几张300元的代金券。

师："满300送300"这个活动最合算时相当于打几折？

生：5折，你想如果一件东西刚好300，就送300元的代金券，又可以买300元的东西，相当于用300元买了600元的东西，300÷600=0.5，相当于5折。

师：最不合算时呢？

生：不打折，没到300元。

师：所以"满300送300"这个活动是从5折—不打折。（板书：5折—不打折）

【评析】以"难道是不要钱吗？"的设问较好地引发了学生的分析、思考、争辩；再以"这个活动最合算时相当于几折？最不合算时呢？"的问题为导向，进一步引导学生利用转化的方法，以"打折"为媒介，找到"满300送300"这一促销活动的数学实质，数学学习因此而深刻。

2. 将满省转换为折扣。

师："满200省80"什么时候最合算？

生：购买物品的价格是200元或200的倍数时最划算。

师：满400省几个80？

生：省2个80。

师：最合算时相当于几折？最不合算时呢？

生：最合算时相当于6折，一件东西刚好200元，满200省80，用120元可以买到200元的东西，120÷200=0.6，相当于6折。

生：最不合算时是不打折，没满200元。

师："满200省80"这个活动是从6折—不打折。（板书：6折—不打折）

【评析】利用"同化"的认知方式，再次引导学生通过转化为打折的方法理解"满200省80"的数学实质。

3. 区别满送和满省。

师：（课件呈现情境）一件大衣标价2098元，商场活动满500送300，服务员对一位女士说，今天买很合算，满500送300，相当于只要898元。女士说付898元可不可以卖给她？你们觉得呢？

生：不能卖，要付原价2098元，然后送1200元的代金券。

师：服务员说只要898元，其实是什么活动？

生（齐）：满500省300的活动。（课件呈现：满500省300），这跟满500送300，是一样的吗？

师：比较"满500送300"与"满500省300"，它们最合算时各自相当于打几折？想一想，同桌互相说一说。

生："满500送300"，最合算时相当于花了500元，买了800元的商品，500÷800=0.625，也就是6.25折。

生："满500省300"，相当于只付了200元，买了500元的商品，200÷500=0.4，也就是4折。

师：通过这个活动，你有什么感悟？

生：两个活动看起来差不多，只有一字之差，优惠幅度完全不同。

师：同学们用数据来说话，真实、有力。

活动小结：面对商场五花八门的促销活动，我们要用数学的方法去分析、思考，抓住事物的本质，进行合理选择。

【评析】满送、满省作为生活中常见的，且较为相似的促销活动，往往困扰着消费者，因而此问题情境的创设具有较强的现实意义。教学中,教师巧设悬念,引发争辩,较好地引导学生应用数学的方法去分析问题、解决问题,利用比较的方式促进了知识的建构,使学生对知识的掌握更透彻。

四、智慧选择

师:看到这三个商场在做活动,小王也想买一件自己喜欢的衬衫。

(课件出示:百货商场A:一律七折;百货商场B:满200省80;百货商场C:满300送300)

1. 小王想买一件衬衫,三个商场标价都是298元,请问到哪个商场买更合算?

学生用计算器计算。

生:选择百货商场A。百货商场A打7折,要花209元;百货商场B直接省80元,要付218元;百货商场C不打折。

师:有个小朋友说太不合算了,差一点儿就可以参加百货商场C的活动了。听了他的话,你有什么想法?

生1:去百货商场C再多买一个小东西,就可以享受满300送300,这样更划算。

生2:百货商场C是差一点点儿就可以享受满300送300,但是商场里根本买不到几元钱的小东西,至少也是几十元甚至上百元,而且还不知道是不是自己需要的东西,万一我只想买那一件衬衫呢?

生3:如果你只想买那一件衬衫,不需要另外的东西了,当然选择便宜的百货商场A,如果你还想买另外的东西,也可以选择百货商场C。

师:你们的想法很不错,商家就是抓住消费者的这种心理,差点儿再添一点儿,可以让顾客在本商场多次消费。如果消费者还想买自己需要的东西,就添成300元也比较合算。如果没有需要买的,就选择便宜的。

2. 小李全家,想买一双鞋438元,一个女式手袋780元,一条裙子528元,选择哪个商场比较合算?

学生用计算器计算。

生1:选择百货商场C,因为百货商场C送的券多,折扣算下来就比较低。

百货商场A:(438+780+528)×0.7=1222.2(元);

百货商场B:438+780+528=1746(元),1746-80×8=1106(元);

百货商场C:438+780+528=1746(元),送1500元。

生2:我认为选择百货商场B,花的钱少。如果你选择百货商场C,花的钱会多一些,而且送的券万一买的不是你特别需要的东西,也是浪费。

师:同学们说得有道理。但今天真的巧了,他们一家只带了1000元,能不能买回这3件东西?

生:不能。

师:真的不能吗?有没有能买得回来的方法?独立思考、尝试,小组讨论交流。

生:去百货商场C买,先买438元的鞋和528元的裙子,438+528=966(元),送900元的代金券,然后用券去买780元的手袋,还有剩的。

师:看来数学确实有用,一下就帮他们节约了几百元。

【评析】两个练习设计巧妙,各有侧重——第1题旨在引导学生因需要而购物,不可一味地追求合算而盲目购物;第2题旨在引导学生保持清醒的头脑,灵活应用所学的数学知识智慧购物。两个练习将数学与生活紧密相连,既让学生感悟到数学学习的价值,也让学生收获成功,增强了自信心。

五、梳理总结

师:回顾板书,刚才经历了购物的全过程。通过今天的活动,你有什么收获?有什么感受跟大家分享?

生1:买东西时,要从自己的需要出发,进行货比三家,不要盲目。

生2:满送与满省,虽然只有一字之差,有时候差别很大,我们要认真比较。

生3:当买多样东西的时候,有时需要好好组合才能更合算。

生4:数学真的很有用,生活中方方面面都离不开数学。

师:对,不管是商家设计促销活动,还是消费者在选择促销活动时,都要用到数学知识。在我国古代也有许多关于折扣的事例(用视频介绍古代、现在的促销活动)。其实,数学不仅仅用于我们的生活,还广泛运用在生产、国防、科技等各个行业中,这就是数学的力量。

【评析】学习收获的分享培养了学生的归纳能力和语言表达能力,更丰富了学生的"共学";古、今促销活动的介绍进一步完善了学生的认知建构。同时,分享与数学文化的介绍,也进一步让学生感知到数学广泛的应用价值。

师:这节课你们是从消费者的角度去分析和选择。课后请你们站在商场的角度去想想,如果你是商场经理,会设计哪些促销活动来提高商场的销量和利润。

【评析】多角度思考问题,有利于培养和发展学生的求异思维、发散思维、逆向思维等,这是进行创新活动所必需的思维形式。换种角度去分析和应用,给予了学生发展的更大可能性。

【总评】

"货比三家不吃亏"选自《数学文化》六年级上册,属于"数学与经济"板块的内容。整堂课上,陈老师以购物为情境,以"数学的力量"为主线,带领学生在自主的学习活动中经历、体验和感悟。

(一)在生活中学习数学,在数学中感受生活

数学源于生活,生活中又充满着数学。学生的数学知识与才能,不仅来自于课堂,还来自于现实生活。本节课,陈老师巧妙地创设情境,把数学和学生的生活实际衔接起来,让数学贴近生活,使学生感到生活中处处有数学,学起来自然、亲切、真实。

1. 问题情境生活化,感受数学。

西南大学于波教授曾说:"数学文化课的教学应立足于问题导向而非知识导向。"根据教学内容和学情,陈老师将本课的教学目标锁定在两点:一是透过商家纷繁复杂的促销活动,学生能够数学化地思考问题,做出有效的选择;二是学生在分析、解释、交流、应用的活动中,感受数学的价值,培养数感。在这样的理念引领和目标指导下,本课以小丽一家逛商场买裙子为情境线索,在情境中自然融入了三个研究性问题,而这三个研究性数学问题都依托了生活化的购物情境来呈现。

(1)什么是"货比三家"?→问题呈现:妈妈说"不着急,我们再多看几家",你明白妈妈的意思吗?

(2)为什么需要"货比三家"?→问题呈现:你们了解到有哪些常见的促销活动?

(3)怎样"货比三家"?→问题呈现:怎么购买合算?

在问题导向下,陈老师精心选取了学生感兴趣的生活素材,创设了生动活泼的探究知识的情境,带领全体学生从已有的生活经验出发,用数学的眼光从生活中捕捉数学问题,主动地运用数学知识分析生活现象,利用分类、比较、优化等数学思想方法自主地解决生活中的实际问题,使学生感受到数学与生活的联系——生活处处有数学,从而调动学生的学习积极性,激发探索欲望。

2. 在解决问题中感悟购物的一般步骤,联系生活。

在解决"百货商场A打7折,百货商场B满200省80,百货商场C满300送300。你会选择到哪一家买呢?"这一数学问题时,陈老师不仅引导学生联系生活中购物经验去理解促销活动的含义,而且在问题解决后,她还带领学生回忆整个购物过程,在整体感知中归纳出购物的一般步骤:"需要—比较—决策",从而为学生积累丰富的生活经验,教会了学生应如何去购物。整个教学过程中,陈老师并没有局限于纯粹的数学计算,局限在百分数、打折的数学知识领域里,相反,为了突出问题导向,陈老师还让学生在课堂上应用了计算器作为辅助。

(二)开放课堂,师生角色定位准确

1. 关注学生参与而非出席,突出学生主体作用。

《数学课程标准》指出,教师应"向学生提供充分从事数学活动的机会,帮助他们在自主探索和合作交流的过程中真正理解和掌握基本的数学知识与技能、数学思想和方法,获得广泛的数学活动经验"。

本节课中,陈老师四次搭建学生自主探究、合作交流的平台,让学生独学、合作学。

A. 课前商场促销活动的调查与课堂上组内信息收集的交流、汇报;

B. 百货商场A、百货商场B、百货商场C三家商场的优化选择和交流;

C. 满几送几、满几省几的深度理解和二者的比较辨析;

D. 课堂中的2个问题解决(练习题)的思考与争辩。

在整个学习活动中,陈老师以"你有什么想说的?""你有什么想提醒大家的?"等方式让学生畅谈学习过程中的感受,时刻关注着学生的情感体验。学生真的在"做数学",即以学生为主,享有足够的亲身实践的时间和自主探索的空间。

2. 教师引导恰到好处,突出教师是学习的组织者、引导者与合作者。

陈老师在教学中遵循学生会的,教师不讲;学生能通过小组讨论得出的,教师不代替这一原则。但是,也并不是放手不管,而是适时地给学生以引导或指导。本课中,陈老师的几次导问、小结都在学生研究的疑难处、关键处,如:"满300送300是不要钱吗? 满300送300时相当于打几折? 最不合算时呢?"又如"满500送300和满500省300是一样的吗? 各自在最合算时相当于打几折?"等。这些情况学生平时可能没有深思过,对于很多学生来说有点儿困难,教师的"出场",让学生有了思考的方向,找到了自信。同时,这几个点睛式的问题也使学生在思考、计算、比较中增强了数感。

(三)习题精妙,促进了学生思维品质的灵活性、深刻性

练习设计是教学设计的一个重要环节,体现了课堂教学的延伸。习题设计是本课的一个突出亮点。小丽商场购裙子、小王买衬衫、小李一家购物的三个练习设计,有代表性、现实性、挑战性,需要学生既要联系生活实际,还要综合应用所学知识,有利于培养学生思维的灵活性、深刻性。

总之,本节数学文化课定位准确,思路清晰,其问题情境的创设、学法与教法的选择、问题的设置和习题的设计都可谓本课的点睛之笔。

33 "草原上的蒙古包"教学实录与评析

- 执教：文 菊（四川省宜宾市人民路小学校）
- 评析：徐小玉（四川省宜宾市人民路小学校）

教学内容

西南师大版《数学文化》六年级下册第4课。

内容分析

圆锥、圆柱的表面积和体积是《数学课程标准》中要求六年级掌握的内容。在实际生活中，学生能计算一般物体的表面积和体积，也会进行一些简单组合图形的相关表面积和体积的计算，但不清楚圆柱的表面积和容积之间的关系，更没有将实际生活中的圆柱、圆锥形物品的设计原理与相关数学知识相联系，学生往往只会计算，同时由于理解起来比较抽象，并没有做到学以致用。

"草原上的蒙古包"一课围绕圆柱、圆锥表面积和容积的基础知识，展开故事情节。要求学生在情节中学会用数据论证关于圆柱侧面积和容积之间关系的猜想，用类比推理的数学思想方法，在活动中体验圆锥、圆柱外形优势，积累活动经验，建立学以致用的应用意识，培养学生的空间观念，让学生真正体会数学来源于生活、服务于生活的现实意义。

教学目标

1. 在探究蒙古包的设计原理过程中，复习圆柱的体积、侧面积的计算公式，并了解圆柱的特征。
2. 通过观察、思考，能计算蒙古包的容积，感受数学知识在生活与建筑中的广泛运用。
3. 感受数学文化的魅力，提高学习兴趣，增强数学知识的运用能力。

教学重点

探究蒙古包包体空间大、用材少的特征，培养学生的空间观念，增强学生的应用意识。

教学难点

建立将数学知识应用于生活的意识,培养学生数学核心素养。

教学过程

一、故事引入,激发兴趣,了解背景

出示故事人物博士、天天、波波、妮妮和万事通,以及大草原的美丽图片。

师:欢迎同学们加入有趣的数学文化之旅,今天我们将和小伙伴们一起跟随博士开启一段内蒙古大草原的旅程。一路上,大家都沉醉在大草原的辽阔美景之中,忽然妮妮指着远方小小的白点问:这是什么啊?

生:蒙古包。

师:什么是蒙古包?

生:蒙古包就是蒙古族人民居住的房子。

师:那关于蒙古族,你们有什么了解呢?

生:蒙古族人都很豪爽。

生:蒙古族是游牧民族,根据牛羊的放牧地居住。

……

师:大家对蒙古族的了解真不少,这节课我们就一起走近草原上的蒙古包。

【评析】每个故事都有完整的情节及主人公。并且六年级的孩子相对理性,所以开门见山交代故事的起因和故事人物更符合六年级学生的心理特点。教师紧接着追问对蒙古族有什么了解,学生的回答让大家对蒙古族的民族特点及文化特色有初步的了解,同时也了解了蒙古包建筑的文化背景。

二、探究圆柱形包体的设计原因

1.引导学生提出问题。

课件展示一个蒙古包。

师:对蒙古包,你有什么疑问吗?

生:我想知道为什么蒙古包会是这样的形状。

师:是什么形状?

生:就是一个圆柱和一个圆锥。

师根据学生回答画出一个圆柱和一个圆锥组成的简易蒙古包。

2.**情节一**:探究底面周长和高一定时,圆柱空间最大。

根据情节,播放幻灯片。

师:跟大家一样,天天也在问博士为什么蒙古包要建成这种形状。

博士神秘一笑,却说:"这样吧,今天我们就在这里安营扎寨,住下来慢慢了解。"妮妮一听要自己动手搭房子,特别兴奋地说:"好耶,我要住宽敞的大房子!"博士说:"好啊,你们先设计,我到旁边部落去找点儿材料!"

师:我们和小伙伴们一起设计吧! 妮妮想要围得最宽敞……你能给她点儿什么建议呢?

生:肯定是圆柱啊……

师:为什么?

生:周长一样的长方形、正方形和圆形,圆形的面积最大。

师:认同他的观点吗? 同意他观点的举手……

可妮妮却半信半疑。

师:其实在数学上,最具说服力的还是数据,这样,我们来填表,用里面的数据来证明你的观点。

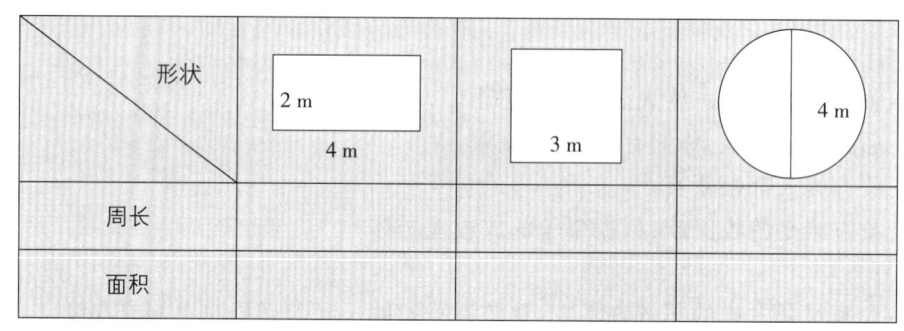

形状	2 m 4 m	3 m	4 m
周长			
面积			

生完成表格,并说明观点。

妮妮却说:面积大又不是空间大!

生:那得算体积才知道……

师:体积怎么算?

生:底面积×高。

师:好,现在我们就把这几个长方形、正方形和圆形作为底面来围,如果材料高3 m,它们的体积分别是多少?

生独立完成,师指名回答。

师:结合这些数据,你准备怎么说服妮妮?

……

引导学生能总结出:周长一定时,圆的面积最大;底面周长和高一定时,圆柱的体积最大。

【评析】围绕学生自己提出的问题,教师跟随故事情节,顺势引出"圆柱"。用帮助故事人物解决问题的情境,引导学生去计算,探究周长一定,圆形面积最大;底面周长和高一定时,圆柱体积最大。

3.情节二:探究底面积和高一定时,圆柱侧面积最小。

妮妮听了大家的结论,说:"好,12 m²够我们5个人住了,我们就搭圆柱。"

波波不满地说:"你倒是宽敞了,需要的材料不就多了吗?这个部落那么小,博士能找到的材料肯定不多。"

妮妮委屈地说:"难道围成圆柱需要的材料就最多吗?"

师:同学们,你们认为呢?

生1:……

生2:我认为材料都一样多。

生3:我认为底面是正方形时用的材料少一点儿。

师:看来大家都不太确定,怎么办?

生:算一算就知道了。

师:算什么?

生:算侧面积啊!

师:恩,好难算啊! 一定要算出侧面积才能比出用的材料多少吗?

……

师:侧面积怎么算的?

生:底面周长×高。

师:对,这里材料高度都一样,那么我们就只需要算什么?

生:底面周长。

师:好,那我们分头行动,分组计算长方形、正方形和圆形的周长吧!

小组合作学习……

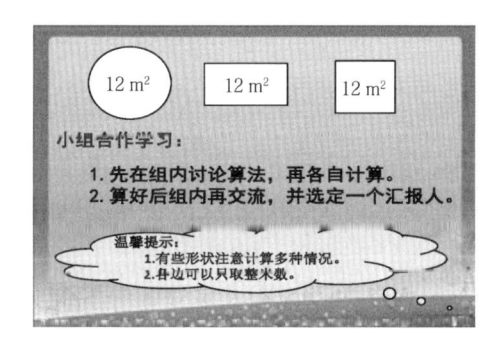

生汇报……

分组展示每种形状的周长。

生:r^2=12÷3=4(平方米),r=2(米),c=2×2×3=12(米)。

生:12=1×12=2×6=3×4

①(1+12)×2=26(米)　　②(2+6)×2=16(米)　　③(3+4)×2=14(米)

生:12=$a×a$

①3×3=9(平方米)　　②4×4=16(平方米)　　③3.5×3.5=12.25(平方米)

④3.5×4=14(平方米)

师：你为什么去找了3^2,4^2,最后确定是3.5^2呢？

生：我不知道哪个数的平方是12,就想了我知道的3^2（小了）和4^2（大了），所以我就取3.5^2。

师：真棒,为你点赞！开平方是中学的内容,现在你们能推导出3.5^2,已经很棒了！

听了大家的意见,波波嘀咕道：周长少,又不是材料少！

师：看来还是得来算一算侧面积啊！

全班一起计算侧面积。

师：通过刚才的两次计算,我们来梳理一下我们的发现,来说服波波！面积一定时,圆的周长最小；底面积和高一定时,圆柱的侧面积最小。

【评析】此处是本课的教学难点,也是重点,根据学生的认知基础,他们是无法根据面积计算出正方形的边长的,而且长方形的情况也有多种,于是将难度进行了三次分解：一是将三种形状分解给几个组,每个组只计算一种情况；二是将直接计算侧面积分解成先算底面周长,然后再计算侧面积；三是将长方形的多种情况确定在整数范围,同时引导学生不直接计算正方形的边长,而是用已经知道的平方数推导出近似的值。分解的目的是让学生在能力范围内去自主探究结论,而不是教师直接讲解。

4. 情节三：拓展圆柱的特征在生活中的应用。

小伙伴们正激烈讨论,博士找到材料回来了,问：你们设计好了吗？

通过博士的提问,学生总结出圆柱的特征：空间大、用材少。

博士会心地笑了……

波波恍然大悟道：我知道,原来生活中的水管就是利用圆柱这个特征设计的物品……（这样的物品还有吗？）

生1：水管、水桶……

生2：笔筒……

……

博士满意地点点头说：其实不仅人类有这样的智慧,植物也同样有……看课件。（介绍植物的枝干、根茎）

【评析】对蒙古包外形特征的总结,让学生感受数学知识在生活与建筑中的广泛运用。而将圆柱的特征延伸到生活中,目的在于让学生将数学与生活相联系,培养学生的数学知识应用意识和能力。

5. 情节四：了解蒙古包圆锥形顶部的原理。

接下来,博士就带着小伙伴们动起手来,不一会儿主体结构就围好了,天天又问道：顶部该怎么搭呢？

师：你有什么好的建议吗？（圆锥形不积雨雪、牢固）

6.情节五:练习,计算蒙古包体积。

听了大家的分析,天天感叹道:原来蒙古包里还有这么多数学知识啊!

师:对啊,看看刚才我们都用到了哪些计算公式。

生回答出圆柱和圆锥的体积、侧面积、底面周长公式,师板书在"简易蒙古包"上。

博士微笑着问大家:现在你们知道蒙古包为什么要建成这个形状了吧!

两个小时后,蒙古包搭建完成,大家来算一算它的容积吧!

【评析】对蒙古包外形特征的总结,不仅帮助学生了解了圆柱的特征,还能让学生感受到数学知识在生活与建筑中的广泛运用。而将圆柱的特征延伸到生活中,让学生知道生活中是如何运用这些特征的,目的在于让学生将数学与生活联系起来,培养学生的数学知识应用意识。

三、蒙古包内部构造介绍

看着搭好的蒙古包,妮妮佩服地说:哇,蒙古族人真有智慧!

博士微笑着说:其实蒙古包里的学问远不止这些!有兴趣没?看微课。

【评析】蒙古包里的知识点太多,不可能面面俱到,所以蒙古包内部构造和计时功能就通过微课的形式向学生介绍。

四、小结与延伸

听完介绍,当大家惊叹不已时,博士问:你们有收获吗?万事通感叹:这趟草原之行收获可真不少!

博士又问:那你们还有什么疑问吗?

生:为什么我们这些地方的房子不修成圆柱形呢?

师:我们的草原之行还没有结束,带着你的疑问我们下节课继续旅行。

【总评】

本节课从学生已有的知识经验出发,精心组织教学内容和设计故事情节,丰富数学活动,让学生在故事情节中积极参与数学活动,利用数学知识解决诸多实际问题,积累数学活动经验,感悟数学思想方法和应用意识,发展空间观念。本节课的教学设计体现了如下特点:

1.巧用数学文化,激发学生兴趣。

关于圆柱、圆锥表面积和体积的知识点是枯燥、抽象、难算的内容,学生学习时往往只停留在会计算,而个中缘由确多是被动接受。很多学生认为只要记住公式,能应付各种题目就好。而《数学文化》中则将这一枯燥、抽象的内容通过生活中的实例——蒙古包来呈现。在此基础上,教师又创编博士带领波波等人一同去大草原旅行这一故事情节,让学生经历从观察蒙古包提出问题,到需要搭建蒙古包遇到一系列问题,并予以解决的过程,在不知不觉中既探究了圆柱侧面积和容积的关系这一教学重点,又了解了许多蒙古包中的数学知识,还培养了数学知识应用意识和能力。

2. 精抓教学重点,有效突破难点。

"草原上的蒙古包"是一个看似简单却蕴含着许多数学知识的课题,如何取舍本课知识点、确定教学重难点,需要教师把握住小学阶段对"空间与图形"这一板块知识要求的具体程度。教师将这课教学重点定在探究体积相同的立体图形中,圆柱的表面积最小、容积最大这一知识点,这样就化解了知识点太多,无法面面俱到的尴尬,同时立足作为国家课程相关知识点的延伸和补充这一宗旨,准确地把握住了新课标提出的要求。

"用数学的眼光观察世界,用数学的语言表达世界,用数学的思维分析世界"——这是新课标关于数学核心素养的描述,而教师创编故事情节,让学生主动跟随情节解决一个又一个问题就是将这一新课标要求贯穿始终,引导学生自主用数学的眼光和思维去分析生活中的实际问题,培养了学生的应用意识和能力。

3. 高密度练习,一步一叩练技能。

练习是学生自主尝试的战场,是知识得以建构的必要途径。教师发挥故事中学生兴趣浓厚的优势,从课堂一开始就让学生通过计算正方形、长方形、圆形的周长、面积,正方体、长方体和圆柱的体积,然后不断比较,让学生进行了层次分明、密度高的练习,每一个练习都力求做到一练一得或一练多得,但始终都紧紧围绕着本堂课的重点,即:体积相同的立体图形中,圆柱的表面积最小、容积最大,让知识与能力、过程与方法、情感态度与价值观三维目标得到自然实现。

34 "昆虫界的'几何高手'——蜜蜂"教学实录与评析

- 执教：刘 余（辽宁省大连市金普新区格林小学）
- 评析：李铁安（中国教育科学研究院）

教学内容

西南师大版《数学文化》六年级下册第5课。

内容分析

蜜蜂不仅是一位勤劳的实干家，还是一位极聪明的数学家。蜜蜂采用"最经济原理"搭建的正六边形蜂巢，就是它们智慧的结晶。本节课的核心问题就是探索蜜蜂为什么选择用正六边形搭建蜂巢。学生亲身经历问题探索过程，感受丰富的数学内涵——密铺学问和等周问题，感受数学的美妙，感受数学与大自然、数学与生活的紧密联系及其应用，培养空间观念，发展合情推理和逻辑推理能力，激发数学学习兴趣。

教学目标

1. 通过探索蜂巢的几何结构特征，能理解正多边形的密铺和等周问题。
2. 在独立思考、自主探究、合作交流中，培养空间观念，发展合情推理和逻辑推理能力。
3. 感受数学的美妙，感受数学与大自然、数学与生活的紧密联系及其应用，激发好奇心，进一步发展数学学习兴趣。

教学重点

运用三角形的内角和，探索正多边形的密铺理由。

教学难点

理解正多边形的等周问题。

教学准备

题单、直尺(或三角板)、三组小棒、方格纸、组长统计表、课件。

教学过程

一、分析蜂巢结构

师:看过节目《朗读者》吗？今天,老师也带来一首诗(出示罗隐的《蜂》),谁来当朗读者,为大家读一读。

生读。

蜂

罗隐

不论平地与山尖,

无限风光尽被占。

采得百花成蜜后,

为谁辛苦为谁甜？

师:声音真洪亮！这首诗写的是谁呢？(板书:蜜蜂)小蜜蜂为我们提供了美味的蜂蜜,知道它的蜂巢长什么样子吗？看大屏幕。(出示蜂巢图)想不想看看它里面是什么样子？

生:想。

师(出示图):这是蜂巢的截面图,它的结构美不美？

生:美！

师:美在哪儿？

生1:都是一样的六边形。

生2:每条边都相等,挨着的六边形有公共边。

师(微笑着):你们很会观察！六边形的每条边都相等,而且每个角都相等,我们称它为正六边形。看看,铺得这么匀称、这么工整！大家有什么问题想问呢？

(生独立思考)

生:蜜蜂怎么不用其他的图形呢？

师:对呀！蜜蜂为什么对正六边形情有独钟呢？有什么想法？

(生独立思考)

生1:正六边形可以节省材料。

生2:正六边形之间没有空隙,可以密铺。

【评析】上课伊始,开展猜谜游戏,既能拉近师生距离、缓和学生的紧张情绪,也能让学生想到蜜蜂辛勤采蜜的情境。接着引导学生观察、交流蜂巢的结构特点,提出问题:"蜜蜂为什么选择用正六边形搭建蜂巢呢？"让学生充分交流自己的数学思考。此环节让学生将实际问题转化成了具有潜在意义的数学问题,不仅有助于学生产生强烈的问题意识,也培养了学生的分析问题能力。

二、探究密铺学问

师:什么是密铺呢?

生1:图形之间没有空隙,还不能重叠。

师:想一想,密铺与图形的什么有关。

(生独立思考,同伴交流)

生1:与角有关,要拼成360°。

生2:每个拼接点处的内角之和正好是360°。

师:正六边形的一个内角是多少度呢?

生:120°。刚才看到三个角拼在一起,所以一个角为120°(360°÷3=120°)。

师:是不是120°呢?下面我们拿出题单来算一算。

(生独立探索,组内交流,教师巡视)

师:同学们研究的热情真高,一起来交流一下。

展台展示并讲解(略)。

生1:

180°×4=720°
720°÷6=120°

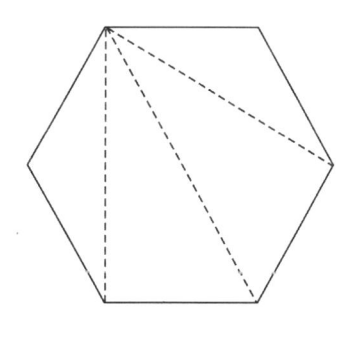

师:讲得很有条理。大家有没有疑问?(生摇头)再有另一种不同的方法。

生2:

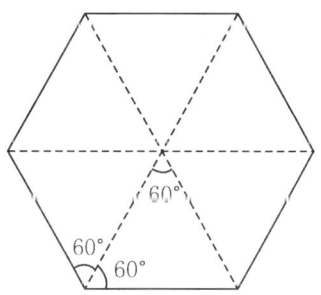

360°÷6=60°
60°+60°=120°

师:这种分法很独特。对吗?

生(齐):对。

因为正六边形的对称性,对应顶点相连的线段正好相交于一点,虽然现在大家还不能证明它,但这种方法也可以。

生3：

$180°×6=1080°$
$1080°-360°=720°$
$720°÷6=120°$

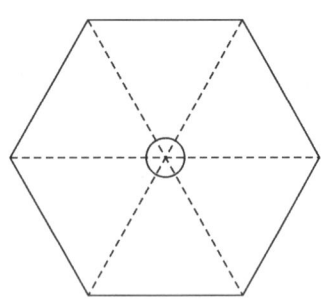

师:(掌声)这种方法难度比较大,听懂了吗?

生:懂了。

师:通过计算,足以说明正六边形可以密铺了吧!(生点头)

【评析】当学生发现正六边形可以密铺时,启发学生思考密铺与图形的什么有关。当学生发现"正多边形密铺与角有关系"时,启发学生进一步思考"正多边形能否密铺与角又有什么关系呢?"。此环节设置了富有启发性和适度挑战性的问题,让学生亲身经历探索的过程,不仅有利于发挥他们好奇、探索的精神,还发展了他们的合情推理和逻辑推理能力。而且学生将正多边形的内角和采用分割法,转化成已经学过的基本图形的内角和来解决,体现了方法的多样性,也渗透了一种重要的数学方法——转化。

三、探究等周问题

师:蜜蜂选择正六边形仅仅是因为密铺吗？有没有疑问?

(生独立思考)

生1:三角形也能密铺呀!

生2:还有正方形。

师:如果用等边三角形筑巢,会是什么样子?(停顿几秒)看一下。正方形呢?(出示密铺图片)是不是这样?

生:是。

师:密铺得这么工整!(呈现等边三角形、正方形和正六边形三个图形)蜜蜂怎么不用这两种图形呢?

生1:我觉得正六边形比另外两个图形的面积大。

生2:正六边形省材料。

师:(停顿几秒)蜜蜂用的建筑材料是蜂蜡,如果比一比用相同的蜂蜡搭成什么图形面积最大,可不可以?

生:可以。

师:其实就是周长相等,假设周长是多少好呢?

生:12 cm。取3,4,6的最小公倍数。

师:好。这样的话,它们的边长分别是多少?

生：(师指着图)4 cm,3 cm,2 cm。

师：周长是12 cm的等边三角形、正方形、正六边形，哪个图形的面积最大呢？先自己想办法比一比，可以借助课前发的材料进行组内合作，开始。

(生独立思考、组内合作)

师：哪个小组派代表上来交流？

生1：正方形的面积3×3=9(平方厘米)，三角形的面积4×4÷2=8(平方厘米)。

生2：三角形的高不是4 cm，比4 cm小，因为直角三角形里垂直的边比斜的边要短。

师：对呀，点到直线的距离垂线段最短。我们暂时还不会求三角形的高，但可以推导出等边三角形的面积比8 cm²要小，和正方形的面积比一比，怎么样？

生：等边三角形的面积小于正方形的面积。

师：正六边形的面积呢？

生3：我们组用2 cm的小棒在方格纸上围成正六边形，发现面积约等于10 cm²。等边三角形的面积大约是7 cm²。

师：观察结果，说说你的发现。

生1：周长相等，正六边形的面积最大。

师：那么，周长相等，边数越多，面积就会越大，所以蜜蜂选择正六边形搭建蜂巢。

生2：那正八边形呢？

师：对啊，怎么回事？

生3：不能密铺吧！

师：有道理！课后，同学们可以继续探究其他正多边形的密铺情况。

师：现在知道蜜蜂为什么选择正六边形了吗？

生1：正六边形可以密铺，而且周长相等时，它围成的面积最大。

【评析】等周问题是本节课蕴含的另一个数学内涵，但由于涉及初中的勾股定理知识，不能直接计算面积。教师引导学生通过推理、操作、对比，得出结论，这样不仅激发了学生参与研究的积极性，培养了学生的逻辑推理能力，而且很好地突破了教学难点。

四、拓展与应用

(播放蜂巢的立体几何结构视频)

师：有什么感受？

生1：小蜜蜂太了不起了，像一个数学家。

生2：它搭建房子时还计算呢，真想不到！

师：自古以来，从哲学家亚里士多德，到数学家帕波斯，再到近代的生物学家达尔文都对蜜蜂建造蜂巢的本领赞扬有加。小蜜蜂花费最少的力气，花费最少的建筑材料，住的房子还宽敞！所以，蜜蜂绝对称得上是昆虫界的"几何高手"！(板书)

师：蜜蜂还是我们人类的导师呢！(介绍蜂窝纸板、蜂窝式航天器等的应用)大自然中还有很多动物和植物都用数学方法选择了最好的生存方式(如向日葵、蜘蛛等)。同学们,数学就在我们身边,希望大家今后也能用数学的眼光去看世界。最后与大家分享一句话:你可以喜欢数学,也可以讨厌数学,但你的生活中不能没有数学。因为如果没有数学,或许你的人生将失去很多趣味和光彩。

【评析】此环节教师通过播放微视频,让学生了解蜂巢的其他结构特点,进一步感受蜜蜂的数学天分,以及数学的美妙。接着介绍蜂窝结构对人类的启示,让学生感受数学与生活的紧密联系。在本课结尾,教师提出"大自然中还有很多动物和植物都用数学方法选择了最好的生存方式",让学生走出课堂继续研究,还为学生的明天播撒了智慧与希望的种子。

【总评】

本课例从人人熟悉的大自然中发现数学,并用数学的方式来研究它,无疑为学生打开了一扇窗。通过这扇窗去观察,会发现世间万物有很多竟然是以数学的方式生存,好奇心会促使学生去寻找,去发现数学的美妙,感受数学的魅力。

本节课的主要特点有以下三点:

1.符合学生认知水平,尊重学生的知识经验和心理特征。

蜜蜂的蜂巢结构本身蕴含了丰富的数学内涵,包括等周问题、密铺、蜂巢顶部特征、面积最大化问题。本节课从学生学过的密铺入手,进一步探讨正多边形的密铺,学生理解起来相对容易,而且为升入初中学习任意多边形的内角和打下基础。蜂巢顶部特征及面积最大化问题,不易理解,教师通过播放微视频,让学生进一步感受蜜蜂的数学天分,以及数学的美妙。

2.以问题解决为导向,充满师生智慧的碰撞和情感的交融。

蜜蜂采用"最经济原理"搭建的正六边形蜂巢,是蜜蜂智慧的结晶。本节课紧紧围绕"蜜蜂为什么选择正六边形搭建蜂巢"展开探索,师生亲身经历了一系列完满的探索过程,充分感受到了丰富的数学内涵,充满了师生智慧的碰撞和情感的交融。最后,每位学生无不为蜜蜂建造蜂巢的巧妙精准赞叹不已。

3.渗透数学思想方法,促进学生的核心素养提升。

掌握科学的数学思想方法对提升学生思维品质,对数学学科的后续学习,对其他学科的学习,乃至学生的终身发展都有十分重要的意义。本节课在探索正多边形的内角和时渗透了转化思想。在推导"蜜蜂为什么选择正六边形搭建蜂巢"的过程中,一环扣一环解决问题,渗透了严谨的逻辑推理思想。在比较哪种图形围成的面积最大时,启发学生通过计算相等周长的图形的面积并对比,得出边数越多,面积越大的结论,这里渗透了从特殊到一般的归纳推理思想。

这是一堂数学味浓厚的数学文化课,学生不仅学到了丰富的数学知识和思想方法,还充分感受到了数学文化的魅力。

35 "香烟危害知多少"教学实录与评析

- 执教：董　娟（贵州省贵阳市省府路小学）
- 评析：吴　丽（贵州省贵阳市省府路小学）

教学内容

西南师大版《数学文化》六年级下册第9课。

内容分析

本课是借助学生已有的计算和统计知识经验，来进一步加强学生的统计意识。在这一过程中，着重让学生通过数据分析，感受和体会香烟的危害，由此建立数据分析观念，感受数学文化的氛围。

教学目标

1. 让学生经历数据分析的过程，充分体会数据蕴含的信息，培养学生的数据分析意识。
2. 让学生经历对大数据的感知过程，培养学生的数感。
3. 在数据分析过程中贯穿四则运算，让学生感受数学与生活的密切联系，初步体会到数学也是一种文化，渗透于生活之中。

教学重点

让学生经历数据分析过程，培养他们的数据分析意识，体会数学与生活的密切联系。

教学过程

一、话题导入

师：你们都知道6月1日是儿童节，那你们知道儿童节的前一天，也就是5月31日是

什么日子吗?(世界无烟日)

师:每年的5月31日是"世界无烟日",在这一天,鼓励吸烟者停止吸烟一天。

师:为什么一年365天中会有专门的一天被设立为"世界无烟日"呢?

师:今天,就让我们带着数学的思考和数学的眼光走进生活,去了解香烟的危害。

【评析】用生活中的话题引入,让学生对生活与数学的联系有所体会,运用现有知识谈谈对香烟的认识,能更好地开展接下来的学习与认识活动,通过学习来促进他们对香烟的进一步了解。

二、初步了解吸烟的危害

出示《中国吸烟危害健康报告》中的数据。

师:报告中哪些信息最让你震惊?

师:吸烟人群超过3亿,3亿有多大? 算一算,中国有14亿人口,吸烟人群大约占总人口的百分之几。

师:那是不是剩下的人就与香烟一点儿关系都没有了呢?(二手烟)

师:有多少人?

师:相当于总人口的百分之几?

师:再请你算一算,中国14亿人口,一共有多少人遭受着香烟的危害。

师:这是一个多么惊人的数据,14亿人,大约有 $\frac{3}{4}$ 的人被香烟危害着。

师:正因为被香烟所危害的人群这么多,所以每年由吸烟所引发的相关疾病导致死亡的人数超过了100万。

师:你们知道死亡的这100多万人中大部分人的死因是什么吗?(肺癌)

师:吸烟是目前医学界认为导致肺癌的最主要原因之一。

分析对比吸烟者与不吸烟者患肺癌的概率。

师:对香烟的危害了解到这里,相信同学们与老师一样,都被这些数据震惊了,可为什么大量的数据、信息摆放在眼前,仍然有那么多人沉迷在香烟的世界里难以自拔呢?

师:除了同学们说到的原因之外,其实还有一个重要的原因,那就是香烟危害的宣传力度不够。

师生分析数据,了解吸烟危害的低认知率。

师:这么看来,大力宣传香烟的危害是很有必要的,所以同学们,作为年轻的一代,为了自己和家人的健康,应时时告诫身边人香烟的危害之大,要拒绝香烟。

【评析】让学生在熟悉的情境中感受大数据,使得原本空洞的大数变得更清楚、更明白;对比两组患肺癌概率的数据变化情况,让学生更清楚地感受吸烟与肺癌的直接联系。通过引导学生对所呈现的数据进行分析,体会其中数据蕴含的信息,进而引发思考,加深他们对香烟危害的认识,激发他们内心的正能量,积极宣传吸烟的危害。

三、进一步探究香烟的危害为什么大

师:小小一支香烟,竟能导致人死亡,为什么会有这么大的危害呢?

介绍:香烟虽小,未燃烧时含有1170多种化学物质,当点燃时,这些物质还可生成约3900种物质。除了这些,还有1种较为可怕的物质,就是同学们说到的尼古丁,它不仅会危及人的健康,还会让人成瘾。

师:那你们知道它的危害到底有多大吗?

师:我们一起来看看这样一个实验:把10 mg的尼古丁喂给一只200 g的小白鼠后,会发生什么?(播放视频)

【评析】用动态的视频,让学生更清楚、更直观地感受香烟中尼古丁的危害,为接下来的二手烟认识做了很好的铺垫。

师:是不是一个人在吸一支香烟时,这支香烟中1 mg的尼古丁都被吸烟者自己吸收了呢?

出示扇形统计图。

师:从这张扇形统计图中,你知道了什么?

师:散发到空气中的尼古丁去哪儿了呢?消失不见了吗?

师:对,这就是二手烟。一支香烟中大多数的尼古丁都散发到空气中使他人被迫吸入,所以前面才说到有7.4亿人遭受着二手烟的危害。

师:二手烟也会危及人的健康,是因为在烟草烟雾中含有69种致癌物质,所以在公共场所,才会要求禁止吸烟,或是设立专门的吸烟区域。(出示禁烟标语)

【评析】巧妙设计的公共场所"禁烟标语"带着学生走进了自己的生活实际,真切地体会了香烟危害就在身边,为了自己和他人健康,有必要去控制和禁止。

师:而在这些被迫吸入二手烟的人群中,最大的受害者便是婴幼儿以及在座的同学们。据统计,吸烟年龄越早,吸烟时间越长,吸烟数量越多,导致其他疾病(例如心血管疾病、恶性肿瘤等)的概率就会越大。

师:面对吸烟造成的如此大的危害,不断有人提出远离二手烟的活动,前段时间,老师也参加了这样的接力活动(出示图片)。我希望同学们也能将这根接力棒传递下去,让身边的人拒绝香烟,远离二手烟。

师:由于香烟中的有害成分导致人死亡的情况越来越糟,《中国吸烟危害健康报告》中哪些数据又让你震惊了?

师:现在让我们屏住呼吸,来感受这6秒的时长。

师:照这样计算,1分钟、1小时、1天分别有多少吸烟者死亡?

师:如果照这样下去,1个月、1个季度、1年、10年该有多少吸烟者死亡,真是不敢想象。

师:如果照这样计算,你能否预测一下未来因吸烟导致死亡的情况?

【评析】这一环节让学生分析扇形统计图,发现香烟中尼古丁的危害,对比之前的数据,体会二手烟对人体的危害程度。这样让学生在有紧张恐慌之感的同时,又深刻地感受到了数据的震撼,再次体会香烟危害之大,不容忽视。

总结。

师:了解到这里,你们觉得香烟危害大吗? 你们是怎么知道的?

四、拓展活动

师:借助今天这个机会,老师想邀请同学们担任校园的"禁烟大使",你们愿意吗?

师:要想成为一名合格的"禁烟大使",你准备怎样运用今天了解的这些数据向身边的人宣传香烟的危害?

学生担任"禁烟大使",设计禁烟口号。

【评析】大量的信息与数据的分析,让学生对香烟的危害有了更直观的认识。这些认识与理解该如何得以加深,就需要孩子们行动起来,去宣传,去劝导,这才是这节数学文化课要传递的数学精神。

【总评】

本节课从学生已有的知识经验出发,精心组织教学内容,巧妙设计与学生生活实际密切相关的情境,运用数据的力量,让学生从不同角度去体会和感受香烟的危害。整节课的学习,培养了学生的分析意识,帮助他们建立了数据分析观念。本节课的教学设计有如下特点:

1. 凸显数学文化本质,打造鲜活课堂。

数学对于多数人来说是一门严谨、抽象、枯燥的学科,但是数学的价值,是在于培养学生的理性思维精神,揭示数学背后隐藏的文化内涵。教师在教学中,突显数学文化的本质,使数学课变得鲜活,让学生不仅能掌握必备的基础知识,形成相应的基本技能,在积累基本活动经验的过程中感悟基本数学思想方法,而且受到了数学的科学精神和人文精神的熏陶,提升了数学素养。学生通过学习有价值的数学,感受了数学的神奇与奥妙,激发了学习数学的兴趣,提升了数学能力发展的后续力。

2. 精心设计数学,延伸数学文化的价值。

整节课紧紧围绕学生如何能学习到更有价值的数学这一点来设定教学目标,选择教学方法。

首先,在教学目标的制订上,让学生通过《香烟危害知多少》的研究学习,培养数据分析意识,感受数据的价值,并经历对大数的感知过程,培养数感。在整个数据分析过程中贯穿四则运算,有助于学生感受数学与生活的密切联系,初步体会到数学的思想与精神,感受数学是一种文化,渗透于生活之中。

其次,教学方法与传统数学课有一定区别,传统课是让学生们学习新知,巩固练习,再整理复习,而这样的一节数学文化课,是让学生综合运用所学知识感受数学的价值。

教师在教学中,侧重让学生通过运算、比较和统计图等多种形式来对数据进行分析,掌握数据所蕴含的信息,从中了解香烟对人的种种危害。这一过程的学习,让学生通过数据分析,观看图片和视频,真切感受香烟的危害。

这样一节课的学习,学生的收获是无限大的,他们不仅在课堂上综合运用了所学的数学知识,还通过大量的数据分析,了解了香烟的危害究竟从哪来,又到哪去。在课结束时让学生在课后作为"禁烟大使"去宣传香烟的危害,这使得数学能力的发展得以延续,还大大提升了学生的学习能力、实践能力和创新能力,可以说整节课渗透了数学文化的思想与内涵,体现了数学的价值,很好地激发了学生学习数学的兴趣。

36 "有趣的平衡" 教学实录与评析

- 执教：张　蝶（海南省定安县第三小学）
- 评析：朱咸晟（海南省定安县第三小学）

📖 教学内容

西南师大版《数学文化》六年级下册第11课。

📝 内容分析

"有趣的平衡"是学生在掌握了比例知识的基础上要学习的内容，其目的是使学生通过实验，发现左边的夹子数×刻度数＝右边的夹子数×刻度数，初步感受杠杆原理。同时发现当"左边的夹子数×刻度数"的积不变时，"右边的夹子数"与"刻度数"成反比例关系，加深对反比例关系的理解。

🎯 教学目标

初步学会运用数学的思维方式去观察、分析问题，初步解决日常生活中和其他学科学习中的常见问题，增强应用数学的意识。

🔍 教学重、难点

掌握简单的平衡原理。

👤 教学准备

夹子若干、杠杆尺。

1.本活动是一个操作性很强的活动，教学时可采用小组合作的形式让学生尝试，教师只在关键处给予指导和点拨。

2.在制作实验用具部分，教师可提前让学生准备，强调使用方法。

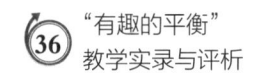

教学过程

一、激发兴趣

师：我利用一把小弹簧秤就可以称出我们班班长的体重，你们信吗？

生1：信。

生2：不信。

师：要想研究这个问题，我们要从平时玩的跷跷板说起。

（课件出示父子玩跷跷板的游戏情境）

师：要想保持平衡，该怎么办？

生：在小朋友这边增加一个人。

生：将右边的大人向支点靠近。

师：你觉得平衡跟什么有关？

生：物体的质量。

生：距离。

（板书：有趣的平衡）

【评析】多媒体播放跷跷板的动态图，让学生在生活体验中感受平衡，从而明确活动的主题，激发学生参与探究的兴趣。

二、活动探索

师：物体的平衡是不是跟物体的质量和距支点的距离有关呢？我们的猜想对不对呢？下面我们通过几组实验来验证一下。

（1）师介绍实验工具与方法。

（2）强调分组要求：组长一定要明确分工，让每个组员都参与进来。

活动要求

1. 小组实验时，由一位同学负责填写记录单；
2. 两位同学分别负责操作两边的夹子，调整相应的刻度；
3. 另一位同学负责策划、协调操作；
4. 完成实验后，把实验记录单填写完整。

【评析】 实验前教师准确精练地讲清实验用具及操作方法，避免学生操作时的盲目与随意。

1. 演示实验，初步感知。

课件出示：

活动一：探索特殊条件下杠杆尺保持平衡的规律

1. 如果挂在杠杆尺左右两边的刻度相同的地方，怎样放夹子才能保持平衡？
2. 如果左右放入同样多的夹子，它们移动到什么位置才能保持平衡？
3. 你发现了什么规律？

次数	左边		右边		状态
	刻度	夹子数	刻度	夹子数	
1					
2					
3					
4					
5					

师：在杠杆尺左右两边刻度相同的地方，怎样放夹子才能保证平衡？
生：放相同数量的夹子。
师：如果左右两边挂同样多的夹子，它们移动到什么样的位置才能保证平衡？
生：刻度相同的地方。

师：你有什么体会？

生：在相同刻度处放相同数量的夹子，杠杆尺就能保持平衡。

师：要保证杠杆尺平衡，左右两边夹子个数相同，且所挂位置与中点的刻度距离要相等。是不是一定要在相同刻度处放相同数量的夹子，杠杆尺才能保持平衡呢？如果在不同的刻度处放不同数量的夹子，怎么做才能保持杠杆尺平衡呢？

【评析】学生通过自己动手演示，证明自己的猜想，第一次平衡的出现为进一步探究杠杆的平衡做铺垫。

2. 自主实验，归纳探究。

课件出示：

活动二：探索在一般条件下杠杆尺保持平衡的规律

1.如果左边在刻度5上放2个夹子，右边在刻度2上放几个夹子才能平衡？
2.如果左边在刻度4上放2个夹子，右边在刻度2上放几个夹子才平衡呢？在刻度1上呢？
3.如果左边在刻度3上放2个夹子，右边在刻度2上放几个夹子才平衡呢？在刻度1上呢？
你又有什么新发现？

次数	左边		右边		状态
	刻度	夹子数	刻度	夹子数	
1					
2					
3					
4					
5					

师：左边的刻度5上放2个夹子，右边的刻度2上放几个才能保证平衡？

生：放5个夹子杠杆尺就可以保持平衡。

师：如果在左边刻度4上放2个夹子，右边的刻度2上放几个呢？右边的刻度1上呢？

生：右边在刻度2上放4个夹子，刻度1上放8个夹子杠杆尺就可以保持平衡。

师：如果在左边刻度3上放2个夹子，右边的刻度2上放几个呢？右边的刻度1上呢？

生：在刻度2上放3个夹子，刻度1上放6个夹子，杠杆尺就可以保持平衡。

师：你有什么体会？

生：左右两边夹子个数与刻度数的积要相等。

返回观察记录表。

师：观察记录表，有什么样的关系？

生：左边的刻度数×夹子数=右边的刻度数×夹子数。

师：如果左边的刻度数和夹子数保持不变，右边的刻度数和夹子数有什么关系呢？你们想不想知道？

生：想。

【评析】学生自主实验后教师的追问，抓住了学生的探究欲望，有效地明确了学生的认识方向，为学生的自主实验和探究规律提供了支撑。

3. 验证猜想，发现规律。

课件出示：

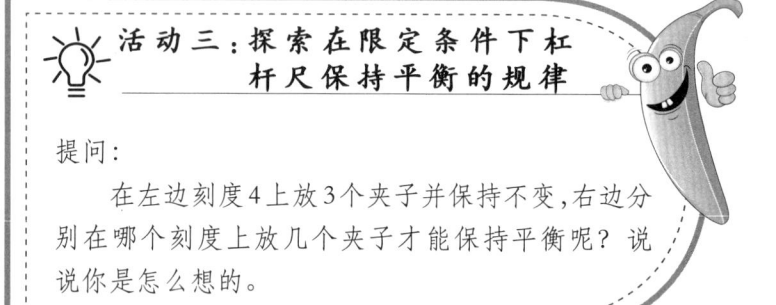

活动三：探索在限定条件下杠杆尺保持平衡的规律

提问：
在左边刻度4上放3个夹子并保持不变，右边分别在哪个刻度上放几个夹子才能保持平衡呢？说说你是怎么想的。

次数	左边 刻度	左边 夹子数	右边 刻度	右边 夹子数	状态
1					
2					
3					
4					
5					

师：在左边刻度4上放3个夹子并保持不变，分别在右边各个刻度上放几个夹子才能保持平衡呢？

生：左右两边刻度数和所放夹子数的积相等时，杠杆尺才能保持平衡。

师：从表中你发现刻度数和所放夹子数成什么比例？

生：反比例。

师：现在你已经掌握了平衡原理，又了解了内在联系，那你们能不能用平衡原理算出左侧物体的质量呢？说说你是怎么算的。

你能用平衡原理算出左侧物体的质量吗？

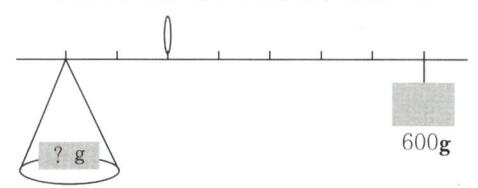

?g   600g

生：利用平衡原理，600×5÷2=1500（克）。

【评析】 整个环节在学生初步感知杠杆平衡规律的基础上，组织学生分组实验与分析数据，引导学生观察发现。

三、介绍杠杆原理

师：这个平衡原理就是很有名的"杠杆原理"，我们一起来认识一下杠杆各部分的名称。

1. 介绍硬棒。

硬棒可以是直的，也可以是弯曲的。

2. 介绍杠杆。

在力的作用下能绕固定点转动的硬棒就是杠杆。

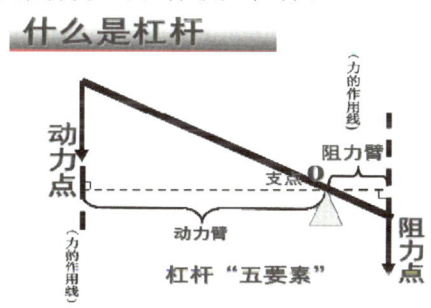

3. 介绍阿基米德。

师：古希腊科学家阿基米德说："给我一个支点，我就能撬起整个地球。"你们觉得这句话有道理吗？

生：有道理。

师：对，它蕴含了我们今天所学的数学知识。那你们能不能用今天所学的数学知识解释一下这个物理老师是怎样称出大象的质量的？

生：左边的刻度数×夹子数=右边的刻度数×夹子数。

4. 介绍称大象的原理。

生：称大象时就是利用杠杆的原理，大象的那头短，挂秤的这头足够长，根据杠杆原理就可以得出大象的质量。

5.回归课始。

师:现在你们相信老师用这把小弹簧秤可以秤出班长的体重了吧?

生:信。

师:怎么做?

生:班长站在杠杆短的这边,而弹簧秤挂在杠杆长的那边。

四、杠杆原理在生活中的应用

师:杠杆原理在生活中的应用非常广泛,下面我们一起来看看生活中的杠杆应用。

(教师课件展示生活中的杠杆)

师:我们一起来看看哪些是省力杠杆,哪些是费力杠杆,哪些是等臂杠杆。你是怎样判断的?

生:动力臂长的就是省力杠杆,动力臂短的就是费力杠杆,动力臂和阻力臂一样长的就是等臂杠杆。

【评析】通过学习数学,发现身边的数学,感受数学在实际生活中的价值。

五、全课小结

师:这节课大家学到了什么知识?

生:学到了什么是杠杆原理。

生:明白了当左边的刻度数和夹子数之积保持不变时,右边的刻度数和夹子数成反比例。

【评析】课堂总结注重学生探究学习方法和数学活动经验的积累。

【总评】

纵观本节课内容,本节课有以下几个方面的特点:

1.注重学生的生活背景和数学的趣味性。

学生的学习内容应当是现实的、有意义的、富有挑战性的,要有利于学生主动地进行观察、实验、猜测、验证、推理与交流。本节课是在学生掌握了比例知识的基础上设计的,其目的是使学生通过实验,发现并初步感受杠杆原理。教师在进行教材的选取与呈现以及学习活动的安排时充分考虑到学生的实际生活背景和数学的趣味性,使他们感觉到学习数学是一件有意思的事情,从而愿意学习数学。

2.培养学生动手操作和实验的能力。

本节课中,三个活动步步推进,三个活动各有不同的操作要求,在每一次操作结束后均让学生归纳总结规律,既培养了学生实验的能力,体验了人与人合作的快乐,又发展了学生的个性,活跃了思维。《数学课程标准》提出,数学学习活动应当是一个生动活泼的、主动的和富有个性的过程。学生有了一定的探究能力,能够独立地进行实验。给学生一定的空间、时间,让他们自主探究、独立实验,既明确了实验方法,又可以培养学生动手操作和实验的能力。

3. 注重知识产生的过程,而并不是一味追求结论。

引导学生发现杠杆"左边的夹子数×刻度数"的积不变时,"右边的夹子数"和"刻度数"成反比例关系,加深对反比例关系的理解。像这样,在学生动手操作过程中渗透数学思想方法(迁移),帮助他们构建数学模型也是数学文化的魅力所在。

37 "别有洞天"教学实录与评析

- 执教：王军亮（山东省济南市历城区洪家楼小学）
- 评析：李红婷（山东省基础教育课程研究中心）

教学内容

人教版《义务教育教科书数学（六年级下册）》第39页。

内容分析

本节课属于数学游戏的内容，以"剪大洞"为载体，以问题为主线，以活动为主要学习方式，让学生在自主学习、尝试、探究中，逐步积累活动经验，在解决问题的过程中提高探究能力，拓展思维广度，提升思维灵活性，初步感受侧向思维的魅力，体会转化思想、极限思想，并培养创新意识。

教学目标

1. 让学生通过有趣的数学活动，探索、理解、掌握剪大洞的方法。
2. 通过独立思考、小组合作等形式，渗透转化思想、极限思想，发展学生的空间观念，培养学生思维的灵活性。
3. 让学生感受数学的神奇，体验成功的快乐，培养热爱数学的积极情感。

教学重点

理解、掌握剪大洞的方法。

教学难点

探索"不接不断"的剪大洞方法。

教学准备

学具准备：剪刀、卡纸若干。

教具准备：玩偶、剪刀、卡纸、希沃授课助手。

教学过程

一、魔术导课，初步感知转换思维

教师表演硬币"穿"杯子的魔术，激发学生的兴趣。

【评析】通过魔术表演，激发学生的兴趣。引导学生判断：硬币是无法"正向"穿过杯子的，肯定是采用了"障眼法"，从而引发学生的思考。让学生初步感受正向思维与侧向思维，初步培养学生用侧向思维思考问题的意识。

二、操作探究，深入感悟转化思想

(一)创设情境，引起思维冲突，充分感悟正向思维

1. 硬币穿纸，初步体会正向思维。

师：老师有一张纸，我能让这枚硬币穿过这张纸，你们信吗？

生(齐)：不信。

师：仔细看！

教师拿出剪刀，剪出一个小洞，让硬币穿过。

生1：原来可以这样啊！

师：看来刚才的"小魔术"干扰了大家的思维方式，把解决这个问题最直接的方法(剪个洞)给忘记了。

2. 更大物体穿纸，再次体会正向思维。

师：如果让这个黑板擦穿过洞，你有办法吗？

生：把洞变大。(师操作)

师：老师这还有一个汤姆猫玩具，如果让它穿过去，该怎么办？

生：把洞剪得再大一些。(师操作)

师：这样行吗？(师把汤姆猫竖起来)

生：头先穿过去。(师再操作)

(二)提出问题，突破思维限制，深入体会转化思想

1. 初步感受思维限制的原因。

师：洞越来越大了，那它可以让这个同学通过吗？

生1：他太胖了！

生2：洞太小了，他的肩膀太宽了，根本穿不过去！
师：那我们怎么办？
生3：我们可以把边剪得再细点儿。
生4：即使剪得再细，但是最大也不能超过这张纸的边缘。
生5：这张纸的边缘，把洞的大小给限制住了。
师：这个词用得好，如果我们按照这种思路继续研究的话，就被限制住了。(板书：限制)

【评析】学生通过"硬币、黑板擦、汤姆猫、学生"穿纸的层层递进的活动，在潜移默化中感受极限思想。当遇到"怎样让学生穿过纸？"这个问题时，学生第一次感受到"限制"，激发了学生的思维冲突。渗透极限思想的第一种类型：去掉的纸越多，洞就越大，也就越接近纸的边缘。在这个情境中，学生有了清晰的体会。

2. 探寻突破思维限制的方法。
师：那如果我们要突破限制，该怎么办？
生1：剪开。
生2：刚才我们剪掉了一部分，可以把剪掉的部分也利用起来。
师：你们想到了把刚才剪掉的部分也利用起来，真好！可是这只是一张纸，如何把它变成你所需要的纸条呢？你有办法吗？
学生小组讨论。
组1：剪成一条一条的，再粘接起来。
组2：从一边开始剪，不剪到头，再转弯剪，也不剪到头，这样依次转圈剪。
组3：从一边开始剪，不剪到头，然后换个方向，这样之字形剪，最后就会成为一个长条。
……

【评析】通过教师启发、学生讨论，学生突破了思维定式，思维被打开：通过转换纸的形态，把纸剪成了洞；当按照常规思维解决问题遇到困难时，可以调整解决问题的方向，另寻解决方法，进行侧向思维。通过寻找不同的解决方法，培养学生思维的灵活性。

3. 探究"不接不断"的方法。
师：同学们真聪明，想出了这么多办法，把这张纸转化成了一个更大的洞。(板书：转化)不过，这样的方法有点儿小遗憾：剪完以后纸条是断开的，还需要把他们再连接起来。那有没有一种剪法，剪完以后不用连接，直接就能形成一个洞呢？
学生大胆猜测，说出自己的想法。
学生操作实践，教师巡视指导。

【评析】学生已经掌握将一张纸变成一个洞的方法，但此时教师又抛出一个更有难度的问题："不连接能直接剪成一个洞吗？"，学生又一次遇到了"限制"。教师先让学生猜测：怎样剪有可能行呢？引导学生进行空间想象，然后大胆放手，让学生动手实践。

三、分享智慧,反思操作过程,逐步提升思维水平

(一)学生第一次操作

1. 呈现最初剪法,介绍操作过程。
(1)"排骨"式

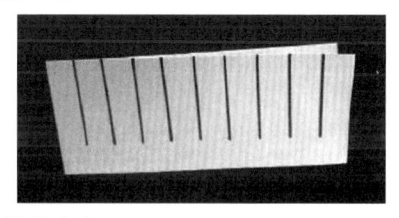

(2)"内排骨"式

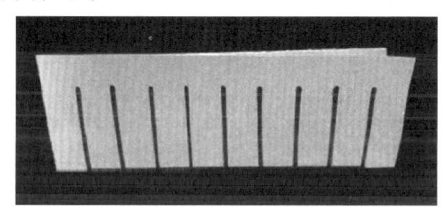

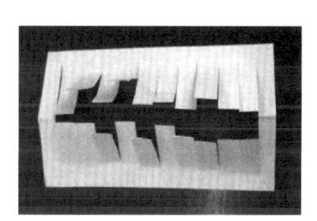

(3)"面包圈"式

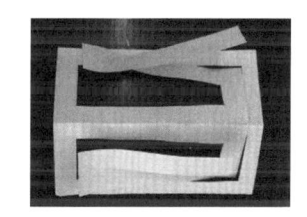

2. 反思操作过程,分析出错原因。

师:看来我们的猜测与实际还有一些差距,统计一下,有多少同学失败了?

师:都失败了。同学们,失败是正常的,许多科学家正是经历了无数次失败之后才有了成功的发现。我们要在失败中进行反思,吸取教训,总结经验。看着这3张图,回想一下,我们的问题出在哪里。

学生分组讨论之后,进行第二次操作。

【评析】学生兴致勃勃地按照预先猜测的想法进行第一次尝试,剪出的结果却大相径庭,教师适时对学生进行德育教育。同时将各种作品进行对比,让学生在失败中寻找问题,总结经验,重新调整策略。

(二)学生第二次操作

1. 连环洞型。

师:这是谁的作品?给大家介绍一下,你是怎么剪的。

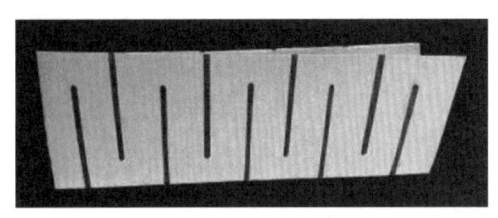

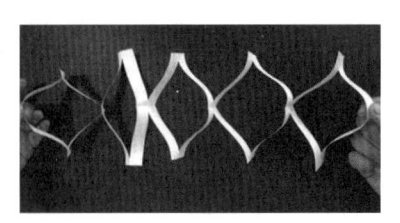

生1：我是先把纸对折，然后先从折痕处向对面剪，不剪到头，然后再从开口处向对面剪，这样循环剪，最后一刀从折痕处剪。

师：剪成什么样子呢？

生2：这样剪开就形成了好多个洞。

师：你剪出了"连环洞"，谁能帮他想想办法？

生3：只要把两个洞连接的地方剪开就行了，但要注意两头的不要剪。

学生操作，成功地剪出了一个大洞。

师：看来，有时候成功和失败之间只差一步。

2. **兔耳朵型。**

师：大家再看这个同学的作品，他虽然剪出了一个洞，但是他这个洞有点特殊，谁发现了？

生1：多出了两只"兔耳朵"。

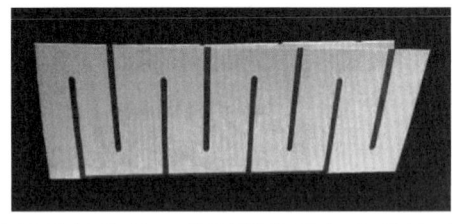

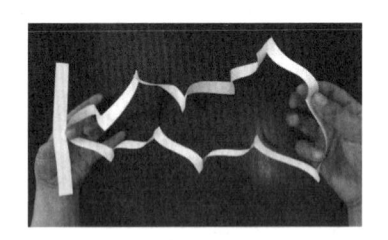

师：这是谁的作品？能说说你是怎么剪的吗？

生2：我是先把纸对折，先从折痕处向对面剪，再从开口处向折痕方向剪，这样依次剪下去。然后，把中间连接的地方剪开，不知道为什么就多出了两只"兔耳朵"。

师：怎样把多余的"兔耳朵"，变成洞的一部分呢？

生3：我知道。他最后一刀，不能从开口处剪，应该从折痕处剪。

学生操作，"兔耳朵"消失了，大洞出现了。

3. **成功型。**

师：这位同学成功地剪出了大洞，把你的好方法分享给大家，好吗？

生1：首先，把纸对折，然后从折痕处向对面剪，再从对面向折痕方向剪，这样来回剪，最后一剪从折痕向对面剪，再把中间部分剪开，这样就成功了。

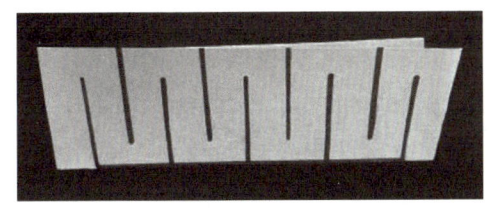

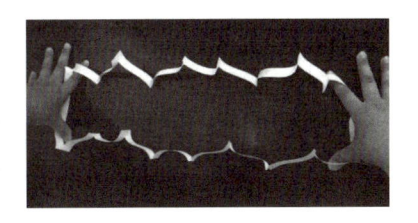

学生鼓掌。

师(小结):同学们,我们通过大胆猜测、尝试实践、不断反思,最终找到了剪出大洞的方法。让我们一起回顾一下"剪大洞"的过程。(播放微视频)

【评析】学生再一次尝试,剪出了"半成品"或"成品"。教师有意通过三种不同层次的作品呈现,将学生剪的方法进行对比,同时结合微视频,将剪洞的方法慢慢归纳、整理、总结。学生在互相质疑、相互交流中,慢慢地掌握了"剪大洞"的方法。

(三)学生第三次操作

师:现在,大家都会剪大洞了吗?请大家按照正确的方法再来试一次,开始吧。

师:同学们,你剪的洞能让这位同学穿过去吗?

生:能。

师:我们一起来试试?

那位学生顺利穿过大洞。

【评析】学生通过三轮的主动探究、大胆尝试,完整经历了从茫然—深思—豁然开朗—成功的喜悦这一体验过程,整个过程师生一直全身心地投入,学生的情绪高涨,为学生的思维发展奠定了良好的基础。

四、思维延伸,巩固剪洞方法,自然渗透极限思想

师:同学们,这个洞只能让一个人通过,让我们的思维继续前行,你还能想到什么问题?

生:如果我想让更多的人同时通过这个洞,怎么办?

师:这个同学提出了一个具有挑战性的问题!你们自己能解决吗?

生1:我们认为可以把纸条剪得更细。

生2:我们觉得可以换一张更大的纸。

教师提供更大的纸,师生共同操作。

师:咱们一起把这个洞撑起来,看看到底有多大。

生(不约而同地说):哇!好大的洞啊!

师:这个洞到底能钻过多少人呢?谁愿意来试试?

学生十分踊跃,全班同学有序地通过大洞。

师:还有老师的位置吗?

生:有。

师：前面的同学请稍微蹲一蹲，麻烦听课的老师给咱们拍个"全家福"吧，一起喊"茄子"！

【评析】"全家福"这一活动，把整节课推向了最高潮。这一过程培养了学生热爱数学的积极情感，使学生充分感受到了数学的神奇与魅力。

五、回顾全课，总结活动经验

师：回顾这节课，你有什么收获？
生1：我学会了剪大洞的方法！
生2：我想用一张更大的纸，剪一个更大的洞，让全校的老师和同学全部钻过去！
……

【总评】

本节课设计独特，环环相扣，深入浅出，生动有趣，主要有三大亮点。

1. 注重自主探究，在操作过程中发展学生的空间观念。

教师为学生创设了充分的独立思考、合作探究的时间和空间，让每位学生经历了从具体直观的"小洞"到抽象无限的"大洞"的研究过程。在多次经历猜测—实践—反思—想象的过程中建立了学生的空间观念，培养了学生的空间想象能力。

2. 凸显数学本质，在分析纠错的过程中渗透数学思想方法。

教师创设了一系列有意义的思维活动，从开课时"人无法穿过A4纸"而遇到限制，到转换思维突破限制，将"A4纸变成纸条连接起来"，再上升到"不用连接直接形成一个大洞"，让学生在积累活动经验的基础上进入深度思考，在充分凸显数学本质的同时，循序渐进地渗透了重要的数学思想方法，如转化思想、极限思想、模型思想等。

3. 暴露思维受挫，在反思"失败"的过程中获得积极的情感体验。

让学生体验"失败"，在反思中提升是本节课的一大特色。教师精心安排了3个层次的自主探究活动，让学生充分经历"失败"，在失败中反思操作过程，探寻出错原因；教师及时介入，帮助学生转换思路，走出"误区"，改进方法，发散思维，使每一位学生感受到了数学好玩，也感受到了数学的神奇魅力。

38 "向日葵的秘密"教学实录与评析

- 执教：袁登维（重庆市南岸区珊瑚实验小学）
- 评析：吴 君（重庆市南岸区珊瑚实验小学）

教学内容

西南师大版"小学数学文化丛书"《自然与数学》第5课。

内容分析

本课"向日葵的秘密"，以向日葵花心螺旋线数的探究为线索，引导学生理解斐波那契数列在向日葵中的存在，感悟大自然的神奇。"兔子数列"的介绍，既拓宽了学生的视野，又能使他们从中体会到科学家善于观察思考、勇于探索的精神。

通过网上搜索斐波那契数列在大自然中更多的存在，学生惊叹"大自然这本书，是用数学语言来书写的"，深切体会到数学之美在生活中无处不在，感悟数学文化的神奇，激发学习数学的兴趣。

教学目标

1. 阅读文本，了解向日葵的秘密。
2. 经历对向日葵花心螺旋线数的探究，理解向日葵中的斐波那契数列存在，感悟数学家善于观察、勤于思考的精神。
3. 借助网络收集信息，体会自然与数学的联系，学会用数学的眼光看待生活，从而喜爱数学。

教学重点

探索向日葵的秘密，了解斐波那契数列。

教学难点

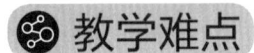

感受大自然与数学的密切联系,学会用数学的眼光看待大自然。

教学准备

向日葵花盘图(每组一张)。

教学过程

一、特别报道,引入向日葵

(一)报道引入

师:课前,让我们把时光拉回到几年前——2011年3月日本大地震,引起福岛核电站发生爆炸和核泄漏。哪些同学知道这个事件?(举手示意)

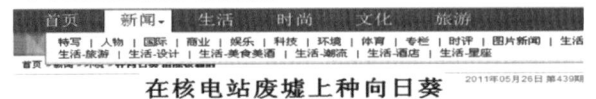

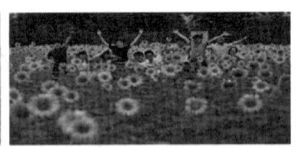

师:事故发生两个月后,日本政府宣布在福岛方圆20千米外种植向日葵。猜猜看,为什么要在核电站废墟上种向日葵呢。

生:……(大胆猜测)

师:我们来看看到底是怎么回事吧。向日葵具有清除放射性物质的能力,而且这个能力远远高于其他植物,是目前处理核污染土地最好的植物。

师:没想到吧,向日葵居然有这么神奇的本领!

(二)生活中的印象

师:在生活中谈到向日葵,你通常会想到什么呢?

生:美丽、瓜子……

师:谈到向日葵,我们往往会联想到它那美丽的花盘,美味可口的瓜子儿。其实,它里面还藏着许许多多的秘密呢!

【评析】以"日本大地震引起福岛核电站发生爆炸和核泄漏"的报道引入向日葵,让学生了解向日葵的神奇本领,激发学生阅读文本、探索向日葵秘密的欲望。

二、阅读文本,了解向日葵的秘密

(一)阅读

师:下面,就让我们走进向日葵,打开书本,静静地阅读第5课。边读边寻找向日葵的秘密,找到一条,用笔做个记号。

(1)生静静阅读,师巡视。

(2)汇报。

(二)分享

师:同学们,分享向日葵秘密的时候到了!通过阅读,你都获得了向日葵的哪些秘密呢?说出来分享一下吧!

生汇报:

(1)向日葵向日的秘密。

(2)向日葵花盘固定向东的秘密。

(3)向日葵抗旱的秘密。

(4)向日葵花心螺旋数的秘密。

(三)补充

师:关于向日葵,大家还有没有其他要介绍的?

生:向日葵花盘还是一剂良药,具有清热、平肝、止痛、止血等功效。瓜子中的卵磷脂被誉为"血管清道夫"。

师:向日葵居然还具有这么神奇的作用!

【评析】通过阅读文本,学生发现向日葵向日、向东、抗旱和花心的秘密,了解向日葵花心螺旋数的特点,为后面探索斐波那契数列做好铺垫。

三、探究向日葵与斐波那契数列

(一)引出数列

师:刚才大家谈到向日葵花心螺旋数的秘密,与一个数列有关,是什么数列?在书中找到这个数列,一起读读。(师板书)1,1,2,3,5,8,13,21,34……你发现它的规律了吗?

生:从第3个数起,每一个数都是前面两个数的和。

师:那下一个数会是多少?(55)再下一个?(89)再下一个?(144)

师:这个数列就是著名的斐波那契数列,这个数列中的每个数我们都称作斐波那契数!

(二)介绍螺旋线,引发猜想

师:刚才大家从书中了解到向日葵花心的螺旋线数与这个数列有关。向日葵的螺旋线在哪儿?能给大家指一指吗?

(生尝试指出)

师介绍:向日葵花盘种子形成的螺旋线,是从两个不同的方向交错分布的。我们把往右弯曲的螺旋线,叫顺时针方向的螺旋,像这样一条一条地数下去,直到数完,得到的螺旋线数叫作顺时针方向的螺旋数;反之,从另一个方向数出的螺旋线数,叫作逆时针方向的螺旋数。

师:猜猜看,顺、逆两个方向的螺旋数是不是一样多。

(三)小组活动——数螺旋

师:下面我们来数一数,请小组长打开资料袋,拿出向日葵花盘和这支笔,知道这支笔是干什么用的吗?在数的时候,为了做到不重复,不遗漏,可以用这支笔,每数一条螺纹就画一个记号。

(四)汇报分享

师:孩子们,分享成果的时候到了,我在课前也数了两个花盘,贴出来与大家分享!(板贴)静静地观察,你有什么发现?

(生汇报)

小结:无论如何,它们的螺旋条数按不同方向数,都会得到相邻的两个斐波那契数。

(五)小结质疑

小结:向日葵是一个数学奇迹的体现,它的螺旋数,一般是34和55,小的向日葵是21和34,大的还有55和89,还有更大的:89和144(板贴)。迄今为止,科学家们还发现过一个更大的向日葵,它的螺旋数按顺时针方向数是144条,那按逆时针方向数应该是233条。

师:看到这里,对于向日葵,大家有没有疑问?

生:向日葵为什么会选择斐波那契数呢?

(六)介绍原因

1. 原因

师:多年来,科学家们对此绞尽脑汁,千方百计地想要破解其中的奥秘。经过几个世纪的苦苦研究和探索,到目前为止,最好的解释是——

课件播放:斐波那契数使向日葵花盘顶端的种子数最多。向日葵在生长过程中,只有选择这种数学模式,花盘上种子的分布才最为有效,花盘也变得最坚实,产生后代的概率才最高。

2.感言

师：现在，你对向日葵想说点儿什么呢？

生：向日葵真有智慧……

师：向日葵有斐波那契数列，并不是偶然的巧合，而是在亿万年的长期进化过程中，优化选择适应自身的最佳生存模式！

【评析】 通过猜想并验证向日葵花心螺旋数的特点，真正理解斐波那契数列在向日葵中的存在，发现大自然与数学的联系，培养善于观察、勤于思考的精神。

四、"斐波那契数列"介绍

（一）数学故事

师：向日葵中有斐波那契数列，你们知道这个数列名字的来历吗？

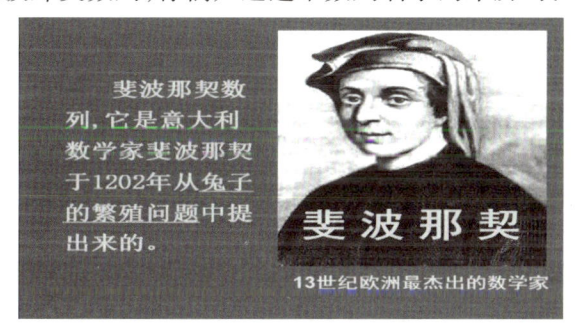

课件播放：一天，斐波那契到外面散步，看到院子里有个男孩在喂一对兔子，他站在那里看了好一会儿。几个月后，斐波那契又来到这里，发现院子里不再是一对兔子，而是大大小小很多只兔子了。

斐波那契好奇地问男孩："你又买了些兔子吗？"

那男孩回答："没有呀，这些兔子都是原来那对兔子生的。"

"一对兔子能繁殖这么多呀？"斐波那契感到吃惊。

那男孩又说："兔子繁殖可快了，每个月都要生一次小兔子，并且小兔子出生两个月后，就能够再生小兔子了。"

斐波那契若有所思地回到家里，心里想："这两只兔子一年之内到底能生多少对小兔子呢？"

他给自己出了这样一道题目：假如一对刚出生的小兔子，1个月后就能长成大兔子，再过一个月便能生一对小兔子，长成的大兔子每个月都生下一对小兔子。假如一年内没有发生死亡，那么，从一对刚出生的小兔子开始，12个月后会有多少对兔子呢？

师：12个月有多少对兔子呢？这个问题非常复杂，我们看看斐波那契是怎样解决这个问题的吧！

一边播放课件演示一边解说：

"在第1个月，只有一对小兔子；第2个月，小兔子长大了；第3个月时，长大的兔子生一对小兔子，这时，有一大一小两对兔子。第4个月会有几对兔子呢？这时，第3个月的那对小兔子长大了,老兔子又生一对小兔子,共有3对兔子。到了第5个月,第4个月的那对小兔子长大了,老兔子和第3个月长大的兔子各生一对小兔子,共有5对兔子。照这样下去,第6个月会有多少对兔子呢?谁能分析一下?(抽生回答)如此类推,你会发现兔子数目会组成数列:1,1,2,3,5,8,下一个数是:13,21…第12个月便会有144对兔子。

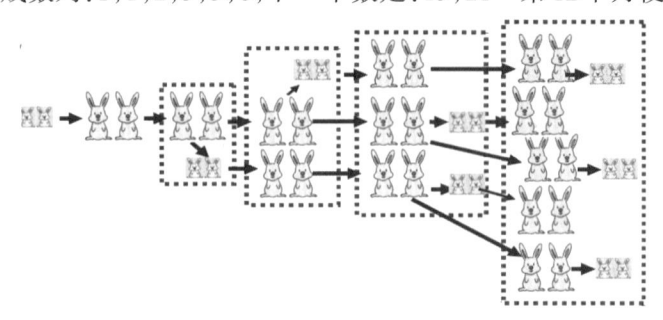

1月	2月	3月	4月	5月	6月
1对	1对	2对	3对	5对	8对
7月	8月	9月	10月	11月	12月
13对	21对	34对	55对	89对	144对

师(小结):你看,数学家斐波那契从少到多,找到规律,一个非常复杂的问题也就化难为易了!后来,人们为了纪念斐波那契,把这种数列叫斐波那契数列。

(二)补充介绍

师:因为这一数列是从兔子的繁殖问题中发现的,所以后来人们还称"斐波那契数列"为"兔子数列"。这个数列还有很多神奇的性质,比如:从第3个数起,每个数与它后面那个数的比值,都很接近于0.618,正好与"黄金分割数"相吻合,因此又称"黄金分割数列"。

【评析】介绍数学文化故事,既拓宽了学生的视野,又让学生感悟到科学家善于观察思考、勇于探索的精神。

五、链接网络,欣赏植物界中的斐波那契数列

(一)网上查阅

师:后来,人们惊奇地发现,斐波那契数列还广泛存在于大自然中。同学们,上网查一查,除了向日葵外,自然界中还有哪些斐波那契数呢。

(生操作平板,上网查询,之后一一汇报)

(二)课件欣赏

师展示课件:大自然中的斐波那契数太多了,如松果的鳞片数、菠萝的菱形鳞片、仙人掌的刺形成的螺旋数等;我们再来看看花瓣的数目,这些花的花瓣数目也非常吻合斐波那契数列;再看树的分杈……

(三)小结

师:这些植物的生长都离不开斐波那契数,对于大自然,你想说点儿什么呢?

生:大自然真是太神奇了……

师:人们称"斐波那契数"就是大自然的数!

【评析】通过借助多媒体上网查询,由课内延伸到课外,拓宽视野,发现大自然与数学的联系,体会生活中数学之美,感悟大自然的神奇,激发学习数学的兴趣。

六、拓展延伸——动物中的数学

(一)拓展到动物

师:植物里的数学特性让人惊叹!动物身上呈现的数学特征也多着呢——被称为"纺织大师"的蜘蛛为什么会织成圆形的网?"卓越的建筑师"蜜蜂的蜂房为什么呈六棱柱的形状?还有很多动物中也有数学秘密,有兴趣的同学课后可以继续研究!

(二)感言

师：伽利略说,大自然这本书是用数学语言来书写的。你同意他的观点吗？说说你的理解。

生：……

师：大自然中的动植物以它们自身独特的方式,向我们传递着数学的魅力！课后,继续阅读这本书,带着发现的眼光走进大自然,相信你一定会找到更多的数学奥秘！

【评析】抓住学生趣味正浓、欲学之心正旺的时机,随机拓展动物界更多有趣的数学特征,激发学生进一步探索大自然奥秘的欲望。

【总评】

在很多人的心目中,数学往往是与"充满理性""枯燥乏味""机械单调"等词语联系在一起的。在中国数学教育界,亦常常有"数学=逻辑"的观念。据调查,学生们把数学看作是"一堆绝对真理的总集",或者是"一种符号的游戏"。"数学=逻辑"的公式带来了许多负面影响。

其实数学的内涵十分丰富,数学应该作为一种文化走进小学课堂,渗入实际数学教学,努力使学生在学习数学的过程中真正受到文化感染,产生文化共鸣,体会数学的文化魅力。

本节课,学生通过阅读,了解了向日葵的秘密。通过探索活动数一数花盘的螺旋数,深深体验到向日葵花心螺旋数就是斐波那契数,大大小小的向日葵花盘花心螺旋数组成斐波那契数列,并由此深深感受到数学知识在大自然中的存在,感受到大自然的神奇,激发了学习的兴趣。最后,通过网络查询大自然还有哪些斐波那契数;教师再用课件出示,除了植物中有数学知识,动物中的数学知识也多着呢！这样,将课内知识迁移到了课外,整个学习过程突破了狭小的教室空间与短暂的课堂时间的限制,使学生获取了课本以外的知识,起到了"得法于课内,得益于课外"的功效。

本课的学习,旨在让数学所具有的文化特征浸润于学生的心田,成为学生数学学习成长过程中的动力源泉,让数学课堂突破了传统的模式,撩开了原来数学笼罩的阴影,让枯燥的数学课堂鲜活起来,体现数学教学的文化气息与韵味。

39 "揭穿算命先生的把戏"教学实录与评析

- 执教：刘 平（重庆两江新区康庄美地第二小学校）
- 评析：杨 敏（重庆两江新区康庄美地第二小学校）

教学内容

西南师大版"小学数学文化丛书"《游戏与数学》第24课。

内容分析

现实生活中，大街小巷有很多算命、算卦的先生，同学们觉得很神奇。本课让学生通过探究找出卡片上数字的排列规律，明白其中的数学原理并能用数学的原理揭穿算命骗局；让学生学会用符号化思想、对应思想和统计思想去探索规律。在游戏的过程中让学生体会到生活中很多奇特的现象都可以找到规律，都可以用数学的原理去解释，从而培养学生学会用数学的眼光观察世界，用数学的语言描述世界，用数学的思维分析世界的意识。

教学目标

1.借助数字卡片，让学生经历探究特定数字卡片上数字规律的过程，并能用数学的原理揭穿算命骗局。

2.在探究的过程中，积累符号化思想、对应思想和统计思想。

3.培养学生爱观察、爱思考的习惯，感受数学在现实生活中的广泛应用，激发学习数学的热情。

教学重点

探究特定数字卡片的数字规律，能用数学的原理揭穿算命骗局。

教学难点

探究数字规律,根据规律编制卡片。

教学过程

一、设置悬念,激发兴趣

1. 课件出示"水晶球"。

师:老师给你们带来了一个礼物。它是一个神奇的、有魔力的水晶球!有什么魔力呢?听听他的主人万事通怎么说。

课件播放录音,并出示四张卡片。

2. 玩把戏。

师:同学们,水晶球有什么魔力?

生:水晶球能猜到我们想的数。

师:你们信吗?那我们就来玩一玩这神奇的把戏吧!(板书:把戏)

师:看着卡片想一个数,把数用大一点儿的记号笔写在题板上(师举起笔和题板示范后抽生回答)

生1:……

师(播放课件录音):魔球魔球告诉我,他想的是哪个数。

师:举起你写的数给大家看。哇,猜对了!

生2:我想的数在第3张和第4张。

师(播放课件录音):魔球魔球告诉我,他想的是哪个数?

【评析】寓教学于游戏中,符合儿童的认知和心理特点。在教学中适当采用游戏的方式,学生十分欢迎,学习兴趣更浓,教学效果也更好。开课出示水晶球,创设神秘的课堂氛围,把全班学生的注意力吸引到课堂上来,再玩猜数的游戏,让每个学生亲身感受到魔球的神奇魅力,激发了学生探究其中数学原理的欲望,能使课堂保持浓厚的学习气氛,从而使学生乐学,主动地学。

二、探究规律,发现原理

师:究竟神奇在哪里呢?你能揭穿这把戏的秘密吗?(板书:揭穿)

生先独立思考,再小组讨论。

生汇报交流。

生:看卡片就知道。比如9,只有第1张和第4张有,所以就知道了。

师:那不看卡片你能猜出来吗?这样,哪个学生来跟我比一比?

抽生和师比一比,不看卡片猜学生想的数。

师:那我是怎么做到不看卡片就能猜出来是x的呢?

师初步举例子说明规律。

生:只记住每张卡片的第一个数,比如9只出现在第1张和第4张卡片上,就把第1张和第4张的第一个数相加,也就是1+8=9,便猜出来这个数是9了。

师:他说的是什么意思?刘老师有点儿没明白。谁听明白了?来说说。

抽生指着黑板,边指边再说一遍。

师:原来魔球只记住了每张卡片的第一个数。(师边讲边点课件"1,2,4,8"出现红色)。

抽生再举其他的数来说明。

生1:比如10……

师:为什么10这个数只出现在第2张和第4张?

生:就是由第2张和第4张的首数相加的。

生2:……

师:如果你来编卡片,你会把x编在第x张和第x+1张上吗?为什么?

生:不会,因为它不是由那两张的第一个数相加得来的。

师:这些数是这样编排的吗?我们一起来看看,刘老师也想了一个数。

师(边点课件边说):5在第几张和第几张?为什么它只出现在这两张而没有出现在第2张和第4张呢?

(板书:5=1+4)

师:现在能揭穿万事通的把戏了吗?谁来用自己的话说说魔球究竟是怎么知道我们想的数的?

生:我们告诉魔球想的数在哪几张,魔球就用这几张的第一个数相加就知道了。

师(小结):是的,魔球只要将你想的数字所在卡片上的第一个数相加,就知道是哪个数了。

【评析】"为学生创造自主探究的空间,让学生获得自主发展"是本环节的一个显著特点。学生有了兴趣和探究的欲望后,教师及时为学生提供了探究的问题"究竟神奇在哪里呢?你能揭穿这把戏的秘密吗?"有了探究的问题后,学生先独立思考,再合作探究,先是直观感受从卡片中找数,再到不看卡片猜到数找到隐藏的数学规律;先举具体的数字来说明规律后抽象出数学原理,学生在这个过程中通过与同伴的交流合作,表达自己的想法,倾听同伴的思路,反思自己的问题,享受探究学习过程中的成功和欢乐。

三、根据规律,再玩游戏

1.课件出示4张卡片。

师:咱们揭穿了万事通的把戏,那想和万事通再玩一玩吗?准备好了!

课件播放万事通的录音:我想的数在第2张和第3张。你知道是哪个数吗?

生:6。

师:你是怎么知道的?

生:第2张和第3张第一个数相加2+4=6。
……

2.知道数字,猜在哪几张。
放录音:我想的数是9,你知道它在哪几张卡片上吗?
生:第1张、第4张上。
师:为什么只会出现在这两张而没有出现在第2张和第3张?
生:1+8=9。
……
师:看来它是由哪几张的第一个数相加来的,那么这个数就只会出现在那几张上。

3.换掉卡片上的数再玩游戏。
师:这几张卡片上的数还和刚才的四张一样吗?数变了,那猜数的方法变了吗?那我们猜的时候是不是只需要记住这几张卡片上的哪几个数就行了?
生:每张卡片的第一个数。
师:用10秒钟赶紧记住这几个数字。然后抽4人到讲台上比赛。

4.同桌之间玩游戏。
【评析】本环节教师为学生创造了轻松的学习氛围。学生通过探究发现了隐藏的数学原理,再反过来玩游戏。通过猜数、猜在哪几张卡片上、换卡片后再猜等活动进一步理解其中的数学原理。通过抽生和万事通玩、几个学生比赛到同桌相互玩等不同的方式,课堂"活"起来,每位学生都积极参与学习活动,感受数学的乐趣。

四、运用规律,编制卡片

师:刚才我们和万事通玩了把戏,同桌之间也玩了把戏。我们玩的是几张卡片?你们会继续编吗?
在编制之前,先思考下面两个问题(课件出示):
(1)第5张卡片上的第一个数可以是几?
(2)第5张卡片上的第一个数与其他卡片上的第一个数相加的和该写在哪几张卡片上?
生1:第5张卡片的第一个数可以是16。
师:怎么想的?
生:前面几张卡片的第一个数1,2,4,8的规律是依次乘2,所以8乘2是16。
师:除了可以是16,还可以是其他数吗?孩子们等会儿编制卡片的时候可以试试。
师:那第2个问题呢?谁来举个例子说说。
生:比如,16与第1张卡片的第一个数相加的和"16+1=17"应该写在第1张和第5张卡片上。
师:同学们会编了吗?拿出题单和小组的同学合作完成。

小组合作编制卡片。

小组汇报。

师：刘老师收集了两个小组的作品。同学们，想不想用他们编制的卡片来玩一玩？

(1)先出示第一个数是16的，他们第五张卡片的第一个数是16，请全组的孩子上台来和我们一起玩。

生1：我想的数在第1张，第2张和第5张上，猜猜是几。

小组的几位学生猜数。

师：猜对了吗？你们再看看19这个数是在这几张上吗？

(2)再出示一张第一个数不是16的。

师(小结)：看来通过玩自己编制的卡片，还能检验编得是否正确呢！那第6张、第7张又该怎么编制呢？回家和爸爸妈妈一起编，好吗？

【评析】学生揭穿了把戏的秘密，也玩了把戏，本环节再运用原理自己编制卡片，有的学生根据前面卡片第一个数的规律确定第5张卡片的第一个数是16来编制，有的学生没有用16而是用比16大的数来编制，从而编制出不同的卡片，体现了学生的创新意识；再用自己编制的卡片玩猜数游戏，同时也检验了自己编制的卡片是否正确。在这个过程中，学生们经历了一系列的思维活动，感受了获得数学知识的快乐和成就感。

五、应用生活，揭穿把戏

师：同学们，你们觉得今天的把戏好玩吗？生活中有的人也在应用这把戏呢！我们一起来看看。课件出示四张卡片以及算命先生的声音。

师：谁也在玩把戏？同学们，想试试吗？

生1：我的姓在第3张和第4张。

师(点数字)：12，你是姓孙吗？

……

师：算命先生真的是算神？能算出我们的姓？能用我们今天学的知识揭穿他的把戏吗？(板书："算命先生的把戏")先猜猜他是怎么猜出来的。

生：姓的前面有数字，用卡片的第一个数相加就知道了。

生：比如我姓……

师：看来算命先生的把戏只是将一个姓和一个数字相对应，用前面的方法算出了数，就能猜出姓什么了。

【评析】本环节运用原理揭穿了算命先生的把戏，在这个过程中，学生体会到了数学来源于生活并且能解释生活中的一些奇特的现象，也感悟到了数学有用，数学有价值，从而更加热爱数学。

六、全课总结

师：今天学了什么？你有什么收获？

……

【评析】通过学习过程的回顾，学生感受到生活中处处有数学，要做学数学的有心人，认识到亲身经历，用心感悟，才能逐渐走进数学，感受数学文化的魅力。

【总评】

本节课根据学生的认知规律和学习心理的特点，以学生活动为主要环节，以探索、合作、交流为主要学习方式，充分发挥学生在探究中的主体作用，较好地帮助学生积累数学活动经验，感悟数学思想方法。

1. 精心创设学习情境，使学生积极有效地参与，学得有趣味。

这节课以情境教学贯穿全课，情境设计并不是简单的取悦学生的游戏，而是创设了学生主体参与的这条主线，激励学生主动参与、实践、思考、探索。

开课出示水晶球，创设神秘的课堂氛围，再让学生玩猜数的游戏，学生瞪大眼睛观察着，猜测着，注意力被吸引到课堂上来，每个学生亲身感受到魔球的神奇魅力，产生了探究其中数学原理的欲望，课堂始终保持浓厚的学习气氛。

学生探究出了数学的原理后，接下来的情境就更有趣了，教师组织全班学生通过猜数——猜在哪几张卡片上，换卡片后再猜等活动进一步理解其中的数学原理。抽生玩、与万事通玩、几个学生比赛到同桌之间相互玩等不同的方式让课堂"活"起来，让每个学生都积极参与学习活动，感受数学的乐趣。

课的最后，教师又组织学生用数学的原理揭穿现实生活中算命先生能算出姓名的把戏，让学生体会到数学来源于生活并且能解释生活中的一些奇特的现象，也感悟到了数学有用，数学有价值，使学生更加热爱数学，喜欢数学。

整节课的情境设计符合学生的认知规律和学习心理，形式活泼，轻松自然，但又没有脱离对数学原理的探究和学习。在具体有效的学习情境中，学生经历、体验知识的形成过程。

2. 相信学生，引导学生自主探究。

小学生的数学学习应当是一个生动活泼、主动、富有个性的学习过程，学习方式也不是单一的以被动听讲和练习为主的方式。教师用水晶球激发兴趣和设置悬念后，为学生提供了探究的问题情境"究竟神奇在哪里呢？你能揭穿这把戏的秘密吗？"有了探究的问题后，学生先独立思考，再合作探究，先是直观感受从卡片中找数，然后不看卡片猜到数并找到隐藏的数学规律；先举具体的数字来说明规律后抽象出数学原理。

探究出了数学原理后，教师又组织学生根据原理编制卡片，有的学生根据前面卡片第一个数的规律确定第5张卡片的第一个数是16来编制，有的没有用16而是用比16大的数来编制，从而编制出不同的卡片，体现了学生的创新思维。学生在这个过程中通过与同伴的交流合作,表达自己的想法,倾听同伴的思路,反思自己的问题,享受学习、探究过程中的成功和欢乐。

3. 师生互动,演绎生动课堂。

数学活动本身就是师生之间,生生之间交往互动与共同发展的过程。这堂课师生互动充分,教师不怕学生出错,反而将学生的错误当作资源加以利用。学生通过小组合作探究卡片的秘密后汇报,有的孩子说水晶球是看到只有那几张卡片上有哪个数,其余的卡片没有就知道我们想的是哪个数。此时,教师并没有判断对错,而是让学生汇报,教师不看卡片也能正确猜出结果,这样激发了学生进一步探究的欲望,发散了学生的思维。这个过程中,数学思考的力量、探究过程的顿悟与惊喜无不冲击着学生的大脑。

40 "一笔画"教学设计及思考

● 执教：李永梅（重庆市江北区华新实验小学）

教学内容

西南师大版"小学数学文化丛书"《游戏与数学》第14课。

教学目标

1. 初步了解一笔画的规律，能判断一个图形能否一笔画。
2. 经历探索一笔画的过程，体会抽象、建模、数形结合等数学思想，培养发现问题、提出问题、分析问题和解决问题的能力。
3. 通过欧拉解关于七桥问题的故事，让学生感受一笔画的文化魅力。

教学重点

经历探究过程，体会抽象和建模等的数学思想，感受数学文化。

教学难点

探索一笔画的规律。

教学过程

（课前，播放一根线变换出各种动漫图形的视频）

一、故事激趣，认识一笔画

师：两百多年前，有一个非常著名的"七桥问题"，听说过吗？（播放视频）

师：故事里提到一位数学家，是谁？欧拉巧妙地把生活中复杂的七桥问题抽象成了这个点线图形。只要这个点线图能一笔画，七桥问题就迎刃而解了。什么是一笔画？

生：一笔画成的图形。

生：笔不能提起来。

师：有一些了解，我们来看两个一笔画吧！(播放视频：一笔画玫瑰和"日"字)

师：不提笔、不重复、不遗漏地画完，就是一笔画。(板书：一笔画)

【思考】课前通过欣赏一根线变换的动漫图片，充分激发学生的兴趣及学习本节课的愿望。七桥故事的微视频，能帮助学生从数学文化的角度，了解一笔画的由来，初步渗透了抽象的数学思想。

二、游戏尝试，辨别一笔画

1．合作游戏——画一画，辨别能否一笔画。

师：同桌合作用彩色笔在图形上画一画，在能一笔画的图形下面画"√"。

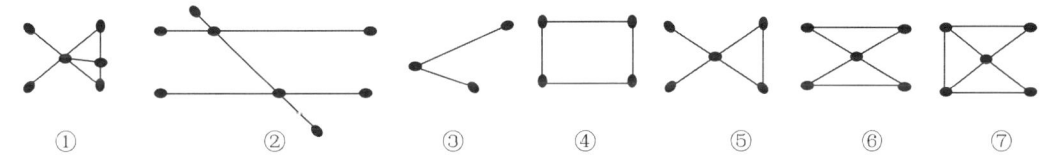

① ② ③ ④ ⑤ ⑥ ⑦

生画完，请一组学生上台反馈。

生：我们认为①号、②号和⑦号图不能一笔画，其他的都能一笔画。大家有不同意见吗？

生：我认为⑦号图也能一笔画。

师：好，⑦号图有争议。

【思考】这是一个生成的课堂资源，抓住这个生成，在有争议处引导学生深入研究，呈现学生的不同画法，帮助他们厘清这个图形到底能不能一笔画。学生可能还会在此基础上，进一步产生新的思考。

2．呈现不同画法，引出疑问。

生：我到黑板上来画一画。

师：好。(生画)他是从哪里起笔？哪里结束的？

师：从这个点起笔，能一笔画。还有不是从这个点起笔，也一笔画成的吗？(请不同的学生画)这种画法又是从哪里起笔？哪里结束的？

师：从这个点起笔，也能一笔画成。刚才没画成功的，是从哪里起笔的呢？

师：同一个图形，从这两个点起笔，就能一笔画成，从另外三个点起笔，却不能一笔画成。难道，这两个点与其他三个点，有什么不同？请仔细观察与能一笔画的这两个点相连的线分别有几条，与另外三个点相连的线，又是几条？把你的发现，跟同桌说一说。

【思考】如何将学生的注意力引到对点和线关系的研究上来，是这节课的难点。突破这个难点，才能更有效率地研究点和线的关系，找到一笔画的规律。因此，在学生呈现⑦号图的不同画法时，我引导他们重点关注"从哪里起笔，在哪里结束"。通过观察，发现只有从两个连着3条线的点出发,才能一笔画,而从连着2条或者4条的点出发,就不能一笔画。这样,学生自然会产生新的问题:是不是这两个点有什么特殊的地方?然后才关注到与这些点连着的线有什么不同,为后续的研究奠定基础。不过很遗憾,这里我还是显得有些操之过急,比较生硬地把"这两个点与其他三个点有什么不同?请仔细观察与这两个点相连的线分别有几条,与另外三个点相连的线,又是几条"这个问题抛出来,其实还可以缓一缓,让学生有思考的时间,让他们自己产生疑问,如果我在有疑问处点拨,效果会更好。

3. 理解概念:双数点、单数点。

生:我发现,能一笔画的那两个点,连着的线是单数条;不能一笔画的那三个点,连着的线是双数条。

师:是的,我们通常把从一个点出发,有单数条线,可能是1,3,5,7,9等条数,这样的点称为单数点,也可以称为奇点。有双数条线与它相连,可能是2,4,6,8等条数,这样的点称为双数点,或者是偶点。明白了吗?

师:这个图形能一笔画,而且只能从这两个点起笔,才能一笔画。由此看来,能一笔画的图形与单数点是有关系的。接下来,我们就重点来研究单数点。

【思考】抓住生成的错误资源,重点呈现了⑦号图形的不同画法,在引导学生关注与点相连的线的条数时,引导学生从线的条数上思考,相继理解单数点和双数点两个概念,为进一步探究规律扫清概念上的障碍。

三、重点突破,探究一笔画

师:数出刚才能一笔画图形的单数点个数,把你的发现在小组内交流一下。

生:这些图形的单数点都是双数个。

师:你认为单数点的个数只要是双数个,比如2,4,6,8等这样的个数都能一笔画,其他同学也这么认为吗?

生:老师,我有不同意见。

师:好的,你能用举例子的方式来反驳他的看法吗?

生(用激光笔指着①号图形):这个图形有4个单数点,但是它不能一笔画。

师:还有其他同学也想来举例说一说吗?

生:老师,②号图形单数点是6个,它也不能一笔画。

师:好,他们都用了举例的办法提出了质疑。现在,同学们有没有新的认识?

生:单数点不是双数个,应该是只有0个或者是2个的时候,才能一笔画。

师:其他同学认为呢?

生:我也认为当单数点是0个或者是2个的时候,这个图形就能一笔画。其他的都不行。你们同意吗?

师:好,老师也同意。(板书:能一笔画的图形,单数点是0或者2个)

【思考】课堂上,出现了跟预设完全不一样的情况。学生提出能一笔画的图形"单数点的个数都是双数个"这个问题。对此,我顺学而导,引导学生结合具体的图形来说明,借此进行反驳。让学生在不同观点的争辩中,相互启发,相互补充和完善,达成共识。"凡事预则立,不立则废。"但真正的教学绝不仅仅止于预设,而是要根据学生的学情智慧地开展。

四、欣赏应用,展文化魅力

回馈哥尼斯堡七桥问题,介绍数学家欧拉。

欣赏我国著名艺术家张树成"中国梦我最美"一笔画视频,感受现实应用,体会一笔画的数学文化魅力。

利用平板电脑,以小组为单位开展一笔画游戏挑战赛。

【思考】再次了解人类历史中的数学,感悟数学理性思维深刻之美和一笔画之艺术美,了解它在生活中的应用。

五、课堂小结(略)

【思考】

在第三届全国小学数学文化优质课大赛——说课的基础上,今年我又尝试上这节课。对良好的课堂设计,如何付诸实施,才能让学生真正体会到数学文化的魅力,感受颇深。对此,我们做了如下努力。

充分让学生动手操作,试一试,画一画,玩一玩,经历一笔画的过程,感受一笔画,并发现不是所有的图形都能一笔画,形成认知冲突,引发探究能够一笔画的图形规律的欲望。

学生在同桌合作画一画等的动手操作游戏的过程中,始终调动了多种感官,参与学习,形成了很好的学习活动经验。

顺学而导,根据学生的学情展开教学,教师充分利用生成的课堂资源,及时引导学生逐步探索一笔画的规律。第一次是上台展示的学生认为⑦号图不能一笔画,与其他同学的看法不同。在有争议的地方让学生充分地展开讨论,引导学生用画一画的方法来证明自己的观点。不仅如此,教师牢牢抓住这一生成资源,让学生观察思考:同一个图形,为什么从有的点出发,能一笔画,而从有的点出发就不能一笔画?把学生的注意力和思考方向引到点和线关系的研究上来。第二次是讨论一笔画规律时,学生提出"能一笔画图形的单数点是双数个",教师立即抓住学生生成的资源,引导学生讨论,用举反例说明的办法质疑和证明自己的看法。理越辩越明,这里的辩论和质疑不仅仅是有效地让学生发现了一笔画的规律,更重要的是,教会了学生学习和思考的方法。

凸显数学文化,让学生充分感受数学游戏中蕴藏的数学魅力。无论利用探究出来的规律解决七桥问题,一笔画艺术家张树成的艺术创造,还是用平板电脑开展现场一笔画游戏比赛,都是为了让学生充分感受一笔画的数学文化魅力,激发学生学习数学的积极性。

总之,数学文化课是一门综合性很强的课,还需要我们继续努力探索和实践。